U0093686

Mufone

享 受 閱 讀 · 如 沐 春 風

Mufone

享 受 閱 讀 · 如 沐 春 風

NAKED AT LUNCH
The Adventures of a Reluctant Nudist

裸體吃午餐
進擊的天體人冒險之旅

Mark Haskell Smith 馬克‧哈斯凱爾‧史密斯

獻給

大衛・烏林與陶德・哥德柏格

生本無衣，物皆拖累。

————露波————

發行序：裸體的社會學意義

顧忠華／沐風文化出版社發行人

當初決定出版這本《裸體吃午餐：進擊的天體人冒險之旅》，是覺得這個議題在台灣可能還很新鮮，畢竟在我們的「社會化」過程中，通常將身體的裸露視作一種非常不雅的行為，而且馬上會激發出「羞恥感」，若是自己不小心裸露出敏感部位，更是會不知所措，真想一頭鑽到地底下。既然我們被傳統文化「制約」成這麼講究「禮法」，又該如何面對西方文化中對於「裸體」的開放態度呢？

本書作者史密斯告訴我們，其實西方人也是經過了漫長的過程，才開始「習慣」周遭有群「天體主義者」毫無顧忌地展露自己的裸體。他從一趟參與天體郵輪的體驗談起，娓娓道來西方社會一樣有「裸體恐懼症」，卻在經過十分曲折的歷史長河後，逐漸發展出五花八門的「天體論述」，甚至在特定地區蔚成風氣，號召「大家一起來裸體」。到了今天，其實不只是國人到全世界旅遊，偶會遇到天體營等活動，即是在台灣，也有較隱密的俱樂部打著類似招牌，吸引觀念較為大膽開放的成員加入。看來，這也是「全球化」帶動的文化趨同現象，如果愈來愈普遍，或許有一天，大家就會「見慣不怪」了！

當然，從社會學的角度分析，人類行為的可塑性本來就很大，尤其現代文明常鼓勵人們追求各種新奇刺激的體驗，同時挑戰既有的規訓和禁忌。所以像「身體」(body) 便成為社會學新興的研究領域，也應用各式各樣的理論觀點，賦予「身體」更豐富的社會意義，我們可以說，這本《裸體吃午餐》正提供了這樣一種考察視野，給予世人多一些對「天體主義」的理解和想像。

猶記得，我在 1980 年由台灣負笈到西德求學的時候，剛住到學生宿舍中，就看到德國無論男女大學生，在陽光露臉的日子即會光溜溜地在宿舍院子中享受「日光浴」，這種「行徑」的確讓保守的我大吃一驚，但是待了幾年後，發現德國的陽光十分可貴，怪不得他們那麼喜歡曝曬在陽光下，而不是像我們只愛躲在樹蔭裡。很顯然文化的演進，多少也和不同種族生存的自然環境息息相關，當這類知識更充實，我們的包容力也隨之加深加廣，不再大驚小怪，對待裸體的態度如此，其他原來會令我們產生「文化震憾」(culture shock) 的現象何嘗不能如是觀？

世界之大，文化之多元，從來只欠一種互相理解的心態。史密斯幫我們打開了「天體主義者」的窗扉，隨著這趟「冒險之旅」，但願能夠消除一部份偏見或誤解，至少對於自己和他人的裸體可以減少一些「恐懼」吧！

目錄

❖ 天體郵輪出航去 ………… 010

❖ 與一位天體人的會談 ………… 015

❖ 自己的風險自己擔 ………… 026

❖ 裸體恐懼症 ………… 037

❖ 極簡版的早期非色情社交裸體史 ………… 052

❖ 我把屌環留在舊金山了 ………… 071

❖ 美國天體俱樂部的興起 ………… 083

❖ 維拉海灘 ………… 96

❖ 穿著網狀尿布的男人 ………… 111

❖ 歐洲天體健行之旅 ………… 127

❖ 單身大體族的情與慾 ………… 152

❖ 陰毛修剪流變史 ………… 162

❖ 佛州似屌有其因 ………… 169

❖ 天體海灘 ………… 177

❖ 莉莎‧露茲的小祕密 ………… 194

❖ 天體俱樂部的衰落 ………… 201

❖ 大家一起來裸體 ………… 211

❖ 掃興大王 ………… 228

❖ 時尚達人 ………… 239

❖ 美麗裸世界 ………… 245

❖ 加勒比海天體假期 ………… 250

❖ 裸體吃午餐 ………… 269

⊙ 致謝 ………… 274

⊙ 參考書目 ………… 276

天體郵輪出航去

「我們已經駛出了一段安全距離，現在各位可以開始好好享受……」船長忽然停頓了一下，可能有點不知該用什麼詞彙來形容即將發生的事。終於，他接著說：「……這個無拘無束的環境啦！」

宣告的尾音都還迴盪在船身之間，就已經有人迫不及待讓陰囊出來透氣；短袖、短褲散落一地，男人們的陰莖就在南佛羅里達的豔陽下晃啊晃。天體令生效了，終於可以大搖大擺地光屁股走來走去，女人的雙峰也從罩衫和胸罩的監獄裡痛快地解放，享受著微風帶來的輕柔愛撫。1,866名天體主義者（Nudist）* 在這艘天體郵輪上，做著一場「反穿衣」（anti-textile）的夢。

* Nudist，又稱裸體主義者、天體族、裸體族、裸族

不過，很多人在船長正式下令前，就幾乎已經是全裸的狀態，頂多披掛著一絲布料，只待一聲令下，即可全部脫光。有個八十多歲、瘦骨嶙峋的老翁，只穿著一件螢光色丁字褲。鬆垮的皮膚攀在骨頭上，就像布滿斑點的奶油糖霜。另一個身材壯碩、胸膛寬闊厚實的老人——看起來就像有個桶子裝在胸口——拄著堅實耐用的拐杖，晃到甲板游泳池旁，身上只圍了件遮羞布（loincloth）。有些人

浸泡在按摩澡池內，偷偷摸摸地把泳衣在水裡解開；另外也有比較不叛逆的一群，孤孤單單地坐在池邊，等著活動開始。不過他們也稱得上是天體族，畢竟都已經砸大錢玩這種光屁股的遊戲了。只要命令一下，也是全部脫光，毫不猶豫。

以前我從來沒搭過也沒興趣搭乘郵輪，但這可不是一般的郵輪，而是「大裸船」（Big Nude Boat），由首屈一指的天體度假（nakation）＊旅行社「非裸不可」（Bare Necessities）所提供的特殊服務。不僅如此，這趟航程是在荷美線的高級郵輪新阿姆斯特丹號上進行的。也就是說，它不是走郊區天體房車度假村，或設在湖邊的嬉皮空心公園（Hippie Hollow）的平價路線，而是奢華版的非情色社交裸體休閒活動（nonsexual social nude recreation）。這種活動稱作天體主義（nudism），或是天然主義（naturism），端視對話的對象為何。雖然有幾種不同的理論，探討著這兩個詞彙分別代表著什麼意思——以歷史的角度來講，兩者確實有不同之處——但現實就是，在這艘郵輪上，有將近2000人光溜溜地出現在我面前。

＊Nakation這個字是naked（天體）和vacation（度假）兩字的混合體，不過我想讀者可能自己就有發現了。

次文化一直都很吸引我，包括像 the Dead Heads、Juggalos 這兩個樂團的粉絲們，在偶像巡迴演出時所帶出的特殊文化；素人電機工程師在車庫製造機器人；自家廚房私釀啤酒；饕客到私宅的地下餐廳用餐等等。人們或多或少都有些奇怪的嗜好，像是收集郵票、迷上鐵道文化、把寵物打扮成知名電影角色、把自己裝扮得像動畫角色、穿著獸服在「填充動物玩偶堆」中大玩群交。這些活動都有各自的文化，圈內人也都以一種外界無法理解的語彙交談。有些次文化挑戰道德或法律底線，只要參與其中就有可能被押進大牢，或受到社會的汙名化，但這又更令我著迷。沒辦法，我就是超愛這些虔誠的狂熱信徒。

　　我的第一本紀實小說是在講大麻鑑賞家，以及蒐羅世界各地稀有種大麻的地下植物學家。大麻文化的歷史充滿著各種鮮活角色，這些男男女女公然挑戰專制的反毒政策，完全不甩什麼他媽的社會規範。對我來說，被天體的世界吸引，跟之前比起來並不算反差太大。就像我老婆說的：「你一開始還呼麻呼到恍神，現在又要脫光光？幹嘛不寫本關於起司的書？你不是挺愛吃起司的嗎？」

　　擴音器傳來的聲音把大家啪地一聲打回現實，船長帶點警示意味地說道：「跟各位提醒一下，待會到用餐區時，麻煩務必披件外套。」

　　不過其實沒什麼效果。很多人還是一樣光溜溜地穿梭在用餐區，酒吧，穿梭在所有你想得到的地方。既然在甲板上不穿衣服，到了放映室、圖書室、賭場、自助吧，也一樣不會穿衣服。他們光著身子擠在鋼琴酒吧，點艾爾頓・強（Elton John）和比利・喬（Billy Joel）的歌；上演舞臺劇的大型劇院也擠滿了裸體男女。肉色的身影充斥在電梯裡、走道上；他們在乒乓球室打球，在健身房舉重，在游泳池邊暢飲雞尾酒。

　　健身中心內，有個人問了船上教課的瑜伽老師：「上課時需不需要穿衣服？」老師愣了一會兒，這個問題的現實面就讓她的臉扭曲變形。我所能想像的就是，她的腦海裡有個可怕的畫面一閃而過，整間教室的學員們，都一絲不掛地做著下犬式。好不容易她吐出了幾個字：「要！教室裡面⋯衣服⋯要穿衣服。」

　　但看看瑜伽教室外面，到處都是陰囊跟雙乳隨著船身搖來晃去；軀幹上的贅肉也如波濤般晃動，垂擺的模樣簡直就像熔岩燈裡的蠟滴。人類的肉體，在此用再自然不過的方式展露無疑。

　　第一天的晚上，我坐在海洋酒吧。當時聽到有位62歲銀髮且能言善道的男人在大聲抱怨說：「郵輪上也未免太多老人了，我猜平

均年齡應該有六十五歲吧！」*

聽到老人在抱怨老人太多的時候，就知道老人真的太多了。

*他有個很勁爆的癖好，就是喜歡拍攝女人的外陰部；他還向我保證，說自己在拍照
之前都有先徵得對方同意。

　　大多數乘客都是退休人員，而且多半是美國人。意思就是，放眼望去，大多是一些沒穿衣服的胖子在那邊昂首闊步。他們的表現是多麼自然；人類對於肉體神經質的執迷，造成了幾個世代的飲食問題，暴食、厭食、自我嫌棄，在他們身上卻一點跡象也沒有，我發覺這還真有點勵志。他們完全不引以為恥，不僅接受自己最真實的面貌，也如此看待他人。最棒的是，他們以此為樂。

　　還是有尚未退休的人，像是我遇到的哈佛教授、放射科醫師、五金行銷售員，以及幾個在部隊服役的軍人，還有藥廠的銷售代表、賣場員工、攝影師、科學家、醫師、企業主管、老師、律師、律師助理，以及在這趟旅途中不太願意談到工作內容的旅客。

　　當然，也不是所有人身上都掛著贅肉，我就有看到一大群符合BMI指數標準的LGBT*。另外有幾個才20幾歲，身上帶著刺青、外貌性感的年輕男女，緊緊依偎在一起，彷彿眼前那些裸體的退休人士，預示了某種駭人聽聞的世界末日。這些大概20幾歲的年輕人，盯著那些大概70幾歲的老年人，就像看到一道穿越時空的傳送門後面，有個反烏托邦的世界。那個世界裡的所有人，都在地心引力和久坐不動的生活型態催生之下，變得又肥又垮。多麼讓人心碎的現實啊！或許就是因為瞥見了這個深淵，使得一些年輕人把自己灌得酩酊大醉。

*男、女同性戀者、雙性戀者與跨性別者的英文字首縮寫

　　這艘天體郵輪上，主要是以白種人居多，也有少數南非人、東亞人和非裔美洲人，一起組成這個「無衣自在」（clothes-free）

的團體。他們來自各個角落，有些人可能來自被極地渦旋覆蓋的城市，像是芝加哥、密爾沃基、辛辛那提、費城和波士頓，只為躲避刺骨寒風和一再打破降雪紀錄的壞天氣；也有人來自比較溫暖的區域，像是坦帕、鳳凰城、洛杉磯、舊金山；或是來自心臟地帶的堪薩斯州、愛荷華州、奧克拉荷馬州和德州。另外也有看到外國的天體族，來自多倫多和魁北克的加拿大人，或是從更遙遠的地方，比如芬蘭、澳洲、德國和荷蘭。這些人大老遠聚集在此，都是為了一個明確的目的，就是要站在這艘郵輪的甲板游泳池裡，盡情放縱一番。

有人手持螢光色雞尾酒杯享用特價調酒，有人在躺椅上休息，有人跟著砰通砰通的音樂起舞，有人跳進溫泉池裡；但絕大多數的人就純粹閒聊、開懷大笑，相處非常融洽。

然後，沒有一個人穿著衣服。

究竟是什麼原因，會讓這些看似正常的人，願意花上千元美金，看彼此的屌在那邊晃來晃去？他們到底在想什麼啊？這樣很好玩嗎？難道他們是貪戀暴露的快感？還是有偷窺的毛病？那位正在玩21點的上空女人，會因為裸露而感到女權高漲嗎？他們到底是怎麼了？

為了找出真相，我現身於此。跟其他數百名赤身裸體的人，在郵輪上一起吃披薩、喝啤酒，這對我來說實在是太詭異了，最後甚至開始覺得有點不太舒服——雖然我是真的很愛披薩和啤酒。但如果想過過看天體文化的生活，想了解這些人為什麼願意賭上自己的工作、人身自由，或是名譽來做這件事，這個嘛，我就得親上火線，跟別人一樣光溜溜的囉。

與一位天體人的會談

　　想成為天體族，顯然是要照規矩的。在陽光底下脫褲子露鳥，或許很好玩　當然啦，要看你是在哪露鳥，被逮捕就不好玩了——但這不能算是天體主義。脫光衣服穿越足球場也不叫天體主義，那叫裸奔。那如果是跳到湖裡跟幾個朋友們嬉戲呢？那叫裸泳。好玩沒錯，但還是不算天體主義，在日本溫泉泡裸湯也稱不上天體主義，雖說是跟其他人一起光著身子泡湯，但等你洗乾淨、泡進冷泉，讓整個人清醒之後，就會穿好衣服，到外頭去吃拉麵。裸體族則是會跟其他裸體族，一起裸體吃拉麵。

　　我不是天體主義者，只有年少時有幾次裸泳的經驗，其他時候在公開場合幾乎都有把下體遮著。我是沒在參與什麼「社交裸體」（social nudism）和「後院天然主義」（backyard naturism），或任何這類的天體活動，但那不代表我就不愛裸體。無論是洗澡、睡覺，或是待在自家臥室，我都開開心心地享受著光屁股的樂趣。不是說我有多正經八百，純粹就只是不習慣在旁人面前光溜溜罷了。我老婆例外，但她早就已經習慣了。

　　我從來沒有在公開場合脫光衣服的衝動。事實上，我有種強烈的義務感，認為在別人都有穿著衣服的情況下，待在他們身邊，

理所當然也要穿著衣服。甚至還會搞混搭風，好像這就是我個人的「穿著品味」。你可以說我是被社會給制約了，但我敢擔保我不是唯一那一個。從小就受廣告及媒體影響，產生「身體意象」（body image）的問題，總是對自己感到不滿足，害怕為了一些理由被嘲笑，比如矮胖、體毛多、被割了包皮或單純就只是不想要——你懂的——看起來很遜。不安感深植在我的意識當中，也遍及了大部分我所認識的人。

到底天體主義者是什麼呢？在《天體思潮》（*The Nudist Idea*，暫譯）這本書裡面，歷史學家賽克·辛德（Cec Cinder）提供了一個無所不包的的定義：「天體主義者的概念，是奠基於一個標新立異、完整而健康的哲學思想上，這個概念遠比單純的裸體聚會來得有深度。天體族擁護的是理智的性關係、反戰主義、強健的身心、對跨性別的尊重、政治自由主義、宗教寬容、動物權利、〈憲法第一修正案〉的政治自由、人口控制、縮減政府和官僚之職權。」[1]

我不大確定天體主義跟動物權、人口控制或縮減政府職權有什麼關係——聽起來比較像是作者基於個人的政治觀點，附會上去的說法——但再強調一次，我是最近才開始要了解天體主義，所以說不定還真的是如同上述所列的呢。

社交裸體是自1929年，德國引進美的。那時候起，就有許許多多的天體族及相關團體，努力建構著天體主義的定義。對某些人來說，這就是他們所選擇的一種生活方式，包括健康的飲食習慣、運動健身，以及對於天然美的欣賞。也有人用哲學的角度看待天體主義，作為某種政治立場，抗衡「以穿衣為中心」的社會強制力量，反對由穿衣所衍生出的消費主義和貪婪的資本主義；因為這些問題的擴張，都會消耗我們的環境資源、殘害我們的心靈健康。有的人

---

1 Cec Cinder, *The Nudist Idea* (Riverside, CA: Ultraviolet Press, 1998), from the preface.

喜歡的是接受身體真實的樣貌、而不是被時尚或廣告牽著鼻子走，也有些人單純就是喜歡太陽底下不用穿衣服的放鬆感。

雖說可能每個團體都有各自的活動跟詮釋方式，但他們基本上都贊同一件事：天體主義是社交活動。如果只有在私下沒穿衣服，那頂多叫裸體，但如果你是光著身子，在一群裸體男女之間從事活動，你就算得上是實行天體主義的天體人。[2]

那為什麼有些人會喜歡把衣服脫光，和其他沒穿衣服的人處在一塊兒呢？這有什麼好玩的？要是為了某種野性的衝動？假如社會沒有限制必須穿著衣服，我們會不會就都光溜溜地在田野中嬉戲呢？

我兒子朱爾斯還小的時候，喜歡把一條仿冒的愛馬氏絲巾當披風，假裝自己是個小超人，光著屁股在家裡跑來跑去。我會把絲巾綁在他脖子上，彷彿能讓他飛起來，變得有超能力。他在跑步時，會用嘴巴模仿火箭的聲音，加速往前衝，直到整件披風被氣流吹得鼓鼓作響，感覺就像真的超人披風一樣，偶爾會扭頭欣賞他身上的披風；雖然不是每次都能感覺得到它的存在，但每當它拂過傢俱、牆面或樹木，似乎都能讓他感到更振奮。

他在家通常都只願意披著披風，鞋子、尿布、T恤一概不穿。我實在很難要求他，畢竟我們住在南加州，實在沒什麼理由穿衣服保暖。所以不管是跑跑跳跳、玩樂嬉鬧、捉弄姊姊的玩伴、還是看電視，一律都只披著那件仿的愛馬氏絲巾。他單純只是想假扮超人嗎？還是有什麼更深層的意涵？難道他的內心深處有一股莫名的衝動：「管他什麼社會觀感，我就是要脫？」* 就連《聖經》裡面也說，亞當與夏娃「二人赤身露體，並不羞恥」。好吧，那到底是發生了什麼事？從什麼時候開始，大家出門在外沒穿衣服變成是犯法

---

2 「天體人」的一般定義。

了？從什麼時候開始，天體營變成只有怪胎和嬉皮才會玩的遊戲？

* 雖說朱爾斯目前定居舊金山，但他已經不再披著超人披風在大街小巷亂跑了。至少
　我是沒聽說啦。

　　因為想要好好來了解一下，於是決定先找一位熱愛天體的美
國正牌天體族談談。我安排與傑出的美國天然主義者馬克・史托瑞
（Mark Storey）會面，也買好了一張飛往西雅圖的機票。馬克・史
托瑞不僅是「天然主義行動委員會」（Naturist Action Committee）
的董事會成員，也身兼「身體自由協進會」（Body Freedom
Collaborative）的創會元老。身體自由協進會不僅宣揚「穿脫自便海
灘」（clothing-optional beaches）* 的理念，也推出國際天體園藝日
的活動。他同時參與《N天然主義生活雜誌》的編輯、著有《天體
電影院：天體影史》（*Cinema Au Naturel: A History of Nudist Film*，
暫譯）一書，並加入《天體劇場：天然主義戲劇選輯》（*Theatre au
Naturel: A Collection of Naturist Plays*，暫譯）的編著。除此之外，他
在天體史、不合作主義、公眾裸體法律議題等方面，也累積了相當
豐厚的著作。

　　也就是說，他可是天體人中的天體人。

* 也稱裸體海灘、自由海灘

　　這天日子不錯，西雅圖的氣溫涼爽，飄著微微細雨；此處苔
蘚生長茂密，植物蔥蘢蓊鬱，微光染出一片輕軟的灰色質感──如
此地微妙細緻，簡直就像什麼學院的代表色，是會出現在瑞典憂鬱
症研究學院牆面的那種顏色。過去我曾住在西雅圖，所以已經對那
裡的厚重濕氣有心理準備。但一道意料之外的冷鋒過境，溫度降至
幾近寒冷的地步。我站在巴士站，冰冷的雨滴凍得我直發抖；綁緊

圍巾，把帽沿往下拉，蓋住雙耳。此時不禁懷疑，究竟有多少天體族，在太平洋西北地區，有辦法不受失溫症的侵害。

史托瑞同意跟我約在「包浩斯書香咖啡館」（Bauhaus Books and Coffee），這是一間很潮的濃縮咖啡吧，座落在西雅圖鬧區與時髦的國會山（Capitol Hill）鄰近地區中間，剛好是一塊人潮較為稀落的區域。說真的，我不知道這趟訪問該有何期待。他會不會是那種怪異的天體主義傳教士？或是裸泳界的蘋果佬約翰尼？還是晃盪著小雞雞的切‧格瓦拉？他會穿衣服來嗎？更麻煩的是，他會不會堅持要我採訪時也把衣服脫光？這麼冷的天，這樣好像不大妙。

找到這間咖啡店不難；事實上，過去我曾有一段時間，住在離此不遠處，但那已經是好幾年前的事。當時「咖啡師」這個詞，在行銷主管的眼中，還只是個會耍點花樣，不被看好的職業。包浩斯有面向街道的巨型落地窗，能引進足夠的光線，讓客人免於季節性情感障礙的威脅。佔了整面牆的書架，營造出哥德式圖書館的氛圍。樓上還有個類似閣樓的空間，上去就看到馬克‧史托瑞已經坐在那兒，身旁圍繞著幾個打扮入時的年輕人，一邊啜飲著咖啡，一邊目不轉睛地盯著電子產品。

史托瑞長相帥氣，表情豐富，一會兒活潑大笑，一會兒嚴肅省思。身高192公分，可說是個身形高大的天體人。對於一個在當地大學教授哲學的人來說，他看起來還蠻健壯的。

「我最近參加天體排球賽，開始在美西各州到處跑。雖然已經辦到爛了，但還是很好玩。」

看來擊球、托球、殺球這種玩意兒，在天體圈挺熱門。

「喔，對啦，我也是國際天體女子排球賽的裁判。誰都別想跟我搶這個位子，當她們的裁判超讚的。」

　　聽不太出來他是在開玩笑還是怎樣，直到後來才發現有一半是認真的。只不過根據史托瑞的描述，當個天體排球員並不是完全沒風險，比如他在現任教職的招聘過程中所發生的事。

　　「我很想在這所學校擔任全職教師，但就在我要去面試的那個禮拜，我工作的雜誌社忽然說要把我放在封面，而且還是整個朝正面攔網的照片，那件事就是跟排球有關。我當時想：『唉呀！這下可把自己給搞砸了。』」

　　「說不定人家不會注意到你的臉啊。」我說。

　　他聳聳肩，接著道：「後來，我當上了系主任。某天要處理一位兼任教師的問題，陪他一起吃個午餐，聊聊天，他跟我大吐苦水，反正就是教學上的一些鳥事。然後他突然說：『唉，哪像你那麼好啊。』我說：『我怎樣？』他接著說：『就那本雜誌啊，你打排球上了封面的那本啊。』我說：『你居然知道啊？』他就說：『大家都知道好不好！』」

　　「也許他們覺得，哲學家幹這種事也沒什麼好奇怪的。」

　　他笑了笑。「我同事們的確還蠻屌的。」

　　訪談暫停了一下，我們喝了幾口咖啡。包浩斯的咖啡的確很不錯。接受咖啡因的刺激之後，我便單刀直入切向重點。

　　「那你一開始是怎麼參與天然主義的？我想你應該不會是某個早上醒來，就決定從此不穿衣服的吧？」

　　史托瑞笑了出來：「每個人都有自己的故事，至於我，故事是從我爸帶著我和兄弟，去內華達山釣魚開始的。我爸是個很摳的人；如果釣魚時不小心把假餌鉤到溪裡的圓木，就得涉水過去撿，頭幾年我會去撿，但就得忍受整天濕答答。」他停頓了一下，喝了口咖啡：「當時我們在郊區，沒有其他人在場。直到有一天，我終於決定要脫了牛仔褲跟上衣再下去撿。當年我大概六、七年級吧，

就在我踏進水裡的那一刻，就想：『這真的是世界上最酷的事情了！』從那之後，我就開始瘋狂把魚鉤亂甩，這樣就可以走進水裡去把假餌撿回來。我爸都覺得很奇怪，為什麼我老是這樣亂甩。撿完，我當然要先坐下來把身體擦乾，那時候就想：『既然都坐在這擦身體了，說不定等一下也可以直接這樣去森林裡晃晃。』」史托瑞又端起咖啡，喝了起來：「那時候我還只是個青少年。」

「你這麼做只是因為爽？」

他點點頭，「後來，差不多20歲的時候吧，這件事我還記得很清楚。某個星期六的上午，我躺在床上，想著：『我要來做一件從來沒做過的事情。』當時還沒想到要做什麼好，可能洗個碗之類的。直到後來，我就想：『我要來參加一場天體營。』」

他早年撿假餌的經驗，聽起來就很像我兒子穿披風的事。「你有沒有想過，說不定人類的內心，就是有股想裸體的衝動？」我問。

他頓了一下，挪了挪身子：「我的確是這麼想的，但還沒有在哪部文獻上看到過，我自己也還沒寫到這件事。你可以說這是從亞里士多德極權主義衍生出來的想法；我很喜歡亞里士多德、聖托馬斯·阿奎那和孔夫子，這些人一定也認同人類本質上就是社會性、天生自然的群體。我認為一旦人類開始裸泳，尤其是跟著其他人一起裸泳——我指的不是性愛場面喔，而是非情色社交裸體——我在想，屆時就會有不可思議的事情發生，大家都會願意對他人打開心房，甚至還有人能因此得到救贖。」

我有點懷疑這樣的說法，挑了挑眉：「社交裸體可以讓人得到救贖？」

史托瑞點頭：「我看過有些人大哭起來，他們從疏離的感覺中得到很大的解放。我是真的認為社交裸體可以減少跟他人的疏離

感；只要減少到某個程度，人類就可以變得更繁盛興旺。」

我發現他是非常認真地在講這件事。當我還在想像一群沒穿衣服的人坐在那邊哭哭啼啼——簡直就像從我的惡夢擷取出來的畫面——他繼續接著說：「並不是說我想要變得多發達才從事天體，那就太荒謬了。我要說的是，以青花菜來講，你不需要為了健康而去吃青花菜，但青花菜能作為使你更健康的一個因素；我認為社交裸體，就是能作為去異化的一個因素。」

我不大確定跟其他人一起光著身子，是不是就讓我比較不會感到疏離，事實上，我覺得這樣更會讓我感到疏離，所以我請他把自己的意思再說清楚一點。

「像我們上的妝、穿的衣服，就是為了隱藏住真實的自己。我們無法接受真實的自己，所以就把自己從他人面前隱藏起來。」

這提醒了我一件事。上次去費城參加一場大會，我看到在場的男男女女都穿得整齊劃一，就像說好要穿固定顏色的體育品牌POLO衫似的。完全沒有個人特色，宛如企業品牌策略下的成果。再加上現場很多人都愛穿卡其褲、腰帶上掛著橫式手機套，忽然之間，《天外魔花》（*Invasion of the Body Snatchers*）的豆莢人場景彷彿就出現在我眼前。

當然，那些喜歡追求名牌的時尚達人，就會在別人背後，依據衣服品牌的價值，去評斷一個人的地位。

馬克‧史托瑞的說詞，很多都讓我蠻認同的，這些觀點很有說服力。人們常常隱藏自我，用身上的穿著把真實的自己隱藏起來。制服就是個好例子，我們總會根據制服去辨別某個人在社會上的角色，警察、消防員、軍人，還是聯邦快遞員工，而非根據他本身是什麼樣子的人。

現在我可以明白，為什麼說穿衣會跟疏離有關，或至少確實是

會失去個人特色，但脫衣真的能去除疏離感嗎？

「絕對可以！假如你把褲子脫了，在樹林裡走個100碼，你一定會覺得自己與大自然變得更貼近了。」

或是與妨礙風化造成的牢獄之災更貼近了。

史托瑞繼續說道：「作為社會性的群體，我們的天然本性會受到箝制。如果能在安全、舒適的環境解放自己，對於生活其實會起正面的作用。不管別人有沒有注意到，我是真的認為這是一種很普遍的現象。只要是初次嘗試裸泳的人，都會說這實在是個非常棒的體驗。」

「我是還蠻喜歡裸泳的啊！」我說。

老實說，這樣講是有點誇大了。其實我真正的意思是，要在我從小生長的堪薩斯城附近，和高中女友一起到湖上裸泳，我當然會很樂意。但那時我是個性致勃勃的17歲小伙子，若說我可以跟她袒裎相見，那麼要我上刀山、下油鍋我都願意。但我沒把這話跟史托瑞說。

他向我靠過來，目光盯著我看。可以感覺對方要丟一個哲學問題過來了。

「是嗎，那你又為什麼會喜歡裸泳？」

我正準備回答，但他忽然插口道：「是沒錯啦，的確有一些肉體聲色的成份會讓人感到歡愉。但總會有其它滿足欲望的方法，不用冒著丟掉工作、失去朋友的風險。只是不知何故，很多人覺得天體比這些還重要。我花了很多年的時間，想弄明白這究竟是怎麼回事，為什麼會有人願意冒這麼大的風險去幹這些事。這是會坐牢的耶。在蒙大拿州，只要你被抓到第三次裸泳，就會被判終身監禁。」

關於蒙大拿州的法規，他是真的沒在開玩笑。第一次抓到，最

高可判六個月的刑期,第二次抓到可以判一年,第三次又被抓到露鳥,就是最低五年、最高有可能無期徒刑。

我喝了口咖啡,往一旁那些20幾歲文青看過去。這幾個人一直盯著電子產品的螢幕,好像沒什麼興趣與旁人互動,或說沒興趣跟有血有肉的東西互動。看著他們全神貫注,眉頭緊皺的模樣,不禁想到:在西雅圖的一月份,這樣陰暗濕冷的午後,兩個大男人喧喧嚷嚷地分享著在太陽底下美好的裸體經驗,應該會嚴重影響他們的專注力吧。

我轉向史托瑞:「人類是崇尚感覺的動物,像我們的皮膚就是感覺器官。天體主義是不是也比較傾向享樂主義呢?」不諱言,我是個享樂主義者。雖不至於縱情聲色,但至少支持傳統上對享樂主義的定義:快樂至上。也就是說,來杯咖啡、吃顆新鮮芒果,或在公園走走為我帶來的快樂,並不亞於賺大錢或隊伍獲得冠軍,但這種簡單的快樂常被人們低估。事實上,我還有考慮要加入「國際享樂主義組織」(Hedonist International)呢。[3]

我看著史托瑞說:「我的意思是,我是用正面的角度看待它。」

他點點頭。「天體主義是很不錯,不過應該說有好有壞。假如人類真如亞里士多德所說,是一種理性、社會性的群體,那麼任何一種能合理發展自然和社交天性的事物,對我來說它的出發點都是好的。相對的,任何阻礙人與人之間良性互動的事物,都只會造成疏離感。」

「所以你的意思是說,想要裸體的內在衝動,是為了社交,而非出於個人的需求?」

「如果我們的天性,本質上就是社會性的,而穿衣確實會造

---

3 hedonist-international.org

成我們與他人之間的疏離，那麼，天體就能打破這樣的疏離感。我認為這就是這麼多人喜愛天體的原因，只不過大家可能沒有發現罷了。」

他在接話之前先啜了口咖啡，一副要辯解什麼的樣子。

「這個議題之前很少人討論，但你問到了；我是不知道還有沒有其他人這樣講啦。通常別人可能會給你一些比較沒大腦的回答，比如說：『我這樣做是因為崇尚天體帶來的自由。』問題是，本來哪裡不自由了？又想自由到哪裡去？」他兩手一攤，聳聳肩說：「這種說法，通常都是不知從哪聽來的廢話。」

就在我開始調查為什麼有人會想扒光自己衣服，去跟想把他們衣服扒光的人社交的期間，確實是聽過很多這種陳腔濫調。天體主義對於自由的定義，理論上應該是要從文化加諸在我們身上的審美觀解脫。所謂「身體意象」的思維，基本上就是一些屁話，說得好像人類的價值就是建立在有多年輕、身材多好、長得多漂亮一樣。每年賺個幾十億的大型企業，用地毯式轟炸的廣告不停灌輸我們體毛就是該除、牙齒就是該雷射美白、多餘脂肪就是該抽掉、胸部就是該塞個鹽水袋讓它變豐滿。節食法也不斷推陳出新，一下子是「原始人飲食法」（Paleo Diet）、接著又有什麼「南灘節食法」（South Beach diet）、「阿金減肥法」（Atkins diet）等等有的沒的。廣大減肥產業最不需要的，就是一群不會疏離彼此、有著正面身體形象的人。也許把衣服統統脫掉，在森林裡盡情遊玩，真的能將文化洗腦的現象驅走，把許許多多的人從悲慘的處境中拯救出來。

我望著史托瑞：「雖然我不是很想跟你唱反調，但你真的覺得那是人們喜歡天體的理由嗎？」

他聳聳肩說：「理由很多啊，每個人都不一樣。」

自己的風險自己擔

　　我不知道「風險共擔」（skin in the game）*這個詞是源自哪裡，但若想了解天體文化，就只能光著身子來到天體度假村和穿脫自便海灘。不管暴露地站在一群光著身子的人面前有多詭異，或是跟他們做一樣的事有多尷尬，我都已經把自己暴露於另一個層面，且暴露在極具風險的狀態。尤其是，我得承擔自己那粉嫩嬌弱的肌膚給太陽曬傷的風險。

*意指為達到某種商業目標，而與一群人共同進行投資並一起承擔金融風險。

　　開車去賣場前，我都會先厚厚地塗上一層防曬乳；總是寧可傍晚再到海邊賞夕陽，也不要中午過去。這是有原因的。Coppertone那個陳年廣告詞所說的：「曬成古銅色……但別曬傷」，在我身上似乎完全不適用，我老是會被曬傷。

　　由於想知道是不是有哪種遺傳傾向和對慢性曬傷有什麼天生的保護作用，所以向「23andMe」，一間休閒基因測試公司，要了根採集管，把口水吐進去，再寄回該公司。雖說剛開始看結果好像還不錯——我有0.7％的美國原住民血統，還帶有「E1b1b1a子群」，意思是在比較遠的血統上，和北非和伊比利半島也有一點關係——

但最後發現祖先主要還是英國人、愛爾蘭人，和一些「非特定的北歐人」。看樣子，如果想在光天化日之下脫光光，還得先徵詢專業醫師的意見呢。

我住在洛杉磯東北部，不遠處就是鬧區和文青聚集的高地公園。我常找的那位皮膚科醫師，原本是在帕薩迪納看診，離家只有十分鐘的車程。但因為她已經搬走，所以得先跟她掛號，然後走上漫長無趣的路，橫跨洛杉磯，來到她位在太平洋帕利塞德的診所。

我得說，其實我不是那麼喜歡西醫——通常有毛病都是去找中醫做針灸治療——但我真的很喜歡這位叫黛娜‧喬‧葛雷妮爾（Dana Jo Grenier）的皮膚科醫師。她講話一向帶著黑色幽默，所以跟她聊天會覺得很有趣。但她有一種極度吹毛求疵的個性，這種個性的人往往會為求好玩，而用最快的速度跑馬拉松。她以前也確實這樣幹過，現在依舊看起來像個長跑好手，體型纖瘦結實。而且當她戴起放大眼鏡檢查患者皮膚時，長得實在有那麼點像隻大螳螂。

在把衣服脫下的同時——當時沒意識到，這麼一脫，就是我這一年第一次脫衣服給人家看——也一併跟她解釋我接下來的打算。她聽了大笑，搖搖頭。

「我剛開業的時候，我也有個病人是天體主義者，喜歡在自家後院全裸倒立。」

她開始把臉貼近我的身體作檢查，緩慢而仔細地檢視著真皮，就像個比利時鑽石鑑定師在檢視珠寶一樣。

「一般人可以在烈日下倒立多久？」

她抬起我的手臂，細細凝視。

「久到能讓陰囊下方長出鱗狀細胞癌。」

這種就事論事的語氣，好像這只不過是無意間拋出的資訊，

而不是什麼令人咋舌的警世故事。實在難以想像，到底是什麼樣的人，會讓自己的陰囊下方給太陽曬傷，然後隔天又去曬，就這樣日復一日地做下去？一次還不夠嗎？難道烤熟的蛋蛋還不足以喚起他的危機意識嗎？

我試著讓自己保持冷靜，「我可沒有要在太陽底下倒立的意思喔，就連躺在那邊曬都不願意了。」

她把放大眼鏡抬起來，一邊嘴角上揚，感覺像是混合了挖苦與真心關切的笑容，「那最好啊，下體的肌膚可是很脆弱的。」

所以那有點算是下體皮膚的特徵囉？想歸想，不過我只說：「我有買防曬噴霧，可以把所有敏感部位都顧到。」

她點點頭。「記得，噴霧器噴出來是微粒狀的，所以還是要把它抹開。還有，一定要用防曬係數30以上的防曬乳。」

她在我的病歷表上作了一些註記，我猜應該還有加上建議尋求精神科醫師協助等字樣。寫畢，她對我說：「還要記得每兩小時補擦一次喔。」

依據我個人獨斷的器官分級法，我基本上是認為腦袋、心臟跟生殖器最重要，而這三者間誰排第一還要視當下做什麼而定。但認真的想一想，皮膚實在也蠻有趣的。在所有器官中，它的面積最大，而且呢，我對臟器沒有冒犯之意，不過就審美的角度而言，皮膚真的是最為討喜。它的功能也很複雜，不僅經久耐用，還能保護我們不受病菌的侵犯。它能支撐被骨骼包覆的內臟，能經得起我們平常彎腰、扭動、使力的拉扯，而且也是極度敏感的器官。

儘管皮膚的所有功能都相當重要──大部分的人可能會覺得只要有把內臟包好就夠了──不過觸感才是真正決定一切意義與價值

的關鍵。人類是感覺的動物,我們重視質感,會把質料好的衣服穿在身上。喀什米爾羊毛、絲綢、埃及棉,這些東西之所以貴,不是因為聞起來香或嚐起來可口,而是因為它的觸感非常柔軟。用自己的肌膚去撫觸別人的肌膚,通常會帶來舒服的感受,大腦接收到知覺,然後化為情緒。觸摸能讓人感到親密,嬰兒與父母之間的連結於焉產生。

就這麼看來,我們平常費那麼多心思把肌膚遮住,真的是很弔詭的事。任何人出生的時候都是全裸的狀態;就在我們剛探出母親的肚子,吸進人生第一口氣的當下,就被衣物裹住纏起,彷彿皮膚一接觸空氣就會剝落似的。這是我們與親密感及連結感斷絕的伊始,此後便一步步把衣料疊加在自己身上。從尿布到連身童裝,從洋裝到牛仔褲,直到我們成年,開始有了虛榮心,把象徵現代文明的‧香奈兒黑色小洋裝,或經典海軍西裝外套收進衣櫃。接著衣櫃又漸漸多了一系列的牛仔褲、卡其褲、洋裝、七分褲、睡衣和浴袍。到了最後,我們終於兩腳一蹬,死了還得穿著壽袍,或是包進裹屍布裡殉葬。

難怪嬰孩一出生就要大哭。

難怪我們會百般糾結於自己的這付皮囊。

西方社會將肌膚與性劃上等號。若是想刻意突顯性感,就會穿「緊身裝」或「露肌裝」。深V禮服、露背洋裝、迷你裙、網襪等都是一些大面積裸露的裝扮,好像這樣穿就可以喚起性慾。娛樂圈靠賣肉來搏版面;電視及雜誌上的名嘴,把藝人露點走光的事情拿來放大檢視、大做文章。穿衣服要怎麼露或露多少,是人們拿來評論的依據。而洛杉磯這裡,則是根據身上紋了什麼,用什麼方式露給別人看。這種現象,簡直就是把皮膚當成行動藝廊。

這個現象的陰暗面就是,當女性穿了「露肌裝」而受到性侵

時，就被大眾指責是「自取其辱」，誰叫她要穿得這麼不檢點。
2011年1月24日，加拿大多倫多的一名執法人員，就對性侵受害者
提出了一項著名的宣導：「出門在外不要穿得像個蕩婦。」這個說
法顯然非常無腦，後來便激發女性展開一連串所謂的「蕩婦遊行」
（slut walks）。她們上街抗議的訴求是，女生應該要能夠愛怎麼穿
就怎麼穿，不能為了穿著而譴責受害者，或進行「蕩婦羞辱」（slut
shaming）。假使今天我們把時尚產業的話當真，把媒體告訴我們
的當真，把社群網站上那些騙人的自拍照當真，就真的會被嚴重洗
腦，以為活在21世紀想出頭天，就得打扮得性感香豔。但如果厄運
降臨在妳身上，那就是妳的錯了，誰叫妳要穿成那樣。這套邏輯根
本就是亂搞一通嘛。

　　假如你能無視於市場針對這付皮囊所做的行銷，也能對電視
廣告和實境秀所主張的：「皮膚就是性感象徵」無動於衷，然後正
視皮膚做為感覺器官的本質，用單純的眼光看待它，那麼很快就可
以發現，皮膚即通往享樂主義的道路。這應該沒什麼異議，皮膚外
觀美、觸感好，讓人想觸碰，也想被觸碰；這可以解釋為什麼有些
社會對這部份很敏感，露得太多就等於帶有太多的連結、太多的親
密以及太多的性。我認為「布卡」（burka，罩袍）和「尼卡布」
（Niqab，面紗）就是反裸露的極端裝扮，不過平心而論，每種文化
都有屬於自己的儀容規範。

　　像這種一定要把皮膚遮住的義務，是人類演化史上比較晚近才
出現的。根據考古學家表示，原本人類沒穿牛仔褲，沒穿高級訂製
服，也沒穿天鵝絨運動裝，什麼都沒，直到4萬年前才開始有穿衣行
為。在那之前的千百年來，住在熱帶地區的人們，掛在身上的料子
幾乎就只有一點點而已。目前世界上還有約幾十個原住民族過著無
衣生活，如：亞馬遜雨林北部的佐埃人（Zo'e people）、衣索比亞的

穆爾西（Mursi）和辛巴（Himba）部落，還有巴布亞紐幾內亞的科姆拜人（Kombai），就是其中的少數幾個例子。並不是說他們身上就沒有任何裝飾，其實都一樣會有各式各樣的穿環、紋身、唇盤、身體彩繪、葫蘆陽具套——就算是個與世隔離的部落，人們也會想要看起來有型。

　　跟人類的老祖宗相比——比如黑猩猩與大猩猩——我們的毛髮相對較少。究其原因，是因為以演化論的角度而言，人類本來只會住在熱帶地區的。所有的這些寒冷天氣、馴鹿毛衣、起司火鍋，都不是原本應該出現的東西。與其他動物不同，居住在赤道地區的人類，發展出可以調控溼熱的能力。換句話說，我們有「流汗」的能力。就如人類學家妮娜・G・雅布隆斯基（Nina G. Jablonski）在她的《皮膚：一段自然史》（*Skin: A Natural History*，暫譯）一書中寫道：「對於生活在熱帶氣候下的靈長類來說，無毛且排汗良好的功能性肌膚，便是使體溫穩定的最佳方式。就實際面來講，如此也能確保頭腦清楚，思路清晰。」[4]

　　大部分動物的汗腺都很少，而且是包覆在毛髮底下。舉例來說，狗只能透過張嘴喘氣來降溫，這就是牠們在氣溫較高時容易過熱的原因。人類的排汗能力是我們的演化優勢，維持身體涼爽，讓早期的人類得以從事耗時費力、往往需要走上長遠路程的的覓食行為。因為散熱功能良好，所以可以從事一種叫「耐力狩獵」（persistence hunting）的體能活動——基本上就是在燠熱的天氣，追逐羚羊或其它有毛動物，不停干擾牠們，直到牠們中暑死亡為止。有些演化人類學家的理論是：由於耐力狩獵的關係，人類飲食中開始增加了大量的蛋白質食物，促成大腦演化，以致後來出現銅和鐵

---

4 Nina G. Jablonski, *Skin: A Natural History* (Berkeley: University of California Press, 2006), p. 43.

的創新技術、出現香奈兒的黑色小洋裝，以及——如果你非得酸一下不可的話——出現天鵝絨運動裝*。假如要用宗教眼光看待人類演化的話，也可以說上帝把亞當和夏娃放入伊甸園——意味著伊甸園必然處在熱帶地區的某個位置——不過他們也是一樣，光屁股、光禿禿又汗流浹背。

*有些美國人認為某特定品牌推出的天鵝絨運動裝早已過時，只有非常有錢卻缺乏時尚感的小女生愛穿；馴鹿毛衣也被歸類為難看的毛衣，聖誕節收到會覺得很嘔

然而，就算上述那些演化論言之鑿鑿，也不代表我就得在洛杉磯街道上，發揮耐力狩獵的本領，全裸奔向我最愛的塔可車（taco truck）*；那太誇張了，會把蛋蛋燙壞耶。

*墨西哥小餐車

我們的皮膚除了具有精密複雜的散熱系統外，還能促使身體吸收維他命D，它是促進鈣質吸收和骨骼健康發育的必要維生素。如果沒有接受適度日曬，可能會患上佝僂病，這是一種骨質軟化、畸型的病症，可能導致膝內翻和其他異常。工業革命之後，煙囪一根接著一根往天頂竄；人們擠進煤煙覆蓋的城市，進入工廠工作，從此佝僂病便開始猖獗。

1875年，一位名叫西奧博爾德·帕爾姆（Theobald Palm）的蘇格蘭傳教士兼內科醫師移居日本新瀉，在當地從事治療及傳道的工作。曾在愛丁堡大學醫學院（Edinburgh University School of Medicine）接受專業訓練的帕爾姆，親眼目睹佝僂病對人體造成的損傷；在此同時，英國有大約六至八成的孩童受此病所苦。然而在日本，他卻從沒見過有人罹患佝僂病。帕爾姆對此感到十分好奇，開始寫信給世界各國的醫師和傳教士，將佝僂病依地理位置作研究彙編。

19世紀的醫學已經出現許多理論，但醫師們通常都不是很清楚

疾病發作的緣由。他們推測佝僂病的發生原因，也許是傳染疾病、或先天疾病、或因為都市人口太擁擠、空氣污染太嚴重，或者也有可能是因為少了哪種維生素，就像壞血病那樣。

出於一種使命感，西奧博爾德・帕爾姆決心要把發作原因找出來。

他也不是沒別的事好幹，他還得忙著帶領當地人改信基督教。由於日本信仰是以佛教為大宗，所以事情並不如預期般順利。1879年夏天，一群民眾對帕爾姆及其「佈道所」進行攻擊，這些人認為霍亂疫情是由基督徒帶來的。[5]

帕爾姆在1885年返回英國西北方，對於這座城市裡的孩童大規模受佝僂病侵犯的景象倍感衝擊。但帕爾姆曾在東京住上一段時間，當地也是個相當擁擠的大城，卻不曾見過佝僂病的蹤跡。因此得知，發作原因並非如居住環境擁擠那麼單純，而是比之還要更單純。透過研究地圖和整理在世界各地傳教時聽來的軼聞，帕爾姆推斷有否受佝僂病侵犯的區域，主要差異在於日光的照射。

1890年，他在一本叫做《行醫者》（*Practitioner*）的醫學期刊上，發表了一篇論文，名為〈佝僂病的地理分佈和病因〉。想當然爾，那個年代根本沒人了解日光是怎樣合成維他命D的，所以醫療機構也幾乎沒把帕爾姆的研究當一回事。[6]

但也有一些研究者開始試著去了解日照的好處。1903年，丹麥科學家尼爾斯・呂貝里・芬森（Niels Ryberg Finsen）因發現了光線的抑菌功能——也就是抗生素的作用——並研發光線放射療法而獲得諾貝爾獎。其後於1920年，一位名叫奧古斯特・羅萊爾（Auguste

5 A. Hamish Ion, *The Cross and the Rising Sun: Th British Protestant Missionary Movement in Japan, Korea, and Taiwan, 1865–1945*, vol. 1 (Waterloo, ON, Canada: Wilfrid Laurier University Press, 1993).

6 Russell W. Chesney, "Theobald Palm and His Remarkable Observation: How the Sunshine Vitamin Came to Be Recognized," *Nutrients* 4, no. 1 (Jan. 2012): 42–51.

Rollier）的醫師，在瑞典各地開設「日光學校」。從這些學校的老照片可以看到，書桌整整齊齊地排列在戶外，孩童們就坐在那，打著赤膊，邊讀書邊曬太陽。日光浴治療法（Heliotherapy）——其原文以希臘太陽神赫利奧斯（Helios）為名——忽然之間紅了起來。丹尼爾·佛羅因德（Daniel Freund）就曾針對這項主題上寫過一本非常優秀的著作：《美國的陽光：用自然光驅走暗黑疾病》（*American Sunshine: Diseases of Darkness and the Quest for Natural Light*，暫譯）。書中引用了1927年洛杉磯時報上，典型的那種長篇大論的文章：「日光療法效用多，像是治療乾燥脫屑的肌膚、氣喘、肺結核、膀胱問題、耳流膿、小兒麻痺症，當然也還包括了佝僂病。」[7]

　　儘管今日好像不大需要擔心佝僂病的危害，但就在2012年，一份來自英國皇家兒科與兒童健康學院（Royal College of Paediatrics and Child Health）的研究報告指出：從90年代中期開始，佝僂病的案例數已增加四倍[8]，所以還是不能掉以輕心。之所以會爆發的原因，歸咎於幾項因素，像是小孩子大部分的時間都待在家看電視、玩電腦；2013年，英國廣播公司BBC有一則新聞報導，說有位住在萊特斯郡（Leicestershire）的6歲大男童得了佝僂病，原因竟然是母親經常在他身上厚塗防曬係數50的防曬乳。[9] 不過，佝僂病當然不只肇因於日曬不足；貧窮、營養不足也都扮演著重要角色。

　　另外，住在地球北部、有永夜現象地區的人，往往會受季節性情感障礙症（seasonal affective disorder, SAD）影響，這是一種會讓人情緒陰鬱、感到倦怠的疾病。通常這種病比較容易發生在永晝永夜

---

7 Daniel Freund, *American Sunshine: Diseases of Darkness and the Quest for Natural Light* (Chicago and London: University of Chicago Press, 2012), p. 99.

8 "RCPCH Launches Vitamin D Campaign," Royal College of Paediatrics and Child Health, Dec. 14, 2012, www.rcpch.ac.uk/news/rcpch-launches-vitamin-d-campaign.

9 "Too Much Sun Cream Results in Leicestershire Boy's Rickets," BBC News, May 14, 2013.

現象明顯的國家，比如芬蘭和北阿拉斯加，但新英格蘭和西北太平洋地區也有病例出現。治療季節性情感障礙症的有效方法之一，就是一天花個幾小時，接受高度的光線及紫外線照射。由此可見，人類確實需要一定程度的日照，以確保身心健全發展。但就像滋味絕佳的雞尾酒和免費吃到飽的義式冰淇淋，只要攝取過量，好東西就變成壞東西了。

以前大家總認為說，躺下來做個日光浴對人體有益——豔陽能給人們帶來健康光采。當時很多人會拿可可脂或嬰兒油，厚厚地抹在身體上，想藉此把自己烤成鮮艷的赤棕色。但當年那些擁有耀眼、健康古銅色肌膚的人們，卻隨著老化而日益彰顯陽光對皮膚損傷的問題。曾曬得像喬治‧漢彌爾頓（George Hamilton）般深古銅色的型男，以及曾親近陽光而充滿活力的比基尼止妹，後來都漸漸轉而面對皮膚癌前期病變、如皮革般皺摺粗糙的問題。聖特羅佩助曬乳（Saint-Tropez tan）現在已淪為「香煙和午餐配三杯馬丁尼」（three-martini lunch）* 之流。這些曾風光一時的事物，如今卻成了危害健康的嫌疑犯。** 到這個年代還曬成那樣的，就只剩傻子了。曬傷造成的問題，不僅是疼痛不適而已；過度曝曬在太陽的紫外線輻射下，有可能破壞細胞DNA，進而引發各種皮膚問題。就如雅布隆斯基（Jablonski）所言：「長波紫外線（UVA）乃是皮膚早衰的罪魁禍首，主因是過度曝曬（也就是所謂的光老化）；在流行病學當中，也認為曝曬會造成皮膚癌當中最危險的一種類型——惡性黑色素瘤。」[10]

* 意指有錢人的高級應酬。

* * 話是這麼說，不過午餐配兩杯馬丁尼真的是剛剛好。

回到診間，葛雷妮爾醫師舉起我的手臂，凝視上面一點一點的雀斑。她摘下放大眼鏡，看著我說：「這麼說吧，這個任務的風險

10 Jablonski, *Skin*, p. 59.

還挺大的，假如肌膚有任何損害，都會跟隨你一輩子。」

講成這樣，感覺實在有點驚心動魄。雖然不是真的要上戰場，到敵軍封鎖線後方出任務，但後來想想，我也不希望等以後成了個老頭，邊指著臉上的畸形疣和癌前痣，邊講自己跑去天體度假村的事蹟。

我再次向她保證：「我絕對不會跑去做日光浴的啦。而且我一定會擦很多很多的防曬乳，也會記得戴帽子的。」

她看起來好像還是不大相信，遞了一罐她推薦的防曬乳給我，搖了搖頭。

「他們應該要給你戰鬥津貼的。」

裸體恐懼症

　　「裸體恐懼症」（Gymnophobia）是「對裸體有極度恐懼乃至異常」的技術性講法。這種恐懼症的患者很容易成為嘲弄的對象，大衛・克羅斯（David Cross）就在電視影集《發展受阻》（*Arrested Development*）裡將托拜亞斯・馮克（Tobias Fünke）演得活靈活現。該部劇集裡，托拜亞斯罹患「絕不裸體症候群」，無論何時都要穿著一條抽鬚牛仔短褲，把長統襪塞在裡面，確保所有人包括他自己，都看不到他的外生殖器。雖然影集中把喜劇效果發揮到極致，但真正患有裸體恐懼症的人，光出現裸體的念頭，就會導致呼吸急促、心悸、反胃的症狀；若是看到有人沒穿衣服，就可能恐慌發作；假如眼前有人光溜溜地漫步在天體度假村，還可能造成精神病大爆發。

　　我們很難估算到底有多少人有這方面的問題，因為就算有也沒人願意坦承。裸體恐懼症者很容易被拿來調侃嘲弄，儘管問題有可能來自於身體意象的焦慮、羞恥感、甚至是性侵的創傷。有些心理學家推測，這個症狀跟強迫症有關。

　　我是認為，對大部分的人來說，在別人面前裸體或多或少都會感到焦慮。回想一下高中體育課走進淋浴間的情景，或是健身房更衣室裡面。況且又有多少人喜歡做愛的時候關燈？只要仔細去想一

想，就會發現似乎每個人多少都有輕微的裸體恐懼症。自己光著身子或看到別人光著身子，都有可能會是一項不愉快的經驗，至少是會覺得不大尋常。

裸體恐懼症的療法之一，是透過所謂的「暴露療法」（exposure therapy）來進行認知行為的調整，內容基本上就跟你想像的差不多。

我並不覺得我有裸體恐懼症的問題；既不會為了看到別人裸體而恐懼，也不會為了自己沒穿衣服而覺得怎樣。並不是說我臉皮很厚，我不是那種會在更衣間露出小雞雞，大搖大擺給人家看的人，相反，我圍浴巾的技巧挺高超的。只是呢，我還沒去過天體度假村，也沒在所有人都裸體的地方裸體給別人看過。到這種地方不裸不行——裸體就是門票，是進入這個領域的基本條件，裸體恐懼症者不宜。就像告示牌上清楚標示的：「請勿穿著泳衣進入泳池區」。

為了自己的非情色社交天體主義初體驗，我開始著手尋找天體度假村，後來發現其實沒想像中難找。天體主義主要出現在溫暖氣候區，而我住的地方位於南加州，就有為數不少的地方，可以滿足人們對於暴露療法的一點需求。

從洛杉磯到棕櫚泉只要2小時的車程。棕櫚泉當地年均溫是華氏73度（約攝氏22.7度），年降雨量少於6英吋（152.4毫米），非常適合作為天體勝地。這塊區域原本住著卡惠拉族印地安人（Cahuilla Indians），他們住在一座由科羅拉多河挹注的大湖附近。這座湖多年前早已乾涸，但人們照樣把棕櫚泉改造成性開放度假小鎮。今日，這裡成了高級沙漠綠洲，水療館、高爾夫球場和網球場星羅棋布。來自世界各地的旅客，舒適地躺在日光下，歙望著棕櫚樹。

當我看到法蘭克·辛納屈（Frank Sinatra）和他那群雞尾酒酒友們

曾經聚集的度假樂園，實際上也是裸曬天堂的時候，並不特別感到意外，但我倒是對天體度假村數量之多感到挺意外的。棕櫚泉至少有6個「穿脫自便」的度假村，但我發現只有其中兩個是非男同志專屬。本來有一瞬間，曾考慮去其中一家男同志度假村，不過嘛，我還是很老實的，我不是男同性戀，而且死都不會喜歡男生。

泰拉考塔旅館（Terra Cotta Inn）* 在官網上大肆宣傳自己是全棕櫚泉「最熱門的上空及天體日光浴度假村」，並引用哈芬登郵報（*The Huffington Post*）的文章來打廣告，宣稱該館乃「全球十一大必訪天體度假村」當中的第一名。它還吹噓說這裡是最適合來場天體初體驗的地方，宣傳手冊上頭就寫著：「不是天體族嗎？從沒來過天體海灘嗎？沒問題！」

* 現已更名為猴了樹酒店，The Monkey Tree Hotel。

但是當我打電話去訂房時就有問題了，對方告知這是一間「僅限夫妻同行」的度假村。接電話的女員工說：「我們這邊有很多旅客是初次到訪。為了讓這裡的女士安心，我們必須確認所有男性旅客都已婚且攜伴來訪。」

說得好像已婚男就不會像單身男，把眼睛留在裸女身上打轉似的。

「我已婚。」我向她保證。

「誠摯歡迎您與夫人一同造訪。我們會非常歡迎您。」她講這番話的時候，語調異常輕快。

「但我老婆就是不肯跟我來啊。」

這是真的。她對光溜溜地待在天體族旁邊，是完全不感興趣。我跟她說要訂到泰拉考塔旅館，她就一定得陪著過來，她只搖搖頭說：「我才不要去。」

不是因為她的裸體不好看——可能我有點偏袒吧，不過我是真

心認為她的身材很棒——或者有什麼特別的焦慮或隱藏的恐懼。她絕對沒有裸體恐懼症，純粹只是不想參與非情色社交天體，就算要也不會是在棕櫚泉的哪一家度假村。事實上，她覺得我要裸體去跟其他天體族湊熱鬧是非常可笑的事，而且她真的有笑出來。

還笑很大聲。

我提醒她，這是整個程序的一部分，要做文化研究就不可能與對象保持距離，一定要親身融入才能得到精義。* 就像黛安‧福西（Dian Fossey）可能說過的：「如果我要研究大猩猩，就一定得踏入迷霧中尋訪。」

*最讓我無法接受的，就是寫了本有關大麻的書，卻宣稱自己「從來沒抽過」的作者。是想騙誰啊？

後來我又再一次打去泰拉考塔旅館櫃台：「這是我的初體驗，你們旅館不就是以招待新手聞名的嗎？」

電話那頭傳來一道幽幽嘆息。

「之前已經向您告知，本度假村僅接受夫妻同行。」對方用一種無奈的語氣，彷彿在說「這也不是我能決定的」，然後跟我道了再見。我覺得這種語氣實在讓我難以接受，明明官網上就寫著：「泰拉考塔旅館之所以是您的最佳選擇，不是因為我們會排外或很勢力（我們會跟這種人開玩笑說，麻煩去找別的地方住）。剛好相反，這裡氣氛友善，來往旅客都過得非常開心。如果您本性喜歡帶著笑容，一定會愛上我們的天體度假村。」

我是喜歡帶著笑容沒錯啊，到現在還掛著笑容咧，但我不覺得自己在那家旅館住的時候，還有辦法笑得出來。

儘管泰拉考塔旅館對於想體驗無衣自在的單身男性充滿偏見，不過與此同時，鄰近的「沙漠太陽度假村」（Desert Sun Resort）就沒在搞這種歧視的商業把戲了。它歡迎單身男女到訪，還附帶了一

則很有創意的警告：「請勿做出需要道歉的舉動」。

　　我把手邊各式各樣的防曬品跟隔離霜打包好──各種抗紫外線科技產品，包括防曬霜、防曬噴霧、防曬凝膠、防曬棒──全部丟上我那可靠的愛車「速霸陸森林人」（Subaru Forester），再放進一頂帽子和幾條毛巾。通常我出門旅行一定帶著泳褲；就算是2月去莫斯科也一樣帶著，畢竟誰知道呢？搞不好就有誰邀我去泡溫泉，或去飯店泳池游泳之類的。所以多少有種哪裡不對勁的感覺，好像把泳褲留在家就是在自尋死路似的。

　　臨走前跟老婆來個Kiss Goodbye，然後開車上路。

　　親愛的讀者們，我知道你們在想啥。當然我不得不承認，自己一個人跑去天體度假村，和其他天體族一起光溜溜躺著，卻不帶著老婆去，確實是很奇怪。但我有滿腹的疑問，非找到答案不可。比如：在公共場所光屁股到底是什麼感覺？究竟有什麼吸引力？

　　雖然我衷心期盼從洛杉磯開往棕櫚泉的這段路，能有如瓊·蒂蒂安（Joan Didion）* 的名言：「山脈彼端的莫哈韋沙漠（Mojave）如鬼魅般纏繞著我，乾燥炙熱的聖塔安那風（Santa Ana wind）使我身心交瘁。」[11] 但這條高速公路的真實情況是，車子塞得滿滿滿，柏油路面龜裂顛簸，兩旁矗立著無止盡的廣告招牌──蘋果蜂（Applebee's）、德爾塔可（Del Taco）和沛可（Petco），以及所有想用個廣告來證明自己有賣某種產品的公司標牌──偶爾也會被「紳士夜總會」的告示牌、或喬裝成假樹的手機天線塔打斷。

*美國女權主義作家。

　　要一直等到通過聖哈辛托（San Jacinto）和聖貝納迪諾山（San Bernadino Mountains）中間的關口，景色才開始出現變化。蔓生的

---

11 From Didion's essay "Some Dreamers of the Golden Dream" in the collection *Slouching Towards Bethlehem* (New York: Farrar, Straus and Giroux, 1968).

郊區住宅和垃圾速食餐廳，被矮樹叢生的沙漠、火車鐵軌和高級特賣商場取代；賣場內特價的奢侈品和名牌衣物，吸引沿路搭遊覽車前來的旅客瘋狂掃貨。經過賣場之後，就會看到一座跟周遭有點不搭調的建築物──「莫朗哥賭場」（Morongo Casino）摩天樓，由米遜印地安人的莫朗哥部落（Morongo Band of Mission Indians）所營運。這棟於沙漠中高高突起的建築物，長得就跟令人尷尬的勃起差不多。

過了賭場，山巒便從高速公路兩旁節節升起，一路往下開入科切拉山谷（Coachella Valley）。一大片遼闊的棕色場景，點綴著3000多座風力發電機，雪白的扇葉在風中不住轉動。平常我很喜歡觀賞這些白色風車，這次卻有種反胃的感覺，這是不是暗示著自己有某種唐吉訶德式的荒唐追求？或者我真的有過去隱而未顯的暴露恐懼症，直到現在才出現徵兆？

沙漠太陽度假村的入口處，發出蜂鳴器的聲音。沒有窗戶、沒有閃爍的霓虹燈，只有不起眼的標牌和一扇大木門。監視器從我頭上掃視一番，我按下對話鈕，表明自己的身份，接著就聽到一個友善的聲音對我說：「快請進。」

這座度假村就位在棕櫚泉市區北部的一條主要道路上，但一般路過的人，不會發現這裡其實是無衣自在的特殊場所。它的外觀很像此區其它的灰泥複合式建築物──在莫哈韋沙漠很氾濫的款式──只不過這裡有高聳的牆面和濃密的綠意，將外面的世界隔絕開來。

一位穿著亮黃色polo衫、和藹可親的男人幫我辦理入住，同時帶我把這裡多到嚇人的規定看了一遍。很多都跟一般度假村的規定雷同──進入泳池之前要先淋浴、使用浴缸泡熱水澡要自行負擔風險、不可帶寵物進入客房等等。接著就看到一些以前從未見過的規

則：

- 嚴禁公開性行為或任何與公開性行為相仿之行為。
- 請遵守天體禮節，裸體入座前應先鋪上毛巾。
- 除旅店房間外，度假村內全區禁用手機/筆記型電腦/相機/音響。iPad、Kindle或平板電腦可於園區內使用，唯須將沙漠太陽度假村之名片以黏貼方式蓋住相機鏡頭。
- 請勿以眼神褻瀆其他旅客。
- 任何時間皆不得以任何理由穿著泳裝/襯衣。園區內任何時間、地點皆不得穿衣。

它的意思並不是說無論何時何地都一定要全裸；如果真的很想穿件褲了或短袖，還是可以穿，只不過不要這樣出現在泳池附近。

這裡規模龐大，環境優美，景觀池塘和人造溪流環繞著villa和庭院套房。園區內有網球場、一間餐廳、一間水療館以及三座獨立的泳池區。我住的那間就位在旅館人員稱作「樹叢旅舍」（Chaparral Hotel）的地方，結果它看起來根本就是那種很常見的旅館，只不過有經過翻修，旁邊有戲水池。房間也是普通到不行——北美的任何一間汽車旅館房間都長這副模樣，讓我回想起自己某一年外出遇上暴風雪，我跟我老婆只能被迫在德州的阿比林6號汽車旅館（Motel 6）度過聖誕節——不過還是多少有透出一點棕櫚泉的味兒，比如大理石淋浴間和檸檬草洗髮精。打開零食櫃，發現裡面有吃了半包的多力多滋美式沙拉醬口味（Cool Ranch Doritos）和半打雪碧。是上一組房客留給我的嗎？這個度假村是否就跟美式沙拉醬口味一樣，有著熱情歡快的味道呢？

憑良心講，房間是還不差，而且旅客來到天體度假村的目的，本來就不是待在房間。其實我主要的顧慮是房內的安全，因為門上沒有加裝鐵鍊或門閂，只有普通的把手和門鎖。凡是看過網路電視

影集的人，都知道怎樣拿信用卡滑進門縫開鎖。這種連12歲小孩都開得了的鎖，要我怎麼能安心把錢包、手機和筆電留在房間，一絲不掛的離開？還是說，難不成我是在利用這種安全疑慮，好讓自己得到不必離開房間的藉口？以前從來沒待過天體度假村，也沒有全裸跟其他天體族一起閒晃過。但現在我所待的地方，對於脫衣不單只是鼓勵，而且還是規定。就在我不斷糾結於沒有防盜鎖這件事時，是否也在給自己找藉口呢？

我光溜溜地站在鏡子前，上下打量著身體。究竟是想從身上看到什麼？肉汁污漬？還是有哪個讓我感到非常丟臉的畸形部位，基於人道立場一定要叫計畫喊卡？

拿出防曬噴霧，往身上噴了會兒，再用SPF 45的防曬霜塗上厚厚一層。葛雷妮爾醫師的警告猶言在耳，我也仔細確認是不是全身都塗到了；我才不想讓自己的蛋蛋長出鱗狀細胞癌咧，別的地方也不行。

等到身上的每一吋肌膚都被我用防曬乳一層又一層地塗遍了之後，我才心滿意足──不過話說，我這是在幹麻？把塗防曬乳當成是在穿牛仔褲？──深吸一口氣，推開門，踏出房間。緩步往池邊走去，盡可能看起來正常點。光天化日之下，我全裸上陣。

我帶了條毛巾，另外嘛，身為一名堅持親臨現場的大無畏記者，自動鉛筆跟傳奇筆記本（Moleskine notebook）也是必備的囉。

走到池邊，恰恰好就有一首歌從揚聲器響起來，簡直就像有人知道我要現身了，特地給我安排的主題曲一樣。這段曲目是瑞奇·詹姆斯（Rick James）的「超級怪胎」（Super Freak），為了鼓勵我踏進社交裸體的世界而設的。

牆上有個小小的黃銅標牌寫著：「入此門者寬衣解帶」*。大約20名全裸男女坐在池邊躺椅上。然後，我沒偏執症也沒瞎掰喔，就

在我走過去時，他們全都轉過頭來看著我。

*此句原文是改自但丁《神曲》之「入此門者了斷希望」

當時腦海裡浮現的第一個念頭不是「哇，大家都沒穿衣服耶！」

不，不是。

我的第一個念頭是：「哇，這些人還真是老得可以耶！」

他們坐在那，透過太陽眼鏡瞥視我，沿著書報雜誌窺看上來。一個70出頭的老男人，清了清喉嚨，轉回去繼續看他的報紙。另外一位長得超像女星瑪姬·史密斯（Maggie Smith）*的女人，啜了口氣泡水。哪裡飄來食物的香氣，我轉頭一看，就有個大概65歲左右的男人，在太陽底下伸懶腰；他的皮膚被曬成柚木般的顏色，身上的可可脂閃閃發光。

*這個人絕對不是女星瑪姬·史密斯本人喔。

每個老美退休在家都差不多是這種情景，只不過在這裡大家都脫個精光。有位阿婆從我身旁經過，對我露出微笑，我也用微笑回敬。有讀者看過這種70歲的老阿嬤，把恥毛修成「法式比基尼」（landing strip）的嗎？我有耶。

在此如果想聽聽「美國天體休閒協會」（American Association for Nude Recreation，AANR）的說法——這個團體自稱是「理性的天體娛樂權威」——他們會告訴你天體度假可以讓人「感覺抒壓放鬆、享受自由和樂趣、認識很棒的人、建立正面的身體意象及提昇自信」。

天體的目的應是建立人與人之間的連結——就像之前聽過的，減少疏離感——以及拋卻自己對身體的執念、自己的恐懼和羞恥感。理想上，天體經驗可以提供大家一個公平的賽場，場中的所

有人都是平等的。的確,假如所處的地方大家都是全裸,會有種公平賽局的感覺,只不過場子其實不是平的,而是垮的。我在猜池邊這群人的平均歲數應該有65,搞不好不只。地心引力無情地將推力施加在這些老人的身上,不禁覺得假使人類能活得夠久,便終將成為融化在地表上的一灘肉泥,像被輾爆的巴吉度獵犬(basset hound)。

光著屁股站在這群人面前,並沒有瞬間出現什麼自由奔放的感覺。倒也不覺得害怕或羞恥,自信心也沒有增加或減少的跡象。主要還是覺得怪怪的吧。以前從來沒有在全裸的狀況下,跟其他全裸的陌生人聊天過,所以我也不大確定該講些什麼好。像說,我該怎麼跟其他人打招呼呢?喊個哈囉會不會被解釋成公開性行為的舉動呢?

這些人又是怎麼看我的?會不會覺得我看起來好像很蒼白、沒什麼血色?還是一眼就看出我是個大菜鳥?天體族會把一些屁股還沒曬黑的人戲稱為「兔尾巴」(cottontail),我應該會是第一個承認自己的屁股沒見過多少太陽的人。他們該不會都在暗自嘲笑我是個「兔尾巴」吧?

有幾個女人公然違反了「不要用眼神褻瀆」的規定,眼睛睜得老大,定定地看著我。

很快我就知道原因了。

她們瞪大眼看我,並不是因為我長得怎樣、或皮膚曬得不夠黑,而是因為我的老二在太陽底下熠熠生輝,彷彿上了一層亮光漆,看起來就像商代青銅器一樣。上防曬噴霧的時候,為了達到盡善盡美,不小心噴得太厚,結果下體竟泛出耀眼的日暈,說不定已經有搜救隊收到我發出的求救信號了。

比較幸運的是,它沒有翹起來。

如果天體度假村官網上的留言發問次數有任何參考性的話，就會發現，男性最大的恐懼之一就是在眾目睽睽下勃起。沙漠太陽度假村給了個令人心安的建議：「此情況較罕見，發生時僅需以毛巾遮蔽，轉身並盡快浸入池內。」

不過我認為大多數的男人到了天體度假村，最怕的其實不是這個。勃起沒那麼可怕，比較可怕的是，你的蛋蛋跟老二都縮著，像個肯尼娃娃（Ken doll）一樣站在那。

就在我漫步從「戲水池」往「靜水池」走去時，瑞奇·詹姆斯的震耳音樂被喬治·麥可（George Michael）的快節奏取代，好像也在暗示著什麼。途中經過幾個在做水療的人。樹蔭下，有一群天體族圍了個半圈，邊彈吉他邊唱著荒腔走板的「萊拉」（Layla），我朝他們點了點頭。

靜水池出奇地靜。沒有音樂的喧鬧。只有幾對夫妻，悠悠懶懶地，用一種幾乎聽不到的聲音喃喃對話。我沒盯著他們看，只拿起我的毛巾把躺椅鋪好，安安穩穩地躺下去。

偶爾會有人起來，入池游個幾分鐘。大多數人都井水不犯河水，最多點點頭、給個微笑，但都沒講什麼話。

我在想，說不定我可以先來起個話題，但隨即又為那些繁複的規則所惱。會不會我講了什麼，就被當成在做性方面的挑釁？就像通過機場安檢時講笑話那樣？

身為一個單身男性，總覺得自己正被人用懷疑的眼光審視，好像那些男人的爬蟲類腦（reptile brain）* 中，有古老的警鈴聲陣陣響起。他們會不會把我看作性開放者，認定我有可能伺機潛入、搶走他們的老婆？不過，可能因為我的屌又閃了一道刺眼強光，害得那些人不得不把頭撇開，看向別的地方。

*又稱原始腦

我游了一會兒，看了本書，瞧著一個還算年輕的女人。她臀部刺了朵花，走向吧檯，拿了點酒回來。在這種不帶一絲束縛的天體度假村，進行非情色社交裸體，我覺得還蠻享受的。美國天體休閒協會把該組織的會員資格稱作是「通往歡樂的通行證」，似乎有點誇大其詞。不是說天體活動不歡樂，而是它跟其他我去過的棕櫚泉度假村沒太大差別。主要的差別在於，這裡有規定不可出現「與公開性行為相仿之行為」，使得人們的言行舉止，呈現出一種歌舞伎般莊嚴肅穆的感覺。換句話說，大家都在努力避免做出看似情色的動作，因此舉措變得非常生硬。甚至戲水池那邊，也沒什麼人在戲水，我是覺得這樣有點怪怪的。一般戲水池，都可以看到穿著泳衣的人們在打情罵俏、眼神瞄來瞄去，在跳板上大玩炸彈式跳水。但那種池邊常見的嬉鬧景象，在這裡卻完全看不到。也許是因為這裡的人年紀比較大；也有可能是在大家都裸體的情況下，為了盡量避免情色行為，而透露出一股緊張的氣氛。人類脫衣往往就是為了上床，但在這裡，所有人都是全裸的，園方又嚴格禁止旅客做出性方面的踰矩行為，哪怕一點點也不行，也難怪大家都一副異常拘謹的模樣。

歷史學家保羅・福塞爾（Paul Fussell）在一篇名為《在巴爾幹半島全脫光》（*Taking It All Off in the Balkans*）的散文中寫道：「天然主義者認同一件事：當現代文明的性刺激，如瀑布般往我們身上傾瀉之時，在特定的時機和地點，有點矯作而刻意的性冷感對我們其實是好的。」[12]

經過幾個小時的發懶，和小心謹慎地不亂瞄之後，我覺得肚子餓了，晃到餐廳來吃個午餐。

---

12 From Fussell's collection *Thank God for the Atom Bomb and Other Essays* (New York: Summit Books, 1988), p. 182.

餐廳內擠滿了人，沒別的空位，只剩吧檯的一個位子。我鋪上毛巾坐好，觀察了一下四周，看到許多天體族在餐桌上享用午餐。他們遵守天體禮儀，把毛巾墊在座椅與身體之間。與安靜得像太平間的泳池區相較，這裡顯得人聲嘈雜，熱鬧多了。大家互相抬槓，從這一桌講到那一桌，有些人會忽然站起身跟朋友打招呼，或走到其他人的位子上閒聊。我還不大能接受別人的雞雞與我桌上的薯條靠得太近，但其他人好像都沒什麼差。事實上，這邊的景象確實比其他常見的棕櫚泉度假餐廳還熱鬧，所以說不定社交裸體這種東西還真的是通往歡樂的通行證呢。

服務生遞了菜單給我。他跟度假村的其他員工一樣，都有穿著衣服。我看著他走掉，又把幾個起司漢堡端去別桌。不知道在整個餐飲服務界中，是不是就屬在天體度假村當服務生最怪？或者其實也沒什麼兩樣？他們有沒有經過特訓，學習不可直視客人的性器官？這到底是怎麼辦到的？我實在有滿腹的疑問。

我點了蔬菜漢堡和冰茶。就在我準備要問他在一堆光溜溜的人面前工作是什麼感覺的時候，他的老闆出現了。我一眼就看得出這女的是度假村的上人。她的舉措看起來就像是這裡的負責人，只差沒帶著公事包、穿著西裝，而是上身赤裸，腰上率性地纏了條紗籠。太陽眼鏡戴在頭上，把一頭金髮向後籠住，外貌比大多數我所看到的旅客都來得年輕。她看起來既聰慧又友善，比較像是那種想法實際的老闆——完全沒有情色的味道——會主動關心現場一切運作順利，確保所有客人都開開心心的管理者。

我很同情那名服務生。簡直太詭異了，要怎樣才能站在那，邊聽雇主指示，邊用盡全力不讓視線黏在她那雄偉誘人的雙峰？

想像一下性騷擾防治宣導影片。

然後我就繼續吃我的午餐，光溜溜地吃。

　　午飯後，我到了有陳列圖書和娛樂設施的房間晃了晃，現場沒多少書，所謂的娛樂其實也只有桌遊，一旁則是個普普通通的健身空間，只擺了幾台嘰嘎作響的橢圓訓練機和啞鈴。走進房間時，剛好看到有個裸體女人正在找書，大概70來歲吧。她把頭向後仰，好讓老花眼鏡能聚焦在書名上。雖然我已經努力不去用眼神褻瀆她、盯著她看，但不得不說，以她那種年紀的人來講，身材還真是維持得不錯。她很快瞥了我一眼，害我嚇了一跳。我們不是不該亂看的嗎？規定上不是這樣寫嗎？還是說，很快地瞥一眼跟呆望或凝視是不一樣的？不過我有注意到有關天體族的一個特點：雖然他們嘴上都說不要有情色行為、不要看著人家什麼的，但他們其實都會偷瞄一眼。我想這是看到其他人裸體時會有的正常反應，我也一樣，誰都會忍不住的。

　　圖書館內寥寥幾個架子上，擺著一些疑似之前的旅客留下來的平裝書。除了大家都知道一定會出現的驚悚小說、言情小說和暢銷商業書籍之外，中間還夾雜了幾本文學小說。查蒂・史密斯（Zadie Smith）出現在天體度假村？大概不是本人，但她的小說《白牙》（White Teeth）倒是有擺在這。

　　那位女士把一本頁角被折得爛爛的平裝書拉出來，轉向我說：「你看過這本嗎？」

　　我盡可能看著她的雙眼，然後說：「我比較沒在看克萊夫・卡斯勒（Clive Cussler）的書。」

　　她把那本放回去，繼續找別的。只不過現在是我們兩個一起找，兩個全裸的男女站在一起，她找她的，我找我的，看能不能找到什麼書來消磨時間。我取出李・查德（Lee Child）的書。「有看過他的作品嗎？」

她點點頭。「他的書不錯啊，但我對後來翻拍的電影比較沒興趣。」

我們的話題圍繞在這位作者跟他的書上，聊了幾分鐘。就在我開始想著如果我拿出最上排的《格雷的五十道陰影》會轉向什麼話題的時候，她選了本哈蘭・科本（Harlan Coben）的驚悚小說，跟我說掰掰。

假如沒注意到她私處有幾根灰白陰毛的話，這段際遇會不會比較值得寫呢？是有這樣質疑過。但是看吧，這就是我跟陌生人的第一次天體談話。感覺很奇怪沒錯，但不會覺得不友善。

我回到池邊，坐回我原本的位子。跟穿著泳裝在池邊閱讀比起來，全裸的感覺真的比較好嗎？要我老實說的話，我認為確實如此。下水過後，讓肌膚在太陽的照射和溫暖的沙漠微風吹撫下逐漸乾燥，比濕答答的材質黏在身上要來得舒服。當然，看到四周的人都沒穿衣服是很怪，但他們其實不外乎就是做一些一般人在度假時會做的事，閱讀啦、打瞌睡啦、喝雞尾酒啦、說笑等等——用一種非情色的方式，表現得很自然。沒人會眼睛亂看，沒人會說冒犯、猥褻的話，大家的行為都很正直。我覺得啦，對我來說未免有點太過正直，但過陣子就習慣了。後來就不覺得跟這些人一起裸體有哪裡怪、尷尬或不舒服，而那些敢於跟別的獨身男人搭話的，也都相當友善。

好像除了躺下放鬆外，也沒什麼別的事好做，就往躺椅椅背一靠，沙漠的太陽在我的屌上反射出黃鐵礦般耀眼的光芒。

極簡版的早期非色情社交裸體史

　　天體不是新鮮事，人類文明之初就已經在展現自己的天生之體了。古希臘人是以裸體競賽；從早期運動員的雕像看得出他們精實的肌肉、波浪捲的陰毛、細節清楚的外生殖器。古代酒壺裝飾畫所描繪的運動員，無論是摔角手，還是擲鐵餅、標槍的，都是一絲不掛*。不只裸體，他們還在身上塗了厚厚一層橄欖油，藉此提高粉絲和眾神的視覺享受。顯然他們都跟所有人一樣，喜歡亮澤的肌膚、健美的男性肌肉曲線。

*現代的海灘排球，場上的女孩們穿著清涼的比基尼，抹了防曬乳的皮膚閃閃發光，
　其實都已在無意中對古代體育致敬。

　　但在古希臘，裸體並不僅限於運動。希臘字gymnos的意思就是「裸體」，而古早以前的體育館，可不是那種霉味很重，給人練罰球、辦校友舞會的場地。它是給年輕男性討論哲學、科學和文學的公共建築——柏拉圖和亞里士多德都在體育館教導學生——此外，他們也會在這裡練習體操。上體育館的意義，古希臘人比我們懂太多了。上了油而滑溜溜的小鮮肉們，光著屁股在體育館用功學習、作運動，這個畫面可能很詭異，也可能很辛辣，看你要用怎樣的角度解讀囉。

　　隨後羅馬人出現，他們認為閒閒沒事、赤身裸體地在那邊討論

哲學，並不符合作為一個征服世界的文明所該有的格調。正好比今日的那些大公司，他們不需要哲學家、運動員，他們要的是可以接受指揮的軍人、工人，因此便宣告體育館是傷風敗俗的地方，把它們都關閉了。羅馬人改信基督教之後，狀況變本加厲。原本對裸體毫無顧忌、充滿英氣的希臘雕像，此刻竟被視作淫穢下流之物，後來便下令以無花果葉的石膏遮蔽重要部位。西方文化似乎就此僵化為半軍事化的父權模式，任何形式的理智主義或哲學性的對話都遭到打壓，限縮在「波西米亞飛地」（bohemian enclaves）*、大學校園和網路上。

* 波西米亞主義者的社區或集散地，飛地在此隱喻此區的人過著與外界截然不同的生活。

　　我常在想，宗教組織的核心其實就是假道學和性壓抑，使得我們的文化會去約束人們表達的自由。一切都是從亞當和夏娃吃了分別善惡樹的果子開始的，他們吃了之後便對自己的性器官感到羞恥。把原罪跟人類的墮落與遮蔽下體作連結[13]，充其量就是虛偽罷了，而且還有可能變得一發不可收拾。不過也別想歪了，我只是覺得，假使我們上學的時候，身上除了抹初榨橄欖油以外什麼都沒穿，我無法想像這樣的社會，還會出現如同今日的身材迷思、飲食疾患，以及所有因性慾而起的羞愧感。不過我又在幻想著，假如在史佩特老師的社會學課堂上，大家都沒穿衣服，可能終將引發青少年荷爾蒙大暴走，導致無法克制的勃起和少女懷孕的風暴。

　　雖然我認為宗教組織是龐大的天體樂趣破壞王，但綜觀歷史，有的宗教團體是一直在實行天體主義的，而且事實上還不少。耆那教天衣派的教徒，相信穿衣會造成人與物質的連結，因此僧侶們都

---

13 根據 Grant Barrett 的 *Offial Dictionary of Unoffial English: Th Slang, Jargon, and Lingo Tht Are Revolutionizing the English Language* (Chicago: McGraw-Hill, 2006)，「下體」於 1990 年代突然出現在語言中。

是全裸過活，而且是從西元前5世紀就已經這樣做了。西元2世紀至18世紀，於北非的幾個地方盛行的「基督教亞當派」（Adamites），相信只要將私處的無花果葉拿掉，並實行「神聖天體主義」（holy nudism），就能重返伊甸園時的純真。

西元4世紀至6世紀，西班牙有個教派，叫做「普里西利安派」（Priscillianists）。教徒們相信來自上帝的陽光具有療癒力，而衣服是由撒旦——比如全能又邪惡的卡爾・拉格斐爾（Karl Lagerfeld）*——所製，會阻擋陽光接觸到人類的皮膚，因此拒絕穿衣。13至14世紀，法國有個叫「吐魯賓」（Turlupins）的基督教派，認為衣服是用來防止人類犯罪的；邏輯上來說，虔誠的教徒不需要穿衣，因為他們不會出現犯罪的意圖，畢竟夠虔誠嘛，所以他們都是全裸走來走去的。而在16世紀，有個叫「荷蘭重洗派」（Dutch Anabaptists）的團體，他們可謂嬉皮始祖，過著群體生活，主張天體及自由性愛（free love）。歷史上有太多亂七八糟的瘋狂教派從事天體，而且還沒算進「德魯伊教」（Druids）、「威卡教」（Wiccans）和有的沒的異教徒，搞一堆祭典，進行「儀式裸體」（skyclad）。

*香奈兒時尚總監，有時尚惡魔之稱

雖說天體教派確實是有那麼點荒唐可笑的吸引力，不過我還是對為宗教理由而脫衣這件事不怎麼感興趣——人為了宗教的關係而做的怪事實在太多了。我比較想來好好了解一些單純因為覺得很舒服，而在公共場域脫衣的人。為此，我們來快速回溯至1891年，認識一個叫「天體互信結社」（Fellowship of the Naked Trust）的團體。

查爾斯・克勞福爾德（Charles Crawford）的外觀看起來，完全就是典型的那種單調無趣的行政工作者。他的父親是英國國教的牧

師，本身畢業於馬爾波羅學院（Marlborough College），21歲時進入印度公務機關工作——當時是英屬印度殖民地（British Raj）——之後就被派往孟買。

19世紀晚期的孟買，正如歷史學者丹尼爾・布魯克（Daniel Brook）所形容：「這裡就像個怪模怪樣的倫敦。在這個豐富熱鬧、文化多元的次大陸，英國式的謹小慎微全像透過哈哈鏡似地走樣了。」[14] 這座城市標榜有世界級大學，外觀採牛津和劍橋大學的哥德式建築，圖書館則仿自威尼斯的總督宮（Doge's Palace），就連火車站也不輸歐洲所有的主要城市。儘管當時已經裝設比較先進的設施，像是煤氣路燈，但人們依舊把裝了穢物的桶子放在屋前，等回收者每天晚上來「倒夜香」（night soil）。就在英國和歐洲的居民過著豪奢的生活時，絕大多數的人口都還是住在擁擠不堪、極其污穢的貧民窟，而骯髒的環境，正好成了致命熱病和鼠疫的溫床。也就是說，1891年的孟買，跟2015年的孟買，其實差不了多少。

最早是不列顛東印度公司掌控著印度次大陸，將印度鴉片和棉花輸運至全世界。一直以來，它就跟歷史上所有貪婪的公司一樣，都在搞一些利潤操作的勾當，手法之狡詐可讓拉斯維加斯的賭徒相當佩服。到了1858年，該公司將印度的行政權拱手讓給女王陛下，此後要怎麼壓榨印度老百姓，就是英國政府的事了。

就在如此紛紛擾擾的國際背景下，查爾斯・克勞福爾德從地方法官開始做起，一步一步悄悄地往上爬。根據1894年版的印度官署表，他最後成了拉特納吉里（Ratnagiri）的「第三級庭審法官」。年屆而立，他娶了個蘇格蘭好女孩兒，生下一個兒子，取名作歐斯伯特（Osbert）。

---

14 Daniel Brook, *A History of Future Cities* (New York: W. W. Norton, 2013), p. 96.

　　也不知是因為孟買蒸騰濕滯的熱氣，還是英屬印度壓抑性的官僚組織，還是老婆因生產導致併發症而提早往生，抑或是某些潛藏已久的慾望，讓這個身體包著三件套羊毛西裝和高領襯衫的男人，內心充滿著想要脫光的衝動。

　　這種迫切的渴望，在維多利亞時代的英國可不尋常。因為那時身材矮胖、目光犀利的年輕皇后——身為一國之君所監管的社會，強迫孩童到礦坑做童工、把同性戀送去絞繩架——正忙著確認桌巾長度夠不夠把桌腳給遮住。這可不是什麼委婉的說法。現代傢俱店IKEA買不到的車枳桌腳（well-turned table leg），在那個時候被說成是有情色意含。游泳強制規定要穿「連身泳裝」（Bathing costumes），而在該世紀早期英國十分常見的裸泳，也遭到全面禁止。

　　雖然當時立下一堆假道學的規定，但克勞福爾德有個夢想。他在太太去世之後，把兒子留給親戚照顧，自己回到孟買，找了一對年輕的美國兄弟作伴，他們分別叫卡爾羅格‧卡爾德伍德和安德魯‧卡爾德伍德（Kellogg and Andrew Calderwood）。克勞福爾德跟身為傳教士兒子的兩兄弟分享了自己的遠見，想創造一個無衣自在的歡樂所在，天體互信結社於焉而生。

　　最初如何開始已無從得知。有關這個社團的一切，只能從克勞福爾德寫給愛德華‧卡本特（Edward Carpenter）的信件去抽絲剝繭。卡本特是一位英國作家兼哲學家，也是社會主義和素食主義的主要支持者。平常穿著夾腳羅馬鞋，跟愛人住在英格蘭鄉間、謝菲爾德（Sheffield）附近的一個同志社區裡。著作豐富，1889年出的一本《文明的起因和治療》（*Civilisation, Its Cause and Cure*，暫譯）——書中斷定文明就如沙門氏菌感染一般，是一種時不時就會發生在人類身上的惱人折磨——此書使他名正言順地成為一個

知名作家。另外還著有《中間性》（*The Intermediate Sex*）一書，
於1908年出版，成為早期同志平權運動頗具開創性的必讀書目。
除了本身是社會主義智庫——「費邊社」（Fabian Society）[15] 的一
員以外，也跟來自不同族群的人交好，有藝術家、有哲學家、有
作家，像是華特・惠特曼（Walt Whitman）、聖雄甘地（Mohandas
Gandhi）、伊莎朵拉・鄧肯（Isadora Duncan）、D・H・勞倫斯
（D. H. Lawrence）、E・M・福斯特（E. M. Forster）。儘管他看似
很積極地在複雜的社交圈中打轉，但他其實都把自己的行蹤藏得很
好。卡本特主張簡單、自然的生活型態，與他的伴侶喬治・梅瑞爾
（George Merrill）住在鄉間。想想這個年代，這可是1895年，奧斯
卡・王爾德（Oscar Wilde）就是在這一年被控雞姦和嚴重猥褻而押
入大牢的。所以卡本特跟梅瑞爾這時能公開以同性戀的關係生活，
代表他們要嘛住得非常偏遠，要嘛就是卡本特很賤、權威很大。照
片中的卡本特，是個穿著有型、外貌出眾的帥哥，蓄著精心修過的
鬍子，對於長襪配羅馬夾腳拖的打扮有著怪異的癖好，即使在布魯
克林的非主流民謠搖滾樂隊前出現，或是在洛杉磯的酒吧給人家做
特調雞尾酒，都不會顯得突兀。

　　卡本特是我們今日所謂另類生活的重要擁護者，所以某種程度
上可以理解查爾斯・克勞福爾德何以會想寫信跟他訴說自己的天體
夢。克勞福爾德顯然是在雜誌廣告上找到卡本特的地址，儘管從沒
見過面，但他覺得自己跟卡本特志趣相投。於是在1891年的8月18
日，他寫了封信過去，仔細說明社團計畫的細節。不過，為了確保
通信的保密性，他還是有預先提出請求：「出於個人原因，務請避
免將此信為反對者過目，以免訛傳。」[16]

---

15 費邊社成立於 1884 年，今時仍有活動。根據其網站，「本社位居左派發展政治思潮
　及公共政策之前鋒」。（www.fabians.org.uk）

16 克勞福爾德寫給卡本特的信刊於賽克・辛德的《天體思潮》中。

第一封信講的是「天體互信結社章程」，內容還挺直白的：「i. 每位會員（1）凡適當地點皆需裸身（2）應鼓勵他人仿效（3）如本身有平常受禁止之性慾或對其他事物之喜好，應直言不諱，並勸阻他人做出不必要之緘默行為（4）須遵守以下規則。

規則講完，接著公佈官方座右銘 Vincat Natura（自然壯盛），並描述該會的祕密握手形式，還寫上眼鏡和假牙不包括在全裸章程的範圍內。

第二封信是寫於1891年10月25日，克勞福爾德在信中承認此生以來一直都對裸體有強烈的渴望，也很高興自己找到卡爾德伍德兄弟這兩個同好。內容還提到他們希望能徵到更多成員，包括女性在內，並將社團的「主旨聲明」作個概述。克勞福爾德將主旨分為三大類：肉體——「因為人類發明的所有衣物，其舒適度都無法與完全裸體比擬」；道德——「在外總是穿著衣物，使我們對自己的身體產生謬誤的羞恥心，且對於異性有著病態的好奇，此皆乃不純之主因」；以及審美——「因身體乃上帝最壯麗的作品，能讓所有人自由欣賞身體之美是一件好事」。

同一封信當中，克勞福爾德描述了該社團的一場聚會：「6月的時候，我和安德魯·卡爾德伍德一起度過了非常美好的一天。我跟他到圖爾西湖的一間平房，沒有僕人跟著。我倆以天體之姿，從星期六的晚餐時間開始，待到星期日的下午5點。」

我是不知道讀者怎麼想啦，但若是我跟朋友到湖邊小屋，一絲不掛地度過一天，我會把它叫作「猥褻的週末」。維希瓦士·庫卡爾尼（Vishwas Kulkarni）在最近寫的一則故事——《孟買鏡》（*Mumbai Mirror*）當中，提到了這個社團。正如他所言：「英國維多利亞時代開始的酷兒運動（queer movement），有一股染了棕色調的老照片的味道，而這個在哲學上與之產生連結的俱樂部，更增添

了一股異國情調……」[17]

　　克勞福爾德以他那拘泥形式的官僚腦袋，成立的這個社團，是否跟同性戀也有一點關聯？這就是他編纂章程和官方主旨的原因嗎？這麼說其實也有點道理。當時同性戀是違法的，如果以組織性的制度來建立一個「團體」，或許可以當成一種掩飾。不過克勞福爾德唯一真正有在聯繫的，就只有卡本特而已，而他正是早期鼓吹同性戀平權的知名人物。這個社團對後來的天體主義者到底有多少影響也很難說，克勞福爾德的行動相當隱密，而且卡本特也只有在他1892年的一本旅遊紀行《從亞當峰到象島：錫蘭與印度旅行散記》（*From Adam's Peak to Elephanta: Sketches in Ceylon and India*，暫譯）中稍微提過「印度出現一個小型結社──由幾個英國人組成的──鼓勵裸體行為」。

　　可惜的是，克勞福爾德沒機會擴展自己的社團，也沒有繼續「以天體之姿」聚會遊樂。他在1893年於孟買過世，享年44歲，官方紀錄的死因為腸阻塞。天體互信結社，這個史上第一個有組織性的社交裸體社團，只維持了2年，從頭到尾僅有三名成員。

　　這個世界常常有種同步性，不管是龐克搖滾還是益生菌，好像很多點子都會同時從各個角落自己蹦出來。所以這應該也沒什麼好意外的──在1907年，德國斯圖加特（Stuttgart）出現一個熱愛健康飲食的怪胎，名叫李察·溫格維特（Richard Ungewitter），出版了天體哲學史上第一本、也是最具影響力的一本著作：《歷史、衛生、道德與藝術之光下的裸體》（*Die Nacktheit in Entwicklungsgeschichtlicher, Gesundheitlicher, Moralischer und Künstlerischer Beleuchtung, or Nakedness in an Historical, Hygienic, Moral and Artistic*

---

17 Vishwas Kulkarni, "World's First Nudist Colony Was in Thane," *Mumbai Mirror*, Apr. 24, 2010.

Light，暫譯）。此書在德國民眾間引發強烈共鳴，很快便成為暢銷書。對於一個之前才剛第一次賣全穀健康麵包的人來說，這個結果還不賴。

只要是鼓吹男女脫衣的書，必然會特別受到關注。溫格維特的書不僅搔到大眾癢處，同時也牽動了教會和國家的敏感神經。尤其那個時候，德國工業如日中天，他卻在宣傳嬉皮式的回歸自然理念。德國有像克虜伯（Krupp）這樣的鋼鐵生產公司；拜爾（Bayer）和巴斯夫（BASF）則製造染料、藥物和農藥；國家的鐵路運輸系統四通八達。民眾蜂擁至市區，希望能獲得更優渥的薪資，享受更美好的生活。

當時是世紀末，舊的世紀就要結束，新的正要開始。活力豐沛的波西米亞式的反正統文化於歐洲各城竄起，各種有關藝術、生活、性與政治的嶄新思想，轉瞬成了時代精神（zeigeist）。德國表現主義畫家，包括恩斯特·克爾希納（Ernst Kirchner）、麥克斯·貝希史坦因（Max Pechstein）組織了一個叫「橋派」（Die Brücke）的團體，並寫下並寫下宣言為藝術重新定義。歌舞廳和劇場盛行，前衛劇也出現了，像是奧斯卡·柯克西卡（Oskar Kokoschka）的《暗殺者，女人們的希望》（*Murderer, The Hope of Women*）。文學期刊應勢崛起，載滿了富挑戰意味的散文及詩詞，企圖顛覆過去10年來佔主流地位的父權主義和軍國主義。而當那些工業鉅子，舒適地坐在自家工廠裡攫取巨額利潤之時，勞動階級正曝身於革命性的社會主義。在德國人把《裸體》一書鋪上暢銷書架的同時，國際社會黨代表大會在斯圖加特展開，結合世界各地的社會黨作政策與努力方向的協商。

地方當局一邊忙著打壓受啟發的工人，免得讓德國成了勞動者的天堂，一邊還要教溫格維特這類的自由思想家把褲子穿好。政

府想禁《裸體》這本書但沒有成功，隨後就常常找作者麻煩；一會兒在街上攔下他，一會兒又停在他家門口，看能否現場逮到他在辦什麼下流的狂歡會，好讓當局可以給他冠上污名，監禁起來。雖然作者所傳遞的訊息讓政府相當棘手，但他的文字帶有某種深層的意涵，觸動了德國人心底的慾望——或者也可以說是人類心底的慾望——我們與大自然之間有種浪漫的連結，人類本身也擁有無關宗教組織的靈性。

但就在恩斯特・克爾希納這類的藝術家，在自家的德雷斯頓工作室（Dresden studio）大玩「衝動性行為與裸體跑跳蹦」[18]的時候，溫格維特正沉浸於更深的純淨之中。他的理論讓人覺得很煞風景，他自己也是個拒碰酒精、咖啡、茶、牛奶和糖份的素食者。*他認為在公共場合跳舞是很放蕩的行為，同時抨擊書市上的低俗文學。在溫格維特的觀念裡，裸體就是面對世紀轉換的一劑萬靈丹，可以救治幾乎所有折磨人類的身體疾病、精神失調和社會問題。他相信連手淫的習慣也能因裸體而停止，因為「裸體能使感官慾望得到平靜」。這種說法嘛，根據我本身為數有限的經驗，我是壓根都不相信的，誰都知道唯一能停止手淫的辦法就是高潮。

*不喝酒、不喝咖啡、不跳舞、不看低級小說？我跟他是一輩子都不可能結交的啦。

革命的想法是一種對於現實的回應，需要有某個改革的對象，比如湯瑪斯・傑佛遜（Thomas Jefferson）之於英王喬治三世（King George III）；卡爾・馬克思（Karl Marx）之於資本主義；查爾斯・克勞福爾德之於維多利亞的鎮壓統治；更晚近則有性手槍（Sex Pistols）之於迪斯可。對溫格維特來說，他要改革的對象就是德國

18 From the 2003 London Royal Academy of Arts exhibition catalog *Kirchner: Expressionism and the City, Dresden and Berlin 1905–1918*, ed. Jill Lloyd and Magdalena M. Moeller, available at static.royalacademy. org.uk/fies/kirchner-student-guide-13.pdf.

的工業化和都市化。重工業及量產在當時可說是熱火朝天；原本德國人民生活在田野鄉村間，玩樂嬉鬧度日，一時卻變成在充滿有毒物質的工廠和擁擠的都市勞苦奔波。強健蓬勃的農耕生活，被頹廢浮靡的都市文化取代；大眾沈溺於唯物主義，過著驕奢淫逸的日子，只顧追求流行。溫格維特認為這樣的現象是個問題。他後來又寫了一本書，叫做《文化與裸體之需求》（*Kultur und Nacktheit: Eine Forderung*）。書中他用一種凡事講求健康的怪胎才說得出來的口吻，對自己的同胞大酸特酸：「男人四處遊蕩，眼睛紅腫、僵固而呆滯。頂上禿毛，呼吸短淺，腦滿腸肥。在他身後的女人，早年長得像穿著馬甲的懸絲傀儡，之後就變得臃腫肥胖，晃晃擺擺地在後頭跟著。」[19] 看在自己的眼裡，他想改變的這個社會早已道德淪喪、病病歪歪。[20] 美國歷史學家查德·羅斯（Chad Ross）在他精彩的著作《裸體的德國：健康、種族與國家》（*Naked Germany: Health, Race and the Nation*，暫譯）中，將溫格維特的盛怒，言簡意賅地精煉出來：「老實不客氣地說，德國已經變得天才過頭了。」[21]

第一次世界大戰結束後，德國出現一個奇怪的現象：裸體變得非常盛行。羅斯提到：「在威瑪共和國（Weimar Republic）期間，裸體成了大眾文化現象，上百萬名德國人一同參與，有的可能參加天體營，有的則只有在週末的時候上海灘脫衣（這部份可能佔大宗）。」[22]

德國戰敗，經濟遭受重創，面臨鉅額的賠償壓力，德國人需要有點喘息的空間。天體活動讓德國人重拾樂趣，他們全身赤裸，在

---

19 Richard Ungewitter, *Kulture und Nachtheit: Eine Forderung*, n.p: s.p., 1911.

20 溫格維特並不孤單，另一個早期的天體哲學家海因里希·普道瓦，也就是 1906 年宣傳冊 *Nackende Menschen: Jauchzen der Zukunft*（裸人：躍進未來）作者，他也關心德國社會不健康的習慣。

21 Chad Ross, *Naked Germany: Health, Race and the Nation* (Oxford: Berg, 2005), p. 4.

22 Ibid., p. 20.

山林裡健行，在河川湖泊中游淌，擁抱療癒的陽光。那個年代的照片上，還看得到德國男女裸體滑雪，臉上掛著令人驚異的笑容。

　　這個現象也不只出現在戶外。作家漢斯・蘇倫（Hans Surén）和海因里希・普道瓦（Heinrich Pudor）* 一同加入了溫格維特的行列；蘇倫在1924年出版《人與太陽》（*Der Mesch und die Sonne*），初版第一年就締造73刷的紀錄，普道瓦也成了暢銷作家，支持「Nacktkultur」（裸體文化）的雜誌也如雨後春筍般誕生。這些雜誌以天體主義作為號召來推動範圍廣大的議題，從東方宗教到詩詞與跳舞，再到性改革（sex reform）與政治。

*普道瓦一開始是出有關天然主義的書，像是《裸族與喜悅的未來》（*Naked Men and Rejoice in the Future*），後來變成自助出版反猶太的書，像是《德國人的德國》（*Germany for Germans*）以及《反猶太定居德國之法律前期作業》（*Preliminary Work on Laws against the Jewish Settlement in Germany*）。到了1930年代初期，他成為《ㄅ》雜誌的編輯。你可能很難相信，他竟然在上面批評納粹黨對猶太人太寬容了。

　　1920年代有好幾個新的天體俱樂部組織興起，都取一些像邪教的名字，什麼「光之德國聯誼會」（German Friends of the Light）、「太陽之友萊比錫聯盟」（Leipzig League of Friends of the Sun），還有但澤的「沃普力德」（Orplid）。另外，溫格維特自己的天體俱樂部：生命成長聚會所（Lodge of Rising Life），推出極端反猶太的招募政策。根據羅斯的說法：「這樣的政策在天體界維持了很多年。」[23]

　　德國人汲汲於追求理想的體適能，期望藉著新鮮空氣和陽光達到最佳健康狀態，然而這背後卻潛藏著黑暗齷齪的一面。就如溫格維特在《文化與裸體》一書中，把天體主義視為「推動金髮碧眼者聯姻、優化德國種族」的關鍵。

---

23 Ross, *Naked Germany*, p. 17.

　　阿道夫・希特勒的水彩畫家夢破滅後，就將心力轉向天體議題上。天體俱樂部興起，柏林尤為明顯，有些吸引許多馬克思主義者、藝術家及政治鼓動者參與，有些則成為德國民族主義及反猶太主義者的溫床。怕讀者搞不清楚，我提醒一下：希特勒對後者比較有興趣。羅斯寫道：「一方面，身處天體公園的時候，無可避免會一直看到其他參與者的裸體；另一方面，『Nacktkultur』又逐漸遭到有種族歧視的反猶太主義者滲透。此時就有人提出，若想辨認出已經充分同化的猶太人，天體主義會是個方法。」[24] 這樣應該聽得出弦外之音吧？想看出哪些傢伙們有受過割禮，沒有比天體營更適合的地方了。

　　希特勒的顧問都很矛盾。有的認為天體組織會導致道德淪喪，像赫爾曼・戈林（Hermann Göring）就表明天體主義會「使女性失去原有的羞恥心，使男性失去對女性的尊重，進而破壞所有真正文化之基礎。」他是想說真正的文化來自於女性應該要有羞恥心嗎？真的搞不懂他想說什麼耶？其他人就比較保守一點，但多少還是會擔心天體營會成為共產主義和同性戀活動的避風港。

　　但這些自尊心甚強的納粹，難道不會為溫格維特這類的種族主義意識形態者所奉行的天體主義動搖嗎？希特勒及其親信，越是深入了解天體主義的理念，包括優生學、衛生的居住環境、純種德國人（pure-bred German volk）在黑森林（Schwarzvald）裡悠遊玩樂的浪漫想法，就越受其吸引。而且再怎麼說，這個活動確實很紅，民眾喜歡到黑森林裸體健行，在萊茵河裸泳。作為一個政治動物，希特勒決定採取折衷手段。他在1933年下令關閉所有的天體俱樂部，尤其是跟馬克思主義和共產組織有關的那幾個；而後在1934年1月，重新開放經納粹批准、由國家社會黨資助的天體俱樂部，

---

24 Ibid., p. 151.

以及新建的Kampfring für Völkische Körperkultur，之後改名Bund für Leibeszucht，用Google翻譯翻出來就是「人體繁殖聯盟」。

　　不過，想玩天體營的國家不是只有德國而已。1913年，英國有位叫哈洛德・克萊爾・布斯（Harold Clare Booth）的人，以匿名的方式在一本叫做《身體文化》（*Physical Culture*）的期刊上，發表主題為〈天體文化運動〉的文章，藉此推動他的天體理想。在太陽及新鮮空氣下脫去衣物、無牽無掛，又跟時尚旅遊結合，也難怪這股熱潮會飄洋過海，橫渡英吉利海峽。天體相關討論很快就出現在各家雜誌上，包括《新政治家》（*New Statesman*）及《健康與效率》（*Health & Efficiency*），後者主要在推行健康生活、節食與運動。布斯持續發表相關主題，到了1923年，可能是受到瑞士醫師奧古斯特・羅利爾（Auguste Rollier）日光療法方面的著作的影響，他和一群志同道合的人合組了「英國天體哲學協會」（EGS，English Gymnosophist Society）。其他社群不久也隨之興起，其中最有名的就是由日光療法的鼓吹者——倫敦的卡勒柏・薩立比（Caleb Saleeby）醫師所成立的「陽光聯盟」（Sunshine League）和「新健康協會」（New Health Society）。

　　當時的英國，「促使公眾做出嚴重違反道德之行為」是違法的，所以天體社群一直都盡量讓活動保持低調。然而當「英國天體哲學協會」開始成長，蘇格蘭場（Scotland Yard）＊派人滲透的恐懼變成真實的顧慮時，布斯與一部分自稱「蒙內拉社群」（Moonella Group）的核心會員拆夥了。這個具有排他性的俱樂部——成員大概只有十幾個人而已——奉行非情色社交裸體，每週舉辦一次聚會，位置就在埃塞克斯郡，由某位女會員提供集會場所。

＊倫敦警察廳總部所在地，為倫敦警方的代名詞

　　早期的天體族很喜歡寫宣言、建立規則和章程，不然就是把創會主旨編纂成手寫文件，蒙內拉社群也不例外。會員們草擬了一份「蒙內拉社群會員守則決議書」——我只能說是這根本是偏執狂作祟下的產物。它要求參與者發誓謹守祕密，不可告訴其他人此社群的存在、不允許洩漏其他會員的身份，也因此他們入會時都會取個「跟體操相關的名字」，我猜天體俱樂部的第一條守則，就是誰都不可以提到天體俱樂部。

　　通常這些俱樂部都有指定的祕密握手形式。

　　或許早期天體社團的偏執做法看起來很可笑，但要記得，在1925年那個時候，公共禮儀法律是有造冊的，天體族可能會因為在戶外裸體玩樂而遭到監禁，特別是裸體男女同處一地。男女一同裸體享受陽光，不僅被視為違法與可恥的行為，也有人擔心天體族是否是共產份子，或如內斯塔・H・韋伯斯特（Nesta H. Webster）在她那本既荒謬又愛搬弄是非的書《社會主義者網絡》（*The Socialist Network*，暫譯）所指稱的：天體有部份就是由德、俄、猶太人所主導來對抗基督教的國際性陰謀。

　　之後布斯和其他會員有意建立常駐性的天體營基地，以支持他們的哲學思想，他們買下倫敦近郊布萊克伍德（Bricket Wood）地區附近的幾塊地。這個「天體營」目前所知是建立於1927年，最初命名為「四英畝俱樂部」（Fouracres Club），後來改稱「五英畝俱樂部」（Fiveacres Club）*。這是英國有史以來第一個天體營，在87年後的今天，依舊是以度假中心的模式營運。不知道布斯和早期那些天體主義者們，對於1966年平克・弗洛伊德（Pink Floyd）在當地舉辦的「蓋伊・福克斯之夜」（Guy Fawkes Night）上演奏時，會作何感想。

*我猜是因為他們又買了一塊地。

法國人一直對時尚很熱衷，不過他們也不想錯過了這股新興的穿脫自便熱潮。有一對名叫加斯頓‧迪維爾和安德魯‧迪維爾（Gaston and André Durville）的兄弟，是從事自然療法的醫師，他們在1927年創立了「天然主義者協會」（Société Naturiste），不久發表《創造你的身體》（*Fais Ton Corps*，暫譯）一書，內容主要是在陳述陽光、新鮮空氣和健康蔬食的治療作用。他們的想法跟溫格維特及其他天然主義者一樣，相信都市生活是造成許多折磨人類疾病的元兇，兩兄弟的書也跟溫格維特的一樣暢銷。他們名聲越來越響亮之後，就開始出版《天然主義》（*Naturisme*）雙週刊，還租了塞納河中的一座島，位置在維廉塞納河畔（Villennes-sur-Seine），他們把它稱作「身體之光」（Physiopolis）。

　　雖然兄弟倆比較希望能成立完全開放的天體度假中心，但他們有來自當地警方跟法國衛生部長的壓力。當局要求民眾把自己的胸部和性器官藏好；男人得穿短褲，女人得穿胸罩和內褲。《裸體進行式》（*On Going Naked*，暫譯）一書的作者珍‧蓋伊（Jan Gay）於1931年造訪維廉（Villennes）時曾說：「就算有某個人把這座島稱作偽裸體的法國版康尼島（Coney Island），也不算太刻薄。」[25] 不過確實是太刻薄了點。

　　大約在同一時間，有另一個社群興起，剛好與迪維爾兄弟的組織形成對比。「生活之友」（Amis de Vivre）不走素食主義和戒酒路線，無論是法式肉醬派（pâté）、喝酒或吸菸皆來者不拒，過著法國人該過的生活，只差他們是赤身裸體。與會者有醫師、作家、教授等；他們對於這樣的消遣並沒有特別執著，單純只是覺得天體主義

25　Jan Gay, *On Going Naked* (Garden City, NY: Garden City Pub. Co., 1932).

中最重要的部份就是要光溜溜的。

　　光看社群名稱就猜得到，「生活之友」的成員是一群很隨和的人。除非處在「天體區域」（nudarium area），不然沒有強制會員一定要裸體。作家路易—查爾・羅耶（Louis-Charles Royer）是成員之一，他出了一部關於該會的連載小說，叫做《在裸男的土地上》（*Au Pays des Hommes Nus*，暫譯），不僅成為暢銷作品，還促使俱樂部開枝散葉，在里昂、佩皮尼昂、馬賽及其他法國城市出現了分部。

　　於此同時，人在維廉的迪維爾兄弟受不了一堆綁手綁腳的限制，決定動身尋找別的地方，打造真正屬於天然主義者的天堂。1931年，他們在法國沿岸、位於地中海的勒旺島（Levant）落腳，建立了一座質樸的度假村，取名作「太陽城」（Heliopolis）。此處尚未開發，純淨天然，充滿了新鮮空氣和豐富的陽光。更棒的是，這是一座私人島嶼，大家都能在此全天候不用穿衣，說是天體族的烏托邦也不為過。

　　美國一直以來都有天體活動散落各處——古裡古怪的宗教派系、無政府主義性質的邪教、烏托邦式的社區，以及一些就是愛在農場裡光屁股的傢伙——但都不像德國的天體俱樂部一樣有組織性。然而，過不了多久，具有致命吸引力的無衣自在同樂會就從德國傳佈至紐約；那是在1929年，一位積極進取的年輕德國人庫爾特・巴特爾（Kurt Barthel）在當地報紙上刊登廣告，期望找到願意把「Nacktkultur」帶進美國的同好。他本來在哈德遜高地（Hudson Highlands）搞過幾場天體聚會，參加者大多是德國外籍人士和少數幾個好奇的美國人，但他現在想來弄點正經的。1929年12月5日，

曼哈頓第二十八街的米克勞咖啡廳（Michelob Café）聚集了一小群人，「美國身體文化聯盟」（American League for Physical Culture，ALPC）就此成立。天體俱樂部的成立時機有點敏感，兩個月前才剛發生華爾街股災，禁酒令（Prohibition）* 正如火如荼進行；根據國家氣象服務記錄，外邊溫度才華氏32度（攝氏0度）。但我同時又想，假如我既破產、又沒醉，還寒冷受凍，肯定也想找點樂子來做。

* 美國1920至1933年推行全國性禁酒

　　聯盟草創之初，一切都很簡陋。該團體租了一間有游泳池的健身房，每週舉行一次聚會。據1933年《邁阿密每日新聞報》（*Miami Daily News*）的一篇文章所述，這間地下健身房「也不過就是個依稀散發著汗味和消毒水味的地方」。聚會通常是這個樣子：會員們會先做些柔軟體操熱身，接著可能打打排球、做些常見的運動，再到游泳池裡划划水，放鬆一下。令人意外的是，跟歐洲大多數的俱樂部不同，這個聯盟的男女會員數打從一開始就幾乎差不多。美國天體族在圈子內採取比較務實的態度，他們無視咖啡和香煙的禁令，沒有嚴格要求遵循素食主義，也不會出書、出小冊子來倡導回歸浪漫、理想化的天然主義。他們就只是喜歡脫光、玩在一塊兒的感覺。

　　聯盟的成員數快速增長，直到某天遭人告發。警方在某一次的聚會上進行搜查，依公然猥褻罪逮捕17名男性和7名女性。還好他們得到法官同情，撤回告訴。不過巴特爾心裡明白，得另外找個好地點，既可以進行非情色社交裸體，又能擺脫雞婆的執法單位和老古板的宗教人士威脅。何況隨著會員數越來越多，健身房已經快要容不下了。最後美國身體文化聯盟在紐澤西州的艾恩尼亞（Ironia）租

了幾塊土地，取名作「天空農場」（Sky Farm）。

正如很多在天體運動早期成立的天體度假中心一樣，天空農場一直都在同一個地點運作，屬於「僅限會員入場」的俱樂部。

天空農場成為美國天體俱樂部的典範，越來越多人想加入非情色社交裸體的圈子，俱樂部與度假村也漸漸在全國各個角落成立。這是個起點，不過我們從接下來的章節就會知道，此時具有組織性的美國天體熱潮還沒真正開始。

我把屄環留在舊金山了

　　我原本不知道以前舊金山公開裸體是合法的，直到後來才下令禁止。

　　的確，以前我在這座城市足有看過人體族；有個感覺像耶穌基督的傢伙，提著紅色電話筒，沿著波克爾街（Polk Street）跟路人說：「這通是找你的」；也曾在全國歷史最悠久、佔地面積最大的同志村——卡斯楚街區（the Castro），目睹幾個男同志坐在一起享受陽光。另外還有驕傲遊行（Pride Parade）——為慶祝同志文化而舉行的穿脫自便活動——在加州，其規模僅次於玫瑰花車遊行（Rose Parade）；7.5英哩（約15公里）的越灣破浪路跑（Bay to Breakers），參賽者要嘛穿著高飛狗人偶裝之類的奇裝異服，要嘛什麼都不穿；還有世界最大的戀物（fetish）盛會——佛森街博覽會（Folsom Street Fair）。上述活動都提供男性及女性公開展示自己性器官的機會，而且似乎沒有人會特別覺得怎樣。「光溜溜」就是舊金山隨心所欲的文化中的一部分，就是這些事物讓這座城市顯得如此特別。

　　不光是因為舊金山有這些盛會和戀物遊行，也是因為它在歷史上對天體主義十分寬容。據《舊金山灣衛士報》（*San Francisco Bay Guardian*）「2012年天體海灘」報導，光是市區內就有三個半官方

的天體海灘——金門大橋海灘（Golden Gate Bridge Beach）、北貝克海灘（North Baker Beach）和海角天涯海灘（Land's End Beach）。金門公園（Golden Gate Park）內也看得到嬉皮們脫光衣服跳舞。

後來，到了2013年2月1日，裸體禁令頒布了。

這項宣佈讓許多人感到驚訝，但倒也不是說公開裸體從此就全面禁止了。你還是可以光著屁股在街上走、搭公車或地鐵，到餐廳坐下來吃頓晚餐，但不能在市區公園內裸體做日光浴。這項禁令是由舊金山市康樂及公園委員會（San Francisco Recreation and Parks Commission）頒布，主要是想防止前述的嬉皮把衣服脫掉，隨著即興迷幻樂的節奏揮舞雙手、身體轉圈圈。要問我的意見，我會覺得這條禁令實在怪得可以；公園不就是一般人認為天體族該去的地方嗎？也許他們該禁的是嬉皮跳舞才對。

以性為目的的公開裸體也是禁止的，不過我想這比較像是勃起禁令。事實上，根據加州刑法第647（a）條規定，在加州裸體是合法的，除非當某個人「在任何公共場域、任何公開於大眾之場所，或在大眾面前曝光之場所，唆使任何人從事或……從事猥褻或放蕩之行為」。

所以雖然舊金山並非天體族尋歡作樂的天下，但還是得說，跟美國其他城市比起來，已經算得上是了，然而後來卻變了調。

得知禁裸法案是由史考特・威納（Scott Wiener）提案的，我感到十分驚訝。他是舊金山市第八區的市議員，轄區包括卡斯楚街、諾伊谷（Noe Valley）、鑽石崗（Diamond Heights）及附近社區。威納不只是個男同性戀，還來自卡斯楚街。你一定會想說，他應該比較能體諒公開做日光浴的男同志——猜得沒錯，只是他雖然能體諒市區內的天體族，但這個畢業於哈佛法學院的政治家，發現他在政治立場上確有難處，而且事情比表面上看起來的要來得複雜多了。

　　我寫了封電子郵件邀請威納接受採訪；他暫時是同意了，不過也很老實地說，希望我寫這些不會害他面臨輿論壓力。我搭上飛機，在二月的某個風光旖旎的早晨，來到壯觀的布雜藝術（Beaux-Arts）風格建築——舊金山市政廳，在此通過安全檢查。

　　我沿著長廊走，經過一群講中文、帶著黃色施工帽的女性，隨後找到市議員威納的辦公室。被請入辦公室做採訪的當下，我著實嚇了一跳。史考特・威納個子超高——根據《舊金山週報》（*SF Weekly*），他有6.7英呎高（約204公分）——身材高挑勻稱，蓄了個落腮鬍。他穿著格紋襯衫，配上一條很不搭調的之字型領帶，看得出他有獨特的品味和幽默感。

　　我知道在他滿檔的行程中，我們這場會面十分奇特，但當我們在辦公室的桌邊坐下時，他的態度相當寬厚友善。他開了瓶健怡可樂。

　　他笑了笑，對我說：「因為我沒有回去看你的郵件，可不可以麻煩你再跟我說明一下來意？你說你在寫書？」

　　如今我對天體主義已經有充分的理解了，但我還想再進一步了解，為什麼對於裸體要有這麼多的法律限制。就我個人的經驗來說，我所看過的天體族，大多不是什麼邪淫怪胎或變態；他們不是暴露狂、不是偷窺狂，也沒有其他問題，純粹只是一群喜歡裸體享受日光浴的人。在美國這裡，最常看到在做這種事的就是些阿公阿嬤，人口根本也不足以引發革命。

　　我跟威納大致說明了一下我接下來要做的事情。他好像有覺得比較安心些，點點頭，灌了幾口可樂，然後訪談就開始了。

　　「舊金山市已經有很長的一段天體歷史。不管是海灘也好、博覽會也好，我住在卡斯楚街的16年來，偶爾都可以看到裸體男性在社區裡走來走去。大概每一、兩週，就會看到有其中固定的2、3

個人出沒。從來沒有印象說有誰對此抱怨過。沒什麼好抱怨的。這個街區對鄰里或市區來說可能有點辛辣，但其實也還好。」他喝了口可樂。「2011年初，我剛好在那個時候當選。」他停頓了一下，對我苦笑。「贏得很僥倖。我後來還真的有回去找當時的兩位競爭對手，問他們說：『你們有印象這個議題在選舉期間有提出來過嗎？』我們幾個都完全沒印象。」

通常市議員的選舉政見比較偏公共層面，包括公共安全和生活品質議題，例如道路整修、植樹、規劃腳踏車道、處理無殼居住問題、改善大眾運輸；很少會牽扯到公民自由的議題。

「有群男生，原本都是在卡斯楚市場街那邊，後來他們改成待在附近社區，幾乎一週七天都光著身體晃來晃去。之後人數擴大了，有些人從灣區（Bay Area）跑來卡斯楚街這裡光屁股，說是因為在自己家鄉不能這樣。所以這本來只是偶爾才會看到的奇人軼事，然後就變了。我想這件事情剛發生的時候，民眾可能只是有點不以為然，覺得有點困擾，但頂說是想說：『好吧，還算……還算有趣啦。』但幾個月後，民眾就越來越不滿了。」

「怎樣的不滿？」

他嘆了口氣。「雖說的確是有些異性戀者，刻意把他們對卡斯楚街的刻板印象拿來作渲染，但實際上大多是住在附近的男同志感到不滿。不只珍華納廣場（Jane Warner Plaza）那邊而已；我收到一些情報，說有人看到其中幾個裸男從小學旁邊經過，而且當下可能正好在放學。我覺得這些人是思慮不周。也有從麥金利（McKinley）、桑切斯小學（Sanchez Elementary）傳來的消息，在在顯示他們的行為實在是不經大腦。」

男子全身赤裸在小學旁邊走動，比較不符合我印象中為了身體解放或身體自由而做出的抗議行動；這根本就是在蓄意挑釁。

威納繼續說道：「辦公室第一次湧進大量電子郵件和電話，要我立法禁止，甚至有民眾上街堵我，就這樣持續將近兩年。其實我對這些要求很抗拒，這並非我想立法禁止的事情，也不想為了這個議題出名⋯⋯」他停了下來，表情很無奈。我完全可以理解，當一個人的姓氏跟陰莖的委婉說法一模一樣的時候（wiener）*，理所當然不會希望自己為了反裸體出名。

*這個字在英文跟陰莖同義

我忍不住笑出來。威納還挺幽默的。

「⋯⋯而且老實說，我並不想禁。」他停下來，整理思緒。「沒過多久，這案子就擋不下了，因為卡斯楚市場街是個相當重要的地標，附近社區跟其他地方的居民都給我非常大的壓力，這壓力實在是⋯⋯對於我沒有任何作為，大家變得越來越激動，很多憤怒都直接衝著我來。我只好開始徵詢別人意見：『你覺得怎樣？我到底該不該禁？』絕大多數的回答就類似像：『該怎麼說呢，一年前我可能會告訴你不要禁，但現在我覺得該禁了。』這樣回答的人之中就包括克里夫・瓊斯（Cleve Jones），他們多半是男同志，然後我就得出結論了。原本我一直想說，這件事應該會自己無疾而終⋯⋯」

克里夫・瓊斯是同志權利運動家、舊金山愛滋病基金會（San Francisco AIDS Foundation）的共同創辦人，同時也是遭到暗殺的同志運動領導者──舊金山市市議員哈維・米爾克（Harvey Milk）的同僚。

威納往椅背靠過去，將他那極為修長的腿舒展開來。「後來事情的走向變得更加極端。那段時間，你到廣場走走，可能就會看到10個、12個、14個那樣的人聚眾在社區閒晃，然後整個有關屌環的事情就開始了──」

「屌環？」我插嘴道。

他點頭。「雖然有些人說這項立法跟屌環沒有關係，但這只是他們變得極端的其中一個例子而已。」

裸體男性很愛戴屌環*，這麼做會讓老二看起來更大；你懂的，男人就是喜歡自己的老二看起來大一點。戴屌環這件事引發了爭議，有些在卡斯楚街的天體族聲稱舊金山市警方會針對他們作「屌環巡察」。警方認為，戴屌環已經構成猥褻行為。然而，像羅伊德·費許巴克（Lloyd Fishback）這類的天體族就會說，這跟情色無關：「天冷的時候會縮起來，戴這個會讓你看起來比別人突出一些，外觀上會稍微大一點點。」[26]

* 不要把這個跟阿拉伯皮帶（Arab strap，一種情色玩具）搞混了，雖然感覺很像，但兩個是完全不同的玩意兒。

「卡斯楚戲院（Castro Theater）的事情引發眾怒，因為那個戲院……它還有在營業算是幸運了。它的特色是大家可以跟著影片合唱，當地居民靠這點賺錢，所以一直有在持續營業。大家跟著《真善美》一起唱、跟著《小美人魚》一起唱，這些影片都非常受歡迎，家家戶戶都帶著小孩來戲院前排隊。這些傢伙在隊伍旁光溜溜地走來走去，民眾就說那些人不會再回來了。太多事情交雜在一起，終於來到一個臨界點，這就是我決定要提案立法的原因。」

我實在很難理解，他們怎麼會想在排隊等著看迪士尼電影的小孩子面前，展示自己的屌環。就算你可以接受天體族在任何場所出沒，但這些人一定也知道自己的行為會踩到民眾的底限。何必要這樣蓄意挑釁呢？

威納點點頭，「是吧？我就是有種感覺……他們很像在劃定地盤，這種態度就像是在宣佈『這是我們的社區』。管他是什麼意

26 引自費許巴克在有線電視節目「我的裸體真相電視」（My Naked Truth TV）中的訪談。

思，但別忘了卡斯楚街還住著很多異性戀者，也一直都有小孩在這。距離卡斯楚市場街只有幾個街區的地方就有三所小學，早在我們來此之前就已經在這了。這種態度就像是在說：『這是我們的社區，我們愛怎麼樣都可以、想做什麼就可以做什麼，我們也不要別人待在這。』」

威納身體往前傾，雙眼盯著我。「有個女人聯絡我。某個星期六下午，她帶著一隊女童軍，向第十八街和卡斯楚街兜售女童軍餅乾。當時有個裸男從他們旁邊經過；走掉的話還好，但她說那個人有長達15分鐘的時間，在女孩們身旁來來回回走了五趟。在她眼中，這名男子的意圖非常明顯。他的行為實在是太超過了。」

根據LGBT的媒體：《灣區新聞資訊網》（*Bay Area Reporter Online*）的社論，卡斯楚街的天體族，會「對著迎面而來的車輛甩老二」。不知道為什麼，想到有10幾個裸男在車輛前面把屌用來甩去，畫面還怪有趣的，但想當然爾，這個笑話很快就不怎麼好笑了。

一般來說，市政監督員處理的多半是一些民生問題。看看威納最近通過的法案就知道，他一直默默在推動遛狗員專業執照制度、修訂餐廳條碼來幫助小型企業、餐車管理、幫助工友賺取生活費，以及大家都知道地方官一定會做的路面整修、公園美化等等。

民意壓力影響之下，威納提出強硬的禁裸法令——我想現在讀者應該可以了解，為什麼他不想跟這件事扯在一起了吧。他的這項提案除了出現在地方新聞以外，也登上《華爾街日報》、《今日美國》、《衛報》、《每日郵報》及其他國際新聞媒體，如CNN、BBC等。

「在我要提案的時候，就知道一定會引起很多媒體關注，但還是遠遠超出我的預期。這條法案的整個程序剛好橫跨感恩節，很多

人在感恩節回到各自的家鄉，回來後就告訴我，這件事成了大家在餐桌上唯一想討論的話題。」

威納的提案在他的市政同僚間不怎麼受歡迎。市議員克莉絲提娜‧歐拉葛（Christina Olague）提出反對意見：「在我看來，把這件事情當作施政重點，實在太荒謬了。」代表舊金山教會區（Mission District）的市議員大衛‧坎普斯（David Campos）認為這條禁令會造成警力和市府資源的濫用，市議員約翰‧艾華勒斯（John Avalos）則說：「我才不打算拿無花果葉來遮羞，我真的做不到。」[27]

但還有其他市議員支持禁裸法案，主要是轄區在觀光重鎮的市議員，像是漁人碼頭（Fisherman's Wharf）之類的，結果是以6票對5票勉強通過。

票選結果一出，聽眾席立刻就有民眾脫下衣服，在議會大廳抗議咆哮。對於舊金山政治瞭若指掌的議員早就料到了；在裸體抗議者脫下衣服的那一刻，就帶著毛毯把他們裹住。《舊金山紀事報》（*San Francisco Chronicle*）引用了其中一名裸體抗議者史塔德斯特（Stardust）的說法：「這條禁令告訴人民要以裸體為恥，但這完全就是錯誤的。」[28]

可想而知，市區內天體族的反應非常激烈。英國《每日郵報》的頭條標題：「裸族怒火：市府通過立法打擊裸體，抗議者脫衣霸佔市政廳」。威納多了不少稱呼，包括「法西斯」、「銀河共和國複製人」（Republican clone）、「婊子」、「所有叫威納的人裡面，唯一不屬於舊金山市的」。無論什麼時候，只要有威納公開現身的地方，就會有天體族到場怒吼，脫衣抗議。

---

27 舊金山市議會會議中，海瑟‧奈特的報告，2012 年 11 月 24 日，刊於 *San Francisco Gate*，文章名 Supervisor Olague eager for low-key life。

28 Neal J. Riley, "S.F. Barely Passes Public-Nudity Ban," *San Francisco Chronicle*, Nov. 21, 2012.

威納用一種令人驚訝的哲學角度來看待這些反應。

「我認為這件事的發生，在當地的確很引人注目，坦白說也確實有很大的爭議，尤其在同志圈內。不過我覺得範圍應該更廣。我打從心裡相信這條法令會得到多數民眾和同志圈的支持；當然也會有少數比較激進的份子，我對他們一直抱持尊敬的態度。很多人來到舊金山，尤其是LGBT的人──我也把自己歸類在這個族群；我們會來這裡，就是因為在舊金山，你可以做你自己，不會有人對你指指點點。很多人在成長經驗中，被當做『怪胎』或哪裡不正常，但他們來到舊金山之後，就不再受異樣眼光看待。很多人是這麼說的：『聽好了，我在公共場合不會脫光，我自己是不喜歡，但他們就是那樣，愛怎麼做是他們的事，我不想干涉。』我們不大願意去干涉別人的行為，這在舊金山特別常見。你要把衣服脫了也好、要到路邊躺在自己的嘔吐物裡面也好，或是想在哪搭帳篷都行。一旦我叫你不要怎麼做，可能就會有人說我這樣子很保守。這的確是會引起很多爭議。」

裸體運動者的抗辯持續發酵。他們認為禁裸法案違反「美國憲法第一修正案」，因此向聯邦法院提出阻擋該法案。但美國地方法官愛德華·陳（Edward Chen）有不同的意見，他拒絕阻擋禁裸法案，並且寫道：「無論請願者的訴求為何，裸體行為本質上並非屬於言論的範疇*。」[29]

* 意指法官認為第一修正案僅保障言論自由，但裸體屬於行為而非言論，故不在保護之列。

威納可說是暫時獲勝了。

但除了舊金山市以外，裸體禁令難道不會造成其他後果嗎？人

29 Lisa Leff "San Francisco Nudity Ban Upheld in Federal Court," *San Jose Mercury News*, Jan. 29, 2013.

類追求裸體的衝動，其核心價值完全沒有值得讚揚之處嗎？

　　威納對我笑了笑。「這個嘛，針對人們在公共場合裸體是否妥當，以及社會到底該不該接受，我們的確可以去作比較廣泛性的哲學辯論。只是我們現在正在談的是，特定社區的居民對於某個特定的情況感到無法接受。你提的部份，我們也有試著達到平衡……很多地方都開放人家裸體啊！至於你有沒有……我不大了解，你說人類有追求裸體的衝動？可能某種程度上有吧，不過因為事實上大多數人應該從來沒有想過要裸體，所以我是抱持懷疑啦。」

　　我提醒他，從天體族的角度來說，他已經剝奪了他們的權利。

　　他點點頭。「他們的論點並非違法的。但我還是要說，對於什麼時候才是適合把性器掏出來的時機，大家的意見會有分歧。其實──在我提了那條法案之後，沒多久就發生了一件事。有三個男的跑來找我談，他們是從奧克蘭來的，劈頭就對我說：『欸，我們是天體族喔。』我當時想：『慘了，有人來找我麻煩了，他們一定會衝著我咆哮……』」

　　「不然就是把衣服脫掉。」

　　「……或是怒氣勃勃地數落我。結果他們說：『我們是天體族，我們支持你的提案，因為那些人幹的事不叫天體主義。我們會在自家後院聚會，或是在外租個露營場地之類的。大家光溜溜地聚在一起，在場所有人都同意這麼做，這就是我們天體族會做的事。』他說：『裸體在街道上走來走去，完全無視於其他人的觀感，那個才不叫天體主義。』我覺得挺有趣的……」

　　「還有一件事情也很有趣，那是舊金山市的一個詭異現象。80年代早期，市政府頒訂公園禁裸的法令。在我提出法案之前，在公園裸體算是違法，但公園以外的地方就合法，我一直覺得這根本就是行政倒退。如果你要給人家一個可以裸體的地方，那也應該是

公園，就像歐洲一樣。然後大家又愛跟歐洲人比較，當然這是很有歐洲人的味道沒錯，但歐洲人才不會脫光光在街上走。如果你有去過……像是德國之類的國家，我想他們應該都有公園提供民眾做日光浴。」

我想到了天體運動人士米奇・海托瓦（Mitch Hightower）在《華爾街日報》上做的「滑坡謬論」（slippery slope）：「今天禁的是天體族，下週就會禁變裝皇后（drag queen），再下一週就輪到皮革族了。」[30]

威納拿起可樂啜了一口。

「不管是在公園還是在法院的地產上，這條法案管的其實已經比市府的其他裸體禁令要少了。它基本上只適用於性器官而已，不包括女性胸部，臀部也不算在內。我其實是跟幾個佛森街的人談過之後，才把禁裸臀部的項目刪掉的。他們跟我說：『雖然我們對這條法案沒什麼興趣，但我們可以理解你這樣做的原因。我們只是想請你把禁裸臀部的項目刪除，因為有的人會想穿裸臀裝（assless chap）。』」

也只有在舊金山這種地方，才會有人在意能不能穿裸臀裝。

「很多人一直說我推動了這項禁令，跟禁止同性戀公開接吻、禁變裝皇后、要求女人穿布卡罩袍沒什麼兩樣。你禁了這個、一定也會禁那個，所以乾脆通通都別禁，這種論調我才不買單。我們一向是根據社會上的個別情況去作決策。」

說著說著，他看了一下手錶，友善地對我點點頭。我知道時間到了，對他表示感謝；他比我想像中的還樂於協助，而且感覺他是真心誠意、想用一種我會稱作比較「紳士」的觀點，努力平衡舊金

---

30 Geoffey A. Fowler and Vauhini Vara, "Proposed Ban on Public Nudity Offnds Some in San Francisco," *Wall Street Journal*, Oct. 3, 2012.

山的激進本性。

我走出市政廳，踏入陽光底下。等等就要跟兒子在祖尼咖啡（Zuni Café）共進午餐，我沿著市場街緩步而行，思索著為什麼我們——這邊指的「我們」是指整個社會——會為了自己和別人的身體，搞出這麼多紛紛擾擾的問題。講真的啦，每個人都少不了一具皮囊，而且大抵上也差不了多少。為什麼如今會變成看到別人的裸體就是在冒犯人家？為什麼有些人巴不得別人看到他們的性器官？裸體畫算是猥褻嗎？如果是掛在美術館，大概就不算吧。那成年男子在車輛前面甩老二算是猥褻嗎？可能算，也可能不算，有些州把這種舉動叫做「遛鳥」（flashing），行為人會招致刑事處罰。遛鳥在定義上並非裸體；當事者想藉著嚇人來滿足性癖好，這是一種猥褻行為。然而就算如此，我們真的會想把納稅錢花在監禁遛鳥俠嗎？我們真的會想居住在這樣的世界嗎？

美國天體俱樂部的興起

　　天體主義變成一筆大生意。為了得到和別人一起裸體的特權而砸大錢的人，可能比你想像中還多。根據「美國天體休閒協會」（AANR）的說法，由於人數實在太多了，以致天體度假產業「保守估計具有4億4千萬美金的規模」，可見其變化之大；這時候只要有人用強制立法的魔杖一揮，一切就會瞬間蒸發。於是AANR誕生了。就跟地方旅客委員會或商會一樣，AANR的任務就是保護、推動非情色社交裸體產業，尤其是所屬會員的俱樂部。

　　AANR是非營利組織，自稱為「在適當場合進行天體娛樂與度假相關活動的理性權威組織」，聽起來很像他們想聲稱擁有這個話題的主導權，一旦發生問題就要用最快的速度抽身。所謂「適當場合」其實就是一種屏障，用來阻擋恣意橫行的天體族，比如會在賣場或高爾夫球場裸體奔跑的人。AANR將自身定位為值得尊崇，而非只會搗亂的組織。AANR的公關吹噓說他們擁有「美國協會高級管理學會（American Society of Association Executives，ASAE）金獎及銀獎」，贏得「四面國際酒店營銷協會（Hospitality Marketing and Sales Association International，HMSAI）的通信金鐘獎（Golden Bell communications awards）、兩座水星獎（Mercury Awards）銀獎，並

在近年獲得美國旅遊作家協會（Society of American Travel Writers，SATW）的庫什曼獎（Cushman Award）」。

我完全搞不懂那些獎項是什麼玩意兒，不過聽起來是還蠻屌的。

而且，AANR確實值得欽佩。從宣傳手冊和新聞報導所提供的資訊可以得知，這個組織已經擁有34,000名會員、「目前服務的客戶已超過213,000人」、「對於喜愛裸泳及自由穿脫休閒活動的客戶，服務人數已超過5,200萬人」。它宣稱在全美已擁有超過250家附屬俱樂部、度假村、營地和相關企業。其中的某些俱樂部，像是棕櫚泉的沙漠太陽度假村，稱為「定點俱樂部」（landed club），因為它們有自己的地產跟設施；其他的則稱為「游移俱樂部」（travel club），他們必須四處移動，尋找暫時性或可以公開的場所，以便讓會員享受裸體休閒活動。

AANR提供會員們的「通往歡樂的通行證」，一年要價約58美金，如同新聞報導上所說的：「年費比一件泳衣還便宜」。AANR傾力擺脫任何來自天體主義的污名，招募新會員時特別採用一種讓人感覺謹慎、可靠的語調；這種語氣就像是想幫助人們從自己的裸泳初體驗中，「重新攫取自由和純真的感覺」。所有的行銷重點都放在讓會員親自造訪AANR的官方俱樂部。

為了要進一步拓展旗下會員俱樂部的利益，AANR贊助了天體休閒同業公會（Trade Association for Nude Recreation，TANR），他們專門幫忙打廣告、拓展會員企業。TANR也負責舉辦年度會議；根據官方網站所述，年會的「主要目的是為了已經投入資金、事業和家庭未來的風險承擔者，提高所有天然主義企業的營利性與市場性」。

先提一下，當初我想安排採訪AANR的會員，卻一直沒有人跟

我確認；沒人回覆我的電子郵件；打電話去他們在佛羅里達州基西米（Kissimmee）的總部，對方也只跟我建議說要先「下載媒體資料包（press kit）」。

看了一下他們的媒體包，很明顯AANR不太關注廣大天體世界所參與的合法議題、公民自由或道德規範問題。可能是因為由他們作為代表的度假村和營區，都是屬於私人、營利性質和穿脫自便的區域；到天體海灘或穿脫自便登山步道又不用花半毛錢，何必要去插手管那些跟會員事業有利益衝突的東西呢？

只不過現在情況可能有些轉變了。最近在AANR官網上的貼文，透露出一點組織內部分裂的端倪，部份會員變得比較積極在參與政治，想法也變得比較激進。

今日的AANR最早是開始於庫爾特·巴特爾及其友人，於1929年在米克勞咖啡廳成立的「美國身體文化聯盟」，當時他們就是在一間臭呼呼的健身房裡做開合跳運動。幾年之後，1931年，有個名叫艾斯利·布恩（Isley Boone）的人——他喜歡人家叫他「丹尼大叔」，因為本身對肯塔基州的拓荒者丹尼爾·布恩（Daniel Boone）有種奇妙的癡迷——從巴特爾手上接下了該組織。他為了要讓組織形象變得更活潑，所以先是把名稱改為「國際天體主義聯盟」（International Nudist League），之後又更名為「美國日光浴協會」（American Sunbathing Association，ASA）。

早期ASA是以一種相對緩和的速度成長，透過出版協會的生活雜誌《日光與健康》（*Sunshine & Health*）* 來吸引信眾和賺錢。話是這麼說，但也不是一帆風順。布恩一直在對抗想把天體營關掉的當地政府和宗教領袖；他跟動不動就以道德為由，拒絕寄送雜誌的美國郵政署奮戰；無論誰想要阻撓這個快速崛起的天體帝國，他都要壓得粉碎。天體歷史學家賽克·辛德將美國二戰前的天體主義做了

總結：「到目前為止，布恩創造了一個龐大的天體集團，由九個有點神秘的連鎖企業或公司組成，而他（可能也只有他）是擁有最多權力的管理者，理所當然地主導著一切。」[31]

* 原本是叫天體族雜誌「Nudist」

　　布恩反常的控制慾製造了許多對立跟派系衝突，並且一直持續到二戰爆發。布恩可能不會預料到，二戰會是美國天體主義的轉捩點。

　　戰區基本上沒什麼隱私，軍人很多時候都不得不跟別人袒裎相見，一起換衣服、一起洗澡，有時還會一起裸泳；我不大懂為什麼國防部會認為這是個問題。很久以來都沒什麼人在意，可能後來他們覺得男生跟男生在一起就是有哪裡不對勁，也或許是自從喬治‧華盛頓邀請德國軍官——據傳是同性戀的弗里德里希‧威廉‧馮‧斯圖本（Friedrich Wilhelm von Steuben）加入他的福吉谷軍營（Valley Forge）開始，軍隊裡就一直出現不為人所知的同性戀行為。無論什麼原因，總之軍方高層開始擔心，男性彼此之間若相處太久，會為了紓解戰爭壓力而變成同性戀。軍中的同性戀行為一直存在，然而在1938年至1941年期間，僅有34名軍人被控雞姦及相關罪行[32]，如果把這數字跟二戰時在軍中服役的1,600萬男女軍人相比，實在是少得多了。儘管這樣的統計數字可能不足以喚起警覺意識，但倒是有出現軍人會四處搭訕的軼聞，像是昆汀‧克里斯普（Quentin Crisp）就針對美國大兵在倫敦燈火管制（London blackouts）巡邏時所做的事，發表過一段名言：「性愛史上從來沒有像這樣，由這麼少的人，對這麼多的人提供規模如此龐大的性活動。」

---

31 Cinder, *The Nudist Idea*, p. 563.

32 From Allan Bérubé, *Coming Out under Fire: The History of Gay Men and Women in World War Two* (New York: Free Press, 1990).

國防部認為，男男性行為可能多少會影響士氣，但也不打算給軍隊提供情色書刊，於是決定提供像《日光與健康》這類的天體雜誌，這倒也算得上是折衷的方法。雜誌中有大量的女性裸體照片，可以讓軍人打手槍好好發洩一番，同時也為美國人帶來健康生活方式的視野。歷史學家兼作家的布萊恩‧霍夫曼（Brian Hoffman）寫道：「軍方推出的《日光與健康》雜誌政策，大幅提昇了軍隊士氣；既可滿足士兵對性的需求，又可以避免他們去嫖妓。」[33]

換句話說，與其讓士兵把自己搞出性病，害得軍隊不能打仗，不如讓他們打打手槍還比較好。

隨著《日光與健康》雜誌在軍隊間越來越受歡迎，便開始有人希望雜誌編輯能多放一些更辛辣的圖片上去。霍夫曼表示，該雜誌「企圖藉著軍人們的遐想，來吸引更多會員加入他們的天體主義運動」。

讓人意外的是，效果還真的不錯。

儘管軍隊把裸體主義當做比嫖妓和雞姦還健康的替代品，但戰線上的人可不這麼想。在私有土地上裸體嬉戲，在當時可是惹毛了宗教領袖和道德警察。

1935年，紐約州通過了《麥考爾—杜林法案》（McCall-Dooling Bill），該法案是在紐約大主教管轄區施加的壓力下所訂立的。他們要求將刑罰修訂為：「行為人在任何地方刻意將身體或其私處，暴露於兩人以上同樣暴露身體或其私處之異性，或協助、或唆使此種行為……」——此後都寫得像這樣囉哩叭嗦，但重點就是如此。這條法律等於宣判天體族就是犯罪，而且可能也有意無意地讓「三人

---

33 From Hoffan's essay "Challenging the Look: Nudist Magazines, Sexual Representation, and the Second World War," published in *Sexing the Look in Popular Visual Culture*, ed. Kathy Justice Gentile (Newcastle upon Tyne, UK: Cambridge Scholars, 2010), p. 78.

行」（ménage à trois）等同犯罪行為。當時很快就成立了一個叫「正派軍團」（Legion of Decency）*的組織，用來監控天體活動，他們可能也會舉報可疑的「三人行」。

*可別誤會成DC漫畫（DC Comics）的正義聯盟（Legion of Super-Heroes）或末日軍團（Legion of Doom）。

4年後，在美國的另一端，洛杉磯郡監督委員會（Los Angeles County Board of Supervisors）通過了天體主義禁令。舊金山市頒布了類似的法令；1940年，有個叫「艾利西亞聯誼會」（Fraternity Elysia）的天體社群，在牧場舉辦聚會的時候遭到突襲搜查。《自由港標準新聞》（Freeport Journal-Standard）1940年5月27日的頭條，明確地指出當時的執法態度：「好萊塢天體族吃盡苦頭，刺果扎身四處奔逃」。報導內容引述警方形容現場女性是「40歲左右的胖女人」，警方還公開嘲笑天體族企圖逃進附近山丘的模樣：「等他們把穿越山艾丘（Sagebrush hills）時扎入的刺果拔完，也算是受盡懲罰了」。看來天體族奔逃時什麼都沒帶，只帶了「手上的網球拍」。

牧場主人兼「艾利西亞聯誼會」的主導者──露菈‧格蕾西（Lura Glassey），是個頗具魅力的年輕女性，剪了頭俐落的精靈短髮（pixie haircut），臉上掛著調皮的笑容。她曾跟先生赫伯特（Hobart）──照片上的他看起來是個熱情的年輕人，蓄著時髦的小鬍子──經營一家取名叫「極樂世界」（Elysian Fields）的俱樂部。*自從跟事業夥伴鬧不合拆夥後，她和先生兩個人就把天體營搬到拉圖納峽谷（La Tuna Canyon）的牧場，離洛杉磯不遠。赫伯特在1938年死於一場詭異的災禍，他從窯頂上滑下來，把脖子給摔斷了。許多人說露菈既聰慧又好強，對當權者無所畏懼；面對男女混合裸體的禁令，她用了一種方法當幌子，就是讓男女輪流裸體──

以口哨當換邊的號令——雖然這樣鑽漏洞很聰明，但最終還是被逮捕了。她將這件案子和其它的幾個罪名，一路上訴到最高法院。1947年，她提出「天體主義是一種社會信念（social belief），除非對社會造成危害，否則應不受法律限制規範」的說法。[34] 但法院不這麼認為，露菈·格蕾西便從此成了美國公民中少數為裸體行為服刑的人物。

*小趣聞：地震學家查爾斯·弗朗西斯·里希特（Charles Frances Richter）和他老婆也是常客。

　　各地非情色社交裸體史的故事都有其相似之處。戰後的美國天體主義進入大爆炸時代，國內出現越來越多的新興俱樂部和社群，會員數量愈增，但同時也引起更多民怨，包括道德敗壞和淫穢的問題，地方當局也開始注意這類活動。

　　1956年的時候，情況開始有了變化。警方突擊位於巴特爾克里克（Battle Creek，在密西根州）的「陽光花園天體度假村」（Sunshine Gardens Nudist Resort），逮捕了幾名天體族。這些天體族明明都已經是在私人土地上進行了，卻還是被控公開猥褻，真的很莫名其妙。如果你的目的很明確，就是要追求社群裸體，因此在私有地上跟其他天體族一起聚會，這跟公眾有什麼關係？又哪點不雅了？

　　多虧這群密西根天體族決心洗清罪名，該州最高法院撤銷告訴，判決影響延伸至全國各地。作出裁決的法官——約翰·D·沃爾科（John D. Voelker）*表示，他不打算「燒掉有憲法保障的房子，只為了把一小群天體主義者烤焦。」[35]

*沃爾科法官同時也是個功成名就的小說家，著有暢銷書《桃色血案》（*Anatomy of a Murder*）。

34 Mike Lawler, "Treasures of the Valley," *Crescenta Valley Weekly* May 23, 2013.
35 "People v. Hildabride," *Michigan Law Journal,* Feb. 2009.

就在陽光花園案判決的同一年，「丹尼」布恩和美國日光浴協會也在美國最高法院獲得具有指標意義的勝利，推翻了「康姆斯托克法」（Comstock Act）的條款。

「康姆斯托克法」訂立於1973年，當時在任的總統是著名的老烏鴉威士忌（Old Crow）愛好者——尤利西斯·S·格蘭特（Ulysses S. Grant）。這條禁止傳播猥褻物品和避孕用品的法令，只憑一紙郵件就被一個惡名昭彰的大酒鬼簽署通過。我沒有要說這有多諷刺，只是覺得他在簽署的當下肯定早就喝茫了。

該法案是以安東尼·康姆斯托克（Anthony Comstock）的名字來命名，他本身是郵政監察總長、「紐約反惡俗協會」（The New York Society for the Suppression of Vice）的創辦人；自命為道德警察，主要任務在查禁他們歸類為情色文學，或有推廣同性戀之嫌的成人雜誌和出版物。這群義和團具有保衛紐約不受黃色污染的高度熱誠，把《尤利西斯》（Ulysses）、《查泰萊夫人的情人》（Lady Chatterley's Lover），以及奧斯卡·王爾德等許多書刊雜誌都一起禁了。甚至在1927年，由梅·蕙絲（Mae West）主演的百老匯戲劇《性》（Sex）也遭到他們禁演。

「康姆斯托克法案」賦予美國郵政監察總長審查權利，可以窺探信件和包裹的內容，決定各項出版物是否予以通過。這個霸道的權利，讓郵政署跟《日光與健康》雜誌打了10年法律仗。監察總長常常一時興起，就宣稱《日光與健康》雜誌的某幾期內容猥褻、不得投遞；雜誌社只能上法院申請強制令，迫使郵政署投遞刊物。下一期又會遭遇同樣的查禁，整個程序就得再重頭來一遍。

戰爭期間《日光與健康》大受歡迎，郵政署的審查動作也變得更加頻繁，雜誌社為了生存，不得不上法院尋求「第一修正案」的保障。法院戰爭拖了好幾年，終於在1958年1月13日，丹尼大叔和

《日光與健康》雜誌大獲全勝。此後在美國，任何人只要對天體生活感到好奇、有興趣，都可以收到這本雜誌。裁決下來之後，其它天體雜誌也跟著迅速崛起，50年代與60年代出現了各種出版物，如《摩登日光浴》（*Modern Sunbathing*）、《日晷》（*Sundial*）、《裸體生活》（*Nude Living*）、《今日裸體》（*Nudism Today*）、《傻瓜新聞》（*Jaybird Happening*）等等，另外還包括一本跟天體主義沒什麼關係的雜誌：《花花公子》（Playboy）。

　　早期的天體雜誌都得讓模特兒擺出一些滑稽的姿勢，像是扭轉身體，好讓女性的胸脯顯露出來，陰部則轉向另一邊；或是把私處全部用噴槍塗掉，搞得那些在海灘追逐的天體族，看起來就像跨下有著奇怪髒污的美泰兒娃娃（Mattel toys）。

　　戰前美國的天體主義從來就不像德國這麼火紅，但信徒有增多的趨勢。根據天然主義史學家李・格雷葛瑞（Lee Gregory）的說法：「1949年，美國日光浴協會在全美擁有30家天然主義俱樂部，會員人數達3000名」。[36] 到了1964年，全國各地共有約140座天體營，其中就有100座是ASA的會員。*

*當然，早年也有其他的天體組織，例如「美國天體哲學協會」（American Gymnosophical Association，AGA）就是在1930年從美國身體文化聯盟分家的社團，由社會學教授莫里斯・帕爾米利（Maurice Parmelee）帶領，在紐澤西鄉間的「石頭小屋俱樂部」（Rock Lodge Club）擁有自己的一座度假村。但AGA規模很小；就跟其它新興組織一樣，始終無法像「丹尼大叔」布恩的ASA那麼有影響力，或是像「美國天體休閒協會」（AANR）至今仍很壯大。儘管如此，石頭小屋俱樂部還是有在持續運作，成了AANR分會的天體俱樂部。

　　當越來越多人開始參與非情色社交裸體，就越常在大眾文化

---

36 Lee Gregory, "History of Pasco Nudism," Pasco Area Naturist Development Association (PANDA), Naturist Capital USA, www.naturistcapitalusa.org/history.htm (accessed June 7, 2014).

中看到相關元素；天體族和天體聚落往往成了喜劇素材，例如有個很經典的：「問：要怎樣才能在一群天體族之間一眼認出是不是盲人？答：輕而易舉啊。」（Q. How can you spot the blind guy at the nudist colony? A. It's not hard.）

搭啦！很容易吧！

在經歷了1930年頒布的「電影製作規範」（Motion Picture Production Code）* 之後，天體主題的影片終於突破重危，慢慢找到觀眾；電影名稱引人遐想，例如《伊甸園》（*Garden of Eden, 1954*）、《僅限會員》（*For Members Only, 1960*）**、《紳士就愛天然妹》（*Gentlemen Prefer Nature Girls, 1963*）、《脫衣過活》（*Take Off Your Clothes and Live, 1963*）和《女孩們也一起來！》（*Girls Come Too!, 1968*），這些影片把天體生活描畫成自然、健康，以及——跟AANR目前的走向一樣——絕對沒有情色成份。

* 它有個比較知名的稱呼，叫做海斯條款（Hays Code），這是一套用來審查影片內容的道德規範。

** 也被稱作《裸族故事》（*The Nudist Story*）和《性感小野貓的天堂》（*Pussycat Paradise*）。

馬克・史托瑞在《天體電影院》一書中寫道：「天體主義者在拍電影的時候，會盡量導正大眾對他們先入為主的觀念，比如天體營和俱樂部就是性開放者的避風港，大夥兒都在裡頭夜夜笙歌。」[37]

拍攝這些影片的另一項挑戰，就是不能拍到陰毛、避免正面裸體、避開任何情色行為的描寫。某種程度上，影片一方面要有娛樂性，一方面又要做到「一切盡在不言中」。史托瑞把天體主題電影的標準架構描述了一番：「女孩受邀加入天體行列，在那裡發現純真的喜悅，最終認識了理想的男人」。

37 Mark Storey, *Cinema Au Naturel: A History of Nudist Film* (Oshkosh, WI: Naturist Education Foundation, 2003), p. 47.

　　天體族自己拍的電影都不怎麼賣座，直到後來出現一部很受歡迎的片子，才讓一般大眾稍微了解天體營大概是什麼樣子。《烏龍謀殺案》（*A Shot in the Dark*, 1964）是大受好評的粉紅豹系列電影的第二部作品，由英國演員彼得‧塞勒斯（Peter Sellers）飾演一個笨手笨腳的法國警探克魯索（Clouseau）。影片中有一段十分逗趣的情景，描述警探造訪「陽光營地」天體營的尷尬經歷。這段可以說是1960年代早期，主流文化如何詮釋天體主義和天體俱樂部的最佳範例，它的喜劇效果非常妙；克魯索脫光衣服潛入，拿了把木吉他把自己的重要部位遮住，同時尋找在「休閒區」遊蕩的嫌犯。

　　但電影中刻劃陽光營地的部份，或許對幻想著天體營可能長什麼樣子的大眾更具有啟示性。克魯索經過一支正在作即興演奏的裸體爵士樂團，曲目是亨利‧曼西尼（Henry Mancini）的粉紅豹主題曲，現場有幾個裸體男女——身體背對鏡頭——在筆直的松樹下隨著音樂搖擺。警探繼續前進，看到一座小湖，天體族們一群一群地坐在湖邊的椅子上。一旁有對距離幾英呎遠的男女，正在來回拋擲充氣沙灘球。這個場景可能比其它任何一齣戲，更能提供一般大眾一個概念：天體聚落就是個有爵士情調、男男女女開心玩著沙灘球的好所在。

　　1995年，ASA突然把縮寫字改為AANR；依據AANR東區（AANR-East）現任會長葛洛莉亞‧威爾耶斯（Gloria Waryas）最近一次訪問的說法，他們的任務已經改成：「以行銷作為主要活動的組織」。[38] 也就是說，他們變成主要是在官方天體俱樂部販賣會員資格、推銷天體娛樂活動。

---

38 Felicity Jones, "AANR East Taking Social Nudity into the Future," Young Naturists America, Apr. 29, 2013, youngnaturistsamerica.com/social-nudity-aanr-east-interview/.

目前AANR在全美近50個州都有附屬的天體俱樂部；有趣的是，阿肯色州、南北達科他州、密西西比州和阿拉斯加州並沒有在名單內。

「歡迎欣賞裸體之美的人！」──「索證之畝」俱樂部（Show Me Acres）是一間非常獨特、設備齊全的「定點俱樂部」。度假村位於密蘇里州奧沙克（Ozarks），擁有300多畝的林地、大型游泳池和聚會所。頗具特色的「索證之畝」俱樂部，所在區域氣候不是很溫暖，因此只開放5月到9月入場，而且僅限週末。除了有烤肉活動和辣醬烹飪大賽（chili cook-off）以外，還會舉辦「夏威夷式烤豬週末聚餐」（Hawaiian Luau Potluck Weekend）和「七月聖誕節」（Christmas in July）派對。讓我很喜歡「索證之畝」的幾個原因，除了它很機巧地用雙關語取了個跟密蘇里州有關的名字之外*，也是因為它跟其他天體俱樂部不同，這裡是允許單身者加入的。

* 密蘇里州的暱稱是『Show Me State』，索證之州。

其他的「定點俱樂部」還有很多：位於堪薩斯州斯克蘭頓（Scranton）的「天堂草原」（Prairie Haven）；愛達荷州波夕（Boise）的「裸體支持者天體俱樂部」（Bare Backers Nudist Club）；亞利桑那州新河（New River）的「香格里拉農場」（Shangri La Ranch）；維吉尼亞州艾弗（Ivor）的「白尾度假村」（White Tail Resort）；奧勒岡州春田市（Springfield）的「維拉梅坦斯家族天體度假村」（the Willamettans Family Nudist Resort）；康乃狄克州伍德斯托克（Woodstock）的「索萊爾休閒聯盟」（Solair Recreation League）；阿拉巴馬州凡戴弗（Vandiver）的「裸體生命公園」（Gymno-Vita Park），以及佛羅里達州基西米的「柏樹灣水療天體度假村」（Cypress Cove Nudist Resort and Spa），這些都還只是一部分哩。

非定點俱樂部——又稱游移俱樂部——就不一樣了。他們沒有廣闊的土地、游泳池或聚會所，所以得另外找地方或時間來進行天體探險。AANR附屬非定點俱樂部的好例子，就是德克薩斯州奧斯丁的「丘陵地裸體族」（Hill Country Nudists）。該俱樂部一年舉辦兩次裸泳活動，每個月也會為了推廣非情色社交裸體舉行聚會，向德州人傳福音。丘陵地裸體族跟一般的定點俱樂部一樣，會舉行品酒會、主題式晚宴、電影之夜，以及現場音樂派對。不同之處在於，有時候他們得處理公眾及公共空間的事宜。例如聚會必須辦在可裸體的特定海灘，像是特拉維斯湖（Lake Travis）附近的嬉皮空心公園，或是舉辦月夜騎單車活動，需要經過奧斯丁的鬧區時；這些都需要安排妥當。

「北卡羅萊納州天然主義者」（North Carolina Naturists）是另一個非定點俱樂部，但不像奧斯丁的天體族把聚會地點選在嬉皮空心公園，北卡羅萊納州的天體族則是選擇在自家屋子或後院辦晚宴和泳池派對，比如情人節午餐辦在會員凱倫和吉姆家、泳池派對辦在法蘭克和朗達家。實在很難想像，新會員坐在朗達家的廚房，跟其他天體族們吃著紅絲絨蛋糕，這種感覺到底有多奇怪？搞不好根本就不奇怪哩。

我在沙漠太陽度假村有淺嚐過美國天體俱樂部的滋味；既然當時的體驗足以讓我對天體休閒產生一些見解，那麼若真的想了解為什麼會有人想參加裸體晚宴，就非得認真點不可，往這個文化圈最深的地方跳下去。於是我訂了張機票，把少到不行的衣服打包進手提箱，飛往非情色社交裸體的祖國——歐洲。

維拉海灘

　　日光浴老鳥一早就隨著晨光出現，在泳池附近佔了個自認為最好的位置，等於直接宣告這是他的地盤。位置、位置、位置——佔據這些位置可以保證自己待在最佳地點。專業老鳥有著天文學家般的能力，可以根據太陽動態來計算影子會在何時跨過他們的位子；他們非常清楚走到水池泡個涼要走多遠，以及吧檯到洗澡間的相對位置。他們的身體光滑——曬日光浴留著體毛也沒用——全身上下曬成均勻的棕色，像皮革一樣。如果你把荷蘭男演員魯格·豪爾（Rutger Hauer）想像成手提包，應該就能明白我的意思。

　　到了9點，最佳位置都已經被佔領了。菜鳥只能選到邊緣的座位，離泳池很遠，頭上還有棕櫚樹斑駁的遮蔭，沒辦法完整曬到太陽。

　　沙灘上，一個裸體男人慢跑而過，他的雞雞呈360度大力甩蕩著，不禁讓人聯想起慘叫雞（rubber chicken）的模樣。跑著跑著，經過了幾個上空的女人，疑似在做某種伸展運動：手往天空的方向延伸，然後軀幹左右旋轉。不大像是瑜伽，看不懂她們在幹啥，我繼續喝著我的咖啡。

　　來到維拉海灘這個地方不是那麼容易。我從洛杉磯飛往達拉斯、再到馬德里、再到西班牙西南方的阿爾梅里亞（Almería），

一個塵土飛揚的沿海小鎮。從這邊租了台飛雅特500，繼續開了一小時，經過美麗而荒蕪的西班牙沙漠，終於駛進由彎道與門禁「urbanizaciónes」（社區）構成的迷宮之中，所謂的「urbanizaciónes」即是我們一般所說的公寓大樓和集合式住宅。接著我就發現，自己已經來到「飯店維拉海灘俱樂部」（Hotel Vera Playa Club）的門口了。

進門之後，看到一群圍繞在大型游泳池旁邊的裸體族對我打招呼，然後有那麼一瞬間，我忽然可以體會庫克船長在凱阿拉凱夸灣（Kealakekua Bay）上岸時的感受。只不過在這邊，我沒有被戰士圍毆到快掛掉，而是親切但不加以干涉的對待。

「飯店維拉海灘俱樂部」是以西班牙唯一一座天然主義飯店聞名，也因其建築群在全世界天然主義建物中規模最大而佔有重要地位。而且，沒錯啦，我也覺得這名字的順序好像有點顛倒了。但其實這個飯店真的蠻可愛的，高聳的中庭漆成令人驚豔的蔚藍色，上頭襯著裝飾磚。

入口旁擺了個大鳥籠，經過時看到一隻巨大的熱帶鸚鵡歪頭看著我，對我嘎了一聲。這隻肯定早已看慣人類裸體的鸚鵡，會不會看穿我是個偽裸族，是個擅闖天體地盤的不速之客？我發現假如連隻禽鳥對我嘎一聲都要陷入偏執的妄想中，那就多少表示我到了穿脫自便的城市是會感到很不安的。

穿過大廳，來到泳池區，這是天體活動的主要舞台。佔地廣大，仿天然環境設計；孩童玩的淺水池中，座落著狀似巨石的滑水道。儘管泳池給人一種《摩登原始人》（Flintstones）動畫的氛圍，但環繞四周的厚實紅磚牆，更讓這裡像個巨型印度烤爐（tandoori），等著把裡頭的人肉慢慢烤熟。上百張躺椅散落在棕櫚樹林下；假如你跟我一樣，腦中盤旋著皮膚科醫師的聲音，可以選

擇樹蔭底下的座位。不過如果你是皮膚光滑的日光教高階信徒，就去挑個能捕捉到所有西班牙輻射線的位置吧。

這是我第二次來到天體度假村，經驗不多，所以當我身上只用半罐防曬乳遮著皮膚、肩上掛了條粉紅毛巾就踏進游泳池的時候，感覺茫然地像個沒見過世面的小女孩。其實我並沒有很緊張，也不會擔心別人對我的身體有什麼想法，而且因為有前車之鑑，我已經變得更加謹慎小心，不再用厚厚的防曬乳把老二塗得像剛用龜牌車蠟（Turtle Wax）上過一樣，我覺得來這邊比較像是受邀加入俱樂部，除了衛生方面嚴格要求必須坐在毛巾上外，沒人特別來跟我解釋俱樂部的規定，搞不好根本也就沒什麼規定。

在棕櫚泉的時候，當地遊客的行為都有種彆扭的味道，但在此處卻由令人耳目一新的正常感所取代——維拉海灘的遊客都像是一般正常度假那樣。現場少不了有老夫老妻，在太陽底下烘烤他們駝背又鬆垮的屍體，但也有中年男女、年輕的內行人、少數幾位來自巴塞隆納的文青，以及許多帶著孩童的家庭。

看到那些小鬼真把我嚇了一跳。我沒想到現場會有小朋友，而且老實說，我也不知道我為何這麼震驚。或許是因為，在美國如果全身赤裸地待在孩童附近，可能就會因性犯罪等理由被逮捕。但，說真的啦，有什麼道理不帶小孩去海灘度假村？在歐洲，全家一起參加天體渡假是常有的事，飯店也致力於提供良好的保母服務、為不同年齡的孩童設計各式各樣的活動。小小孩被帶著做勞作、在沙灘上漫步、開特色派對，例如「牛仔與印地安人」和某個叫「公主派對」的玩意。其他大一點的孩童可以參加「泳池伸展台」和「一日模特兒」活動、唱卡啦OK、跳「迷你迪斯可」。幼童跟青春期前的孩子不難分，端看有沒有穿泳衣就知道；至於那些態度忸怩的青少年，就會盡可能把衣服往自己身上堆。

　　耳邊傳來叫聲，轉頭看到青少年團康老師對著一群小朋友揮手，示意要他們到她的位置上集合。我猜這可能是某種形式的早點名，表示活動要準備開始。但她為什麼要選在離我腿張開開的座位那麼近，就是個謎了。才不過幾秒的時間，我的躺椅旁就貼了一堆學童上來，3、40個不同年紀的孩子排排站，專心聆聽老師的指導。我從書頁裡抬起頭來，看到10幾歲的小女生擠成一團，表現得好像沒看到我的模樣。為了回報對方的善意，我也裝得好像我沒看到他們裝作沒看到我一樣，如此一來就不會有人覺得尷尬了吧。有那麼一瞬間，我在考慮要不要用書把我的下體遮著，但當時我正在讀的是傑斯・沃特（Jess Walter）的精彩小說《美麗的廢墟》（*Beautiful Ruins*）。只能說，雖然我也是老大不小了，但現在就要把那樣的標籤貼在我的老二上好像還太早。更何況，我的一丁點舉動都可能會讓人家意識到我的不自在，而我的不自在也可能造成人家的不自在。再者，當我們真的都假裝沒看到彼此而不應有人感到心神不寧時，這樣做反倒會更讓人不自在。

　　感覺很像在兒童遊樂園裡裸體躺了一小時之後，孩子們已經分派好各自的活動跑開了，但就在我好不容易要躺回去看書之前，又聽到一些奇怪的聲音。抬起頭，看到一群男女站成一圈，正在做著我只能形容為「有組織節奏地拍掌」行為。沒搭配任何音樂，就單純只是天體族圍成一圈拍打著節奏。他們是在為某種傳統的日光崇拜做熱身嗎？我完全看不懂這是在幹嘛，但眼前這個場景一整個讓我聯想到恐怖片《異教徒》（*The Wicker Man*），這種顫慄感實在教我吃不消，只好去吧檯拿了瓶啤酒。

　　除了這些偶然的小插曲外，其實都還蠻安靜的。樹上的鳥兒啁啾鳴叫，池中的瀑布汩汩作響，偶爾會有人跳進水中，這樣的寧靜時分，有時會被擴音器的聲音打斷。聽到擴音器回潮的刺耳聲，就

知道飯店又要開始強迫我們聽一些含糊難懂的廣播內容了。也說不定是為了好玩。像我聽到其中一個廣播是大聲宣佈「花的力量莫希托雞尾酒時間」（flower power mojito hour）＊，接著有位穿得像個嬉皮小丑、青春洋溢的年輕人，從吧檯繞出來，邀集大家前來領取免費的薄荷口味雞尾酒。雖然我非常喜歡莫希托雞尾酒，而且相信我，我是真心認為莫希托雞尾酒是人類史上最重要的成就之一，但還是覺得要起身離開躺椅去拿有點麻煩。再說，那套小丑服也有點把我嚇到。該不會我們喝完這杯雞尾酒，就要開始裸體站成一圈拍打節奏吧？

＊ flower power，權利歸花兒，嬉皮用語，以花朵作為和平反戰的象徵；mojito，莫希托，一種傳統古巴雞尾酒。

　　沒想到，大家排隊領完雞尾酒，就回座繼續曬更多的太陽了，另有幾個狂放點的，自個兒跳進水池裡。泳池區一切又回復正常度假村該有的正常模樣。小沙坑上，成對的人正玩著滾球（pétanque）。有些人看書，有些人塗防曬。幾個年輕女生坐在躺椅上自顧自地傳訊息；小孩子們在淺水區玩潑水；滑水道上沒半個人；有個媽媽跟自己10歲大的孩子在打乒乓球——這種事情在美國，一般會連同父母跟小孩一起送去做好幾年的治療，不是因為打乒乓球，而是因為裸體打乒乓球；但在這裡，畫面看起來如此無邪，甚至會覺得挺可愛的。換句話說，這裡就跟世上其他任何一間度假村旅店一樣，只不過在飯店維拉海灘俱樂部這裡，大家都什麼也沒穿。

　　飯店名字中的「Playa」意思是「海灘」，所以「Vera Playa」就是「在維拉的海灘」之意。不過這個海灘可是有歷史背景的。傳說中漢尼拔（Hannibal）就是在此發動第二次布匿戰爭（Second Punic War），下令以戰象攻擊羅馬帝國。年代推近到1966年的帕洛馬勒斯

事件（Palomares Incident），帶著4枚氫彈的美國B-52轟炸機，與空中加油機高空相撞之後失事墜毀，地點就在離此不遠處。雖然沒有炸彈爆炸，但土地已遭粉塵污染。美國政府花了數十億美金將西班牙的泥土挖起，船運回家，最後埋在南卡羅來納州。

飯店就建築在廢棄海水淡化廠的廢墟上，這裡開闢的道路原本是給水車行駛，現在則是用來載運此區最新的經濟推手：裸體遊客。

我曾向維拉市觀光局「維拉直轄市旅遊推廣和管理中心」請教有關觀光管理策略的問題，官方報告的譯文大致如下：「根據2012年的數據紀錄顯示，當年度觀光人數共有7,687人，其中73.02%為國內旅客，其餘26.98%則為外國旅客。」

以一個區域的觀光人數來說，感覺上好像不算多，但這個數據其實是來自於市區修道院的旅遊資訊服務檯。在我駐足於修道院的時候，看到他們正在為當地學生辦藝術展。根據觀光局的統計資料，2013年僅有六6名美國人造訪維拉，這數字實在令我感到驚訝。就算不是以天體為目的，西班牙維拉也確實是個美不勝收的地方，不過也可能是因為美國人的確比歐洲人拘謹吧。

我看不出有哪個海灘上的天體族，會在陽光正燦爛、衣服可以脫光的時候，願意到市區的古老修道院閒晃，但我真的覺得西班牙遊客與外國遊客的比率蠻有參考性的。大部分在飯店維拉海灘俱樂部的房客是西班牙人，加上英國旅客的人數，總共是第二大族群德國旅客的5倍。其餘則是法國人、義大利人，再加上幾名耀眼迷人的俄羅斯人。不是我在說，這些俄羅斯人還真不是蓋的；男的俊，女的美，連吃早餐也穿得很講究，喝著西班牙卡瓦氣泡酒（Cava）。跟我們這些穿著T恤、短褲的人比起來，這些人根本就是電影明星嘛。當然，飯店餐廳是規定要穿衣服的，但在看到這些外貌非凡的

俄羅斯人之後，是我待過非情色社交裸體設施以來，第一次起了想看人家裸體的念頭。這種衝動很幼稚，我承認，但這些俄羅斯人實在不讓人失望。

看到外國旅客是來自氣候很糟糕的國家，並不感到意外。沒什麼道理要留在又溼又冷的北歐，而不到乾燥酷熱、烈日高照的西班牙南端。這裡是半乾旱的沙漠，看起來有點像典型的美國西南部，這也解釋了為什麼《阿拉伯的勞倫斯》、《黃昏三鑣客》、《荒野大鑣客》等電影要在此拍攝，而《聖戰奇兵》及其他電影也以此地作為部份場景。

當地政府在1979年，將維拉海灘頒訂為天然主義特定區，平坦砂礫綿延了2公里以上。是說現在想起來，西班牙當局搞不好是因為這個地方歷史上曾受過輻射污染，才規劃成天然主義特定區的吧。

1980年代，「urbanizaciónes」開始隨著天體海灘發展起來。第一個社區稱為「天陽」（Natsun）——我猜是由「天然主義者」（naturist）和「陽光」（sunshine）兩個字組合起來的——接下來陸陸續續出現的名字包括「維拉天然」、「天然世界」、「阿爾莫尼天然」、「維拉盧茲」等。這些都不是什麼富麗堂皇的建築，看起來就跟加州沿岸的卡平特里亞（Carpinteria）和恩西尼塔斯（Encinitas）這類小型海灘社區內的公寓一樣；不是嫌它們不好，實際上這些樓房都非常棒。

住在這種「urbanizaciónes」最棒之處在於，你可以從自家大樓沿著街道到達海邊，往返的路上什麼衣服都不用穿。不管是要去超市、酒吧還是餐廳，都不必穿衣服，這點真的很吸引人。不用穿襯衫、不用穿鞋子、不用穿褲子，通通都不用。不過到底要把錢包放在哪還是個問號，而且我還真沒看過有哪個人背著腰包哩。

　　不像其他天體度假村，維拉海灘並沒有用圍牆擋住、躲在上鎖的大門之後。海灘和通道是完全對外開放的，任何想脫光衣服的人都可以在這裡大秀性器官。這是個大無畏的概念。為什麼要創造一個穿脫自便的社區？又為何要完全對外開放呢？

　　我好像該注意到自己的用詞「穿脫自便」會讓天然主義者不爽。對他們來說，要嘛純天然，要嘛就穿衣，只能選邊站。理論上沒問題，但實際來講的話，人們還是傾向於只要自己舒服就好，怎麼穿都沒差。不管在海灘還是在「urbanizaciónes」，穿著泳裝或短褲的人，跟完全沒穿的人數一樣多。

　　我聯絡上鮑伯·塔爾（Bob Tarr），一個熱情如火的天然主義者、社運人士，他是這個「urbanizaciónes」的住戶，同時也是veraplaya.info資訊網的網站管理員，我向他詢問有哪些人住在這些複合式住宅內，塔爾回覆說：「這裡大部分的房子（約八成左右）是西班牙人所有；除了少數住戶以外，絕大多數的人都只有假日才住在這裡，像是7、8月的暑假，還有一年當中偶爾會放的假日，主要是國定假日。」鮑伯給的數字似乎有對應到觀光局的數據，所以說不定拿修道院諮詢櫃台當作數據標準，也不是個多奇怪的想法。鮑伯並不打算在我待的這個時段來維拉海灘這裡，他說這時候去「太熱了點，而且人太多」。我聽了有點驚訝，因為現在才7月初，天氣蠻舒服的，也沒有特別擁擠。

　　幾乎有八成的屋主一整年多半都不在這，那是誰來租用「urbanizaciónes」內的公寓呢？鮑伯告訴我，偶爾會有非天然主義者來佔便宜，用相對較低的租金租這些渡假樓房，而且據他說這個情況已經變成是「有點棘手的問題了」。

　　由於想知道當地人對「穿衣」和「天體族」混搭的想法，所以安排了與維拉市長——荷西·卡拉梅洛·豪爾赫·布蘭柯（José

Carmelo Jorge Blanco）會面。假如有個人知道有關「棘手問題」的事、或是當地人對海灘遭天體族濫用的感想，那個人一定會是市長。

維拉市中心距離維拉海灘有8公里，我離開飯店開車過去。開到迷路了，經由某個好心的單車騎士幫我指出正確方向，才發現原來已經到了維拉市。開到市中心附近的單行道內，在裡頭鑽來鑽去，覺得我租的這台飛雅特確實證明了自己有優越的鑽小巷性能。好不容易來到觀光局前廣場，有個叫碧拉·葛內拉（Pilar Guerra）的女士已在場等候。碧拉外貌高挑迷人，讓我想到佩德羅·阿莫多瓦（Pedro Almodóvar）電影裡有點憔悴的角色。穿了三吋高的厚底涼鞋，讓她看起來更高、更有魅力。她聽到我開口講西班牙文之後鬆了一口氣，說因為她英文「不大好」，不禁讓我有點緊張。她以為我會講西班牙語，但其實我不是真的會講，我只是會講一點洛杉磯式的西班牙語而已。不過碧拉似乎不覺得有什麼關係，她聳聳肩說：「現在我們已經不大有機會講英文了。」

我們決定一起含糊帶過去。市長會講流利的德文，我很欽佩，可惜沒什麼幫助。

布蘭柯市長是個非常和藹可親的人，別人可能會說他很「simpático」（友好）；他的個性獨特、笑容滿面、外表聰穎。當碧拉和我踏進辦公室時，這個62歲的市長露齒而笑，像個瞇瞇眼的驗光師。這就是他沒忙著監督市政時的樣子。他替維拉市民服務不是為了錢，而是本身就樂於這麼做。

我們坐在會議桌前，會議桌是以高度拋光的黑木製成；座椅與桌子材質相同，配上紅色天鵝絨座墊。整體看起來引人注目，帶有濃濃復古味，就像電視節目裡西班牙宗教裁判所（Spanish Inquisition）的場景留下來的道具。

市長先起頭說：「『Vera Playa es diferente. Muy singular en el mundo.』（維拉海灘與世界上其他地方不同，它非常獨特。）」

我點點頭。他是在說「維拉海灘是個獨特的地方」，這點我很確定。

「這個地方有什麼獨特之處？」

碧拉幫我把問題翻譯給市長。他想了一下，然後說：「政府有明確定義這類的裸體，我們給予尊重，同時捍衛這項決策。我們這個市裡所有的政黨和群體，這裡面的所有人，都捍衛『turismo naturista』（天然主義旅遊）。」

技術上來說，西班牙確實沒有哪一條法律禁止裸體，但你就是不會在巴塞隆納的蘭布拉大道看到誰光著屁股逛大街，或是全身赤裸穿過格拉納達的阿爾罕布拉宮（Alhambra），或在馬德里的咖啡廳裡光溜溜地坐著。所以雖然裸體在這個國家是合法的，但並未特別鼓勵大家這樣做，除了維拉以外。

「為什麼要把維拉改造成天體都市？」

他噗嗤一笑。「為何不？」

也是啦。

市長繼續說道：「這是個人的自由，我們對於每個人自身的權利予以尊重。」

這段話以我的破西班牙文還聽得懂，但他接下來講的東西就聽得迷迷糊糊了。我轉向碧拉，她緊張地咬了一下嘴唇，說：「一般的旅客能跟……呃，天體旅客互相包容，所有遊客都可以……呃……和睦相處。」碧拉帶著歉意，往上看著我。「大概吧。」

市長好像對眼前這段破翻譯感到很有趣，他看著碧拉大笑說：「妳英文不好唷。」

聽到市長這樣逗趣的調侃，碧拉笑說：「明年我要讀……『escuela idioma』（語文學校）……我想要……呃……『recuperar』（挽救）……」

「挽救你的英文？」我問。

她點點頭。「對。」

雖然我也想挽救我的西班牙文，但我覺得這大概不是我的優先要務，我轉頭望向市長：「對這座城市來說，天體主義發展有什麼樣的經濟影響？」

「這裡大部分的工作都直接或間接跟觀光有關。」他說。

碧拉看著我道：「大約在5年前，這裡掀起一股建設熱潮，很多人都在蓋房子和複合式住宅，但隨著經濟崩潰，一切都停止了，我們現在的生活已經不能跟當時相提並論。」

跟美國一樣，西班牙的房地產價格在1997至2007年[39]上漲近200%，而且也跟美國一樣，銀行在房地產泡沫化後面臨危機，政府不得不在歐盟的援助下插手幫忙脫困。結果便引發一連串的連鎖反應，包括房價暴跌、財務緊縮、通貨膨脹、失業率高達25%[40]。建設停止了，正如碧拉生動的形容，西班牙人「現在的生活已經不能跟當時相提並論。」

經濟崩潰導致這裡出現許多空地、才蓋到一半的「urbanizaciónes」、倒閉的夜店，以及散落於沿海各處、被遺棄的建設。

「最糟的是，現在大多數的度假村和「urbanizaciónes」都掌握在銀行手裡。你可以用非常低的價錢買一棟房子。」感覺碧拉像是要拉我去跟房仲談談。其實我也不需要人家仲介──到處都看得到

---

39 此數字來自 Ministerio de Vivienda（西班牙住宅部）。

40 As reported in Angeline Benoit and Harumi Ichikura, "Spain's Worst Year for Work Leaves Rajoy Counting Cost," *Bloomberg*, Jan. 20, 2014.

「出售中」的招牌。像其中一個是，你只要花7萬歐元，就能買到離地中海只有幾個街區、兩房兩浴的房子。

我想到鮑伯‧塔爾提到的：在天體「urbanizaciónes」和穿衣者之間，存在著一些「棘手問題」，便提出來問問市長。

市長想了一下，說：「沒聽說過有這類的問題，『No pasa nada.』（沒發生過）。整個海灘區域都是天然主義者的，維拉市在這方面非常開放。」

我有點懷疑這是否只是片面之詞。換個說法：天體族想把海灘佔為己有。

「維拉人是怎麼看待這些裸體人士到處跑來跑去的呢？」

他聳聳肩：「我們沒想過這種問題。『Nunca problema.』（這從來就不是個問題。）」

碧拉補充說：「不喜歡那些的人……呃，會穿衣服的人，不會去沒穿衣服的人待的地方。」

市長微笑道：「我不是個天然主義者，但也不怕遇到他們。」

我覺得這種態度蠻值得學習的，為什麼美國的海灘不能比照辦理？為什麼法律要去限制人們做自己想做的事？真的有人相信看到天體族會傷害到誰嗎？

市長繼續說道：「你們美國最近才剛通過同志婚姻，但西班牙很久之前就通過了，也沒發生過什麼問題；天體的事情也是同樣的道理，沒什麼問題，人們有權去做符合自己心意的事，別人不能干涉。」

市長來自中間偏右的政黨；根據他的說法，西班牙的所有政黨都對人民的喜好非常寬容，也很尊重個人自由。

會議結束後，我徜徉於這座城市，享受小城街道的喧囂。走著走著餓了，就轉往碧拉推薦的一間餐廳吃飯。卡莫納露台（Terraza

Carmona）要到下午兩點才開始供應午餐，但現在才12點半。我八成是看起來太難過或太餓，或者兩者都有，因為店內的人跟我說，雖然還沒營業，但可以先提供一點小菜（tapas），讓我在吧檯上配酒來吃。接著他們送來幾個小盤子，我啜了口冰涼涼的維岱荷（Verdejo），這是由坎帕斯金牛（Campustauru）出品的白葡萄酒；另外也吃了「albóndigas de pescado」（魚丸）、「pimientos rellenos」（小紅椒封肉）和一些起司，起司上淋的是我目前為止吃過最棒的橄欖油。餐廳音響播放著布魯克‧班頓（Brook Benton）的《喬治亞的雨夜》（*Rainy Night in Georgia*），與美食作絕妙的搭配。每一項餐飲都如此美味，讓我忍不住質疑為什麼天體區附近的食物會那麼平庸，如果在太陽底下裸泳、做日光浴算是享樂主義，為何不延伸到對美食的追求呢？

　　一路延伸到飯店門口的這條街，被當地人稱作「飯店街」（Hotel Street）。沿街整排的都是酒吧、餐廳、小型「supermercado」（超市）和艾迪威納（A'Divina），一間會在每週日上演「Espectáculos de Transformismo」（變裝秀）的男同志酒吧；另外還有看起來有點落寞的迪斯可舞廳和情色夜總會（swinger's club）。酒吧跟餐廳似乎分成兩個不同的陣營：一邊是當地西班牙人經常造訪的，另一邊是主攻遊客和外籍人士的，有幾家傳統酒吧會特別為英國人準備炸魚、薯片和啤酒；另外也有為北歐觀光客提供服務的印度餐廳和荷蘭酒吧。

　　座落在飯店街中央的是「性感龐蒂」（Ponte Sexy），這地方很奇特，混合了夜總會、雞尾酒吧、內衣專賣店和情色用品店，顧客在露天酒吧的藤椅上啜飲雞尾酒，旁邊就掛了一排排的性感內衣。有個人形模特兒展示著彷彿從殖民地威廉斯堡戀物用品專賣店（Colonial Williamsburg fetish shop）抓來的衣服，如果要問我有什麼

東西把這個地方緊緊繫在一起，答案就是盤旋於整個場所的迪斯可球燈燈光——耀眼繽紛，有畫龍點睛之效。或許這正好完全符合廣告達人所述的「賣的是一種生活方式」。

　　這條滿是餐廳和酒吧的商業街道，給人一種輕鬆的感受。飯店街的人大多有穿衣服，即便如此，也不能阻止某個裸男走進酒吧把酒囊填滿，或是幾個20多歲的年輕人光著身子從小超市拎走一手啤酒。沒人覺得被冒犯、感到不舒服，甚至根本沒人發覺。

　　我到法蘭基（Frankie's）酒吧叫了點酒，老闆名叫亞倫（Alan），英國籍。場內很擁擠，我看到一群中年男女們喝著啤酒，喧喧嚷嚷，他們的鼻子被海灘上的烈陽曝曬一整天而變得焦紅。其中一個男的回桌後，才發現自己忘了從吧檯拿某樣東西。在他轉身要回去拿時，他朋友們笑他「你白痴喔」『dickhead』*。這男的停住，轉身，然後脫下褲子，在他朋友們面前一邊把屌甩來甩去，一邊模仿勞勃‧狄尼洛（Robert De Niro）最有名的那句台詞：「你在跟我講話嗎？你在我講話嗎？」**

* 同時有龜頭與白痴兩種含意。

**『You talking to me?』是勞勃‧狄尼洛在1976年《計程車司機》電影中的台詞，下一句是：只有我在這，你他媽以為你在跟誰講話？

　　多數情況下，這種行為可能會把人嚇到、招致拘捕和起訴，甚至這輩子都會被貼上性犯罪者的標籤，但在這裡卻逗得眾人哄堂大笑。

　　我自己一方面是覺得當我待在酒吧的時候，可能無法接受朋友在我旁邊露鳥，一方面也不希望他們因為這麼做而被逮捕。正因如此，我認為維拉海灘這種互相尊重的理念、共生共榮的態度，頗具啟發性。在這裡度過了4天，時而在泳池邊閱讀，時而到海灘上漫步，有時還會上健身房運動——沒錯，我在用橢圓訓練機的時候

只穿了雙網球鞋——我開始發現，自己越來越能體會整個非情色社交裸體活動的放鬆感，也越來越覺得美國人對裸體的態度真的很可笑，可笑不是因為覺得有趣，而是太偏激了。我們為什麼要給裸體冠上罪惡與羞恥的臭名？為什麼裸泳被當作是反常的舉動？

　　裸體在這裡實在太常見，簡直到了無趣的地步。我以前絕對不會想到，自己竟然會對眼前上百位泳池旁的裸體族完全無感，但事實就是如此。的確，偶爾還是會有某些事物挑起你的興趣，像是出現某位正到不行的正妹，或某個長得很高的男生，感覺像是把象鼻子接到他老二該長的位置；不過這些都是例外。其他所有人——年輕的、老的、胖的、瘦的、高的、矮的、光滑的、多毛的、有的沒的——就只是很單純地沒穿衣服而已。但也不是說這地方就沒有變態或怪胎。例如，那個老二長到像個象鼻子的傢伙，一直在其他做日光浴的人前面晃來晃去，一副他忘了拿什麼東西，要走去拿一樣。我猜他應該是忘記要給我們看他的屌有多大了。

穿著網狀尿布的男人

　　計程車司機轉動方向盤、踩足油門，那模樣簡直像她正在演劣質法國版的「玩命關頭：旅遊旺季」（The Fast and the Furious: Tourist Season）。都已經開得比我想像中的小黃還快了，她還忽而跟蹌地向右旋轉，忽而顛簸地繞過角落，忽而顫動、忽而迴轉，一下子又往左急拉，用最快的速度迂迴繞行。每一次的推拉搖晃，都可以聽到我的行李箱在後車廂滑來滑去、往兩側猛力撞擊；穿越一連串彎道的同時，行李箱也不斷從車頂反彈回來。司機望向我，說：「你看，你的行李箱來到阿格德角（Cap d'Agde），她好開心喔，跳個不停耶！」

　　我可沒跳個不停。已經走了36小時的路程了。從維拉海灘離開後，就開著我租的那台可愛的飛雅特500回到格拉納達，搭上前往巴塞隆納的臥鋪夜車（TrenHotel）。火車上的餐點非常棒，有烤鮭魚片和一瓶阿爾巴利諾白葡萄酒（Albariño）。但睡在小車廂裡的感覺，就像是睡在一隻脾氣不好又胃脹氣的大鯨魚背上。在經歷了瀕臨神經衰弱的睡眠剝奪後，巴塞隆納到了，繼續搭濱海列車前往法國佩皮尼昂，在那邊的自動販賣機買了個鬆餅吃。被瞬間衝高的糖份敲醒之後，我搭上小型區域火車，跟隨其緩慢的舞步，穿越朗格多克—魯西永（Languedoc-Roussillon），跟停靠站的每一座葡萄園

和加油站打招呼。直到最後，我的腦袋被純比利時糖果攪亂，坐在計程車後座聽著行李箱被虐待，一路前往當今公認為全世界最知名的天體度假村。

到達阿格德角的時間已經接近晚上10點，腎上腺素把我搞得頭昏眼花。我從計程車爬出來——如果我有信仰的話，可能已經做出親吻地面的動作——看到小黃司機跟著她腦袋裡迴響的森巴節奏手舞足蹈、搖擺屁股。我給的小費十分大方，衷心希望不要再見到她了，然後便往某個檢查站的保全室走進去。

我遞上護照、繳了入場費，拿到房門鑰匙跟一張可以嗶一聲通過安全門的卡片。另外他們也給了一張很難看懂的地圖，感覺比較像什麼月球殖民計畫，或是吸塵器內部結構。我問保全我住的那一棟怎麼走，她朝夜空揮過去，說：「往右走。」

我開始穿越黑暗的街道，來到一整排的建築前，在想著到底手上的鑰匙能打開其中的哪一扇門。但就當我在人行道旁拉著手提箱時，我注意到一件非常奇怪的事：在這座全地中海最大的天然主義度假村內，竟然沒有半個人裸體。而且事實是，他們包得非常緊。

有位外貌年輕、身材壯碩、曬成深古銅色的德國男人朝我走來。他沒穿上衣，我並不意外，但吸引我注意的是，他穿了一件長及腳踝的皮裙，剪裁成長長的平板狀，如同芬蘭湯姆（Tom of Finland）筆下的圖坦卡門隨從。* 腳踩重機車靴，畫了濃濃的黑色眼影，腰上繞了幾圈鉚釘腰帶。牽著他的手的女人穿著用黑色細長帶子織成的裙子，我只能用炸開的哥德式繩結設計來形容。他們往情色夜總會的方向走去，一副已經作好準備的模樣。

*芬蘭湯姆是芬蘭男同志戀物畫家托科・拉克索寧（Touko Laaksonen）的筆名。

已經作好準備的還有另一位弓著身子、體型矮小的男人，身後跟著同樣駝背矮小的老婆。他們看上去大約70幾歲，一樣穿著某種

受重型機車啟發的戀物裝備。小老頭兒戴著皮帽、穿著皮背心，但他有個反骨之處：既不是穿褲子，也不是穿裸臀裝，更不是穿及踝裙，而是穿著網狀的「速比濤」內褲（Speedo）。這條內褲對他來說太大件，鬆垮垮地垂在背後，看起來反倒還更像條網狀尿布。街道上並不是只有他們幾個而已；放眼所及，讓我有種置身在夜間戀物遊行的感覺。數十個人從公寓大樓傾瀉而出，男人穿著裙子和皮裝，女人穿著貓女緊身皮衣（catsuit）、透膚迷你裙，厚底靴發出沈重的聲音，或是踩著有點邪氣的細跟高跟鞋。我知道自己看起來神情迷惘，像個外星人，穿著牛仔褲、拉著一只小手提箱，完全無法理解他們的語言。我看著穿網狀尿布的男人消失在一群奇裝異服的怪胎中，即將享受一夜的浪蕩，忽然覺得這世上心醉神迷的事物還不夠多，不足以讓這一切看起來正常一點。

歡迎來到阿格德角。

德國和荷蘭天體族，來到南法這座孤絕的海灘已經好幾年了。南法沿岸大多比較鄉下、未經開發，不像法國蔚藍海岸上的尼斯和坎城海灘小鎮那樣的優美別緻。沉睡的小鎮——阿格德，離蒙佩利爾（Montpellier）不遠；這種不起眼的地方，最適合用來從事天然主義活動。天體族會給當地農民一點小費，然後把帳篷搭在海灘旁的橄欖樹下，在非常質樸的環境中裸體嬉遊。1970年代，法國政府開始尋找方法，打算開發吸引力相對較低的朗格多克-魯西永（Languedoc-Roussillon）區域風景海岸線，當地政府也希望能有機會紓解一下北歐人的荷包、改善地方經濟。也因此，距阿格德鎮約六英哩（約9.6公里）遠的阿格德角，就在1973年作為官方指定的天體海灘。方便家庭觀光的村落建構計畫於焉而生，希望能吸引到

法國、德國、英國、荷蘭的天體遊客。為了將暴露狂和偷窺狂的出現機率最小化，他們設計了一連串大型複合式公寓住宅及小型渡假城鎮設施，週邊則建立非常嚴密的安全監控。涵蓋大型營地的天體村，由10呎高的金屬圍欄圍住。想進入的話，就必須先跟中央保全室購買通行證，在各個檢查哨進出時使用。保安人員會在入口處駐守，另外也有「園區巡守員」在內部巡邏，以防有未經許可的不速之客用長焦鏡頭捕捉畫面。

這裡跟維拉海灘在哲學上是完全對立的。就跟它的名字「Cap」*一樣，此處不對外開放，不允許任何人隨意進入。但也不是說你只能離開這道牆，事實上它有許多部份比維拉海灘更像個真正的城市。

*『Cap d'Agde』中的『Cap』有罩子的意思。

區域佔地極大，旺季時幾乎一天可容納4萬名旅客。想像一下瑞格利球場（Wrigley Field）*擠滿了天體族，當然也可以不用想像，知道意思就好。阿格德角非常活躍、活動眾多，包含近200種不同的行業，而且因為這邊是法國，他們多半都有提供美味的食物，現場有一家魚販、幾家販賣肉醬和香腸的肉販，以及數間起司店，算算有三家超市，可能有六家烘焙坊和酒品專賣店；除了有可自行取用熟食的「自助餐廳」（caterer），還有很多小酒館、酒吧、比薩店和其他各種餐廳。你可以弄個新髮型、刺個新刺青、穿個乳環、把衣服送洗、買防曬乳，也可以買個你肖想很久的戀物裝——營區門內就是由以上林林總總所構成的。大多數的規則都很簡單，跟其他天體度假村相似，就是：鼓勵大家裸體、不可攝影、坐在毛巾上，此外都差不了多少。

*是美國職棒大聯盟中芝加哥小熊隊的主場。

設施的正中央是一幢巨大的複合式大樓，名作「太陽城」（Heliopolis），以法國天然主義者加斯頓・迪維爾和安德魯・迪維爾兄弟（Gaston and Andre' Durville）所創建的島嶼天堂為名，據說它的建築設計是受法國建築師科比意（Le Corbusier）影響，外觀像個巨大的字母「C」，開敞而通風，讓全部800棟公寓，每一棟都擁有充足的日照和最佳的海景視野，而且又很涼爽。建築有五層樓高，所有公寓的每一層樓都以特定角度如梯田般堆疊，使露台能全天接受日光直曬；其曲線和傾斜角度呈現極佳的現代感，讓我想到《星際大戰》電影中的某一座外星人太空站。這裡有一種時髦的宿舍氛圍，就像你可能會在伊斯拉維斯塔（Isla Vista）看到的，毗鄰加州大學聖塔芭芭拉分校的海灘區域。事實上，我在那邊租了一個禮拜的公寓，有部份確實很像我幫女兒搬入聖塔芭芭拉分校的時候，所看到的設施完備的樓層。也就是說，儘管並不豪華，但十分便利。

太陽城首先建成，「C」字環繞著人型游泳池和網球場，但為了讓利益最大化，娛樂區廢棄了，取而代之的是一棟很俗氣的複合式旅店，叫作「伊甸園」（Le Jardin d'Eden）。聖經裡面提到伊甸園是亞當和夏娃曾經住過的地方，但我不認為上帝會把他們放進一棟情色汽車旅館，還期望他們不要偷嚐禁果。

阿格德角號稱他們跟維拉海灘一樣是家庭友善空間——也許是在學校放假期間吧——但在某個溫暖的星期一晚上，我坐在外邊吃泰式料理配啤酒，看到中年男女們緩步走過，覺得這個說法實在不大可信。他們外表看起來很一致。白天的時候大家都是光溜溜的，頂多圍條紗籠、套個比基尼罩衫或是在身上纏個什麼東西，但是到了夜晚，大家就都穿起衣服了。男人穿的是普通的度假裝，像是短褲或白色休閒褲、Polo衫之類的，女人則是穿手邊所能找到最裸露的比基尼泳裝，踩著細到不行的細跟高跟鞋蹣跚而行。他們的裝扮

跟那些性愛好者的戀物裝差很多，這就是一般去吃晚餐的裝扮。我可以想像可能跟某個人吃晚餐吃到一半，對方就忽然心血來潮，就換上情色裝扮去夜店。

當美國流行歌曲的卡啦OK聲*響起時，我看著「1664咖啡廳」前方露台，忽然有種正在參加學術會議的感覺。如果你能想像一下你的高中數學老師穿得像《邁阿密風雲》（*Miami Vice*）中的臨時演員，英文老師穿得像個妓女，就差不多可以理解我當下的感受。湯普森老師，請原諒我把妳想像成妳在1974年的模樣，穿著絲質洋裝，領口往下開衩到恥骨處，但我只是想比喻一下而已，這是妳自己在英語課上教的，環顧四周，有的女人背影婀娜豐腴，用緊身迷你裙緊緊包著；有的女人調皮搗蛋的乳頭從網狀洋裝的洞中央突出來；有人穿著優雅的羽毛內衣，還有人穿著藏不住骨感軀幹的透膚罩衫。

* 我說真的啦，歐洲，要是我再聽到一次有人把「驕傲的瑪莉」（Proud Mary）唱得那麼失敗，我可能就不會再來了。

並非所有在阿格德角的民眾都年紀相仿，其實還蠻多元的。這裡有代表著現代歐洲各個不同群體的人，黑的、白的、老的、年輕的、胖的、瘦的不勝枚舉，這兒也少不了外表光鮮亮麗的人。我就看到一對外貌出眾的情侶，行經法式滾球（pétanque）區的時候，打球的人停下來盯著他們瞧，嘴張得開開的，叼在下唇的香菸晃來晃去。白天很常在海灘上看到帶著孩子的天體家庭，以及一群群的上空少女，眼前的天體場景相當恢意自在。

然而到了夜晚，就只剩成年人出沒，看不到孩童的蹤跡，阿格德角頓時成為充滿情色迷夢的幻想營。女性裝扮體現了男人的性幻想，這就是性感的女人為了性愛而潛行的模樣，而且，老天爺啊，我所知道的是，女人為了展現性感而穿成那樣，吸引男人目光卻又

不得不自我克制，這絕對是會慾火焚身的。

　　最終，一切看起來還是無傷大雅。被南法的豔陽所挑起的一點無政府性愛狂想，剛好符合1934年埃米勒・阿爾芒（Émile Armand）所寫下的天體革命宣言內容。

　　1872年出生於法國巴黎的埃米勒・阿爾芒，本名歐內斯特—路西亞・朱安・阿爾芒（Ernest-Lucien Juin Armand）。本身是無政府主義者、熱情的享樂主義者，推動天體主義、反軍國主義、自由性愛的作家——他將這些稱作「友誼之愛」（la camaraderie amoureuse）。換句話說，他是個八面玲瓏、極受歡迎的反正統文化者。眼中閃現淘氣的神情，嘴角調皮地往上揚；向後梳的油頭加上帥氣的小鬍子，整個人看起來就是個很會招惹是非的花化公子，想調戲誰就去調戲誰——很明顯他就是這樣的人。

　　他是生於法國美好年代（Belle Epoque）的孩子，在樂觀和相對富裕的環境中長大。其時藝術蓬勃發展——畫家亨利・馬諦斯（Henri Matisse）、皮爾・波納爾（Pierre Bonnard）致力於後印象派創作；馬塞爾・普魯斯特（Marcel Proust）、科萊特（Colette）正在改變流行文學，時尚界吹起一股帶點男孩味的女性紙片人（waiflike）風潮。波西米亞式歌舞廳在蒙馬特大受歡迎，女人們在女神遊樂廳（Folies Bergère）大跳康康舞（cancan）。小酒館、酒吧及「咖啡社會」（café society）開始興盛起來。

　　如出一轍地，這些都市的歡愉都是建立貧困的底層階級之上，工人建立組織，街頭巷尾都在談論社會主義和女性權利；身為1871年註定興起革命的巴黎公社（Paris Commune）參與者之子，阿爾芒的想法勢必比較激進。在他接近30歲的時候，開始投入執筆及編輯無政府期刊：《起義之聲》（*Le Cri de Révolte*）和《苦難》（*La*

Misère）。他直言不諱，對自己的信念高度熱誠且毫不掩飾，無論何時何地都要製造騷動。阿爾芒的許多想法跟差不多同時期的愛德華・卡本特（Edward Carpenter）有異曲同工之妙，他在撰寫《生活與社會》（*Life and Society*，暫譯）時，就呼應到卡本特所說的上流社會無用論：「上流社會，無疑就是在大眾屠殺的最後一刻，對著殘跛者的隊伍高喊『萬歲！』的那群人。」

儘管阿爾芒的著述多元，然其觀點總會折射於他所謂的「享樂個人主義」（hedonistic individualism）；也就是說，阿爾芒會把焦點放在讓他感覺舒服的地方。比如性愛——很多很多的性愛。他的想法比嬉皮們和他們的格言「只要覺得快活，就去做吧！」還要早得多哩。

不過，阿爾芒跟其他同時代思想家的不同之處，在於他聚焦於把性解放當作通往個人自由的道路，他並不是只對異性戀大聲疾呼而已，他也支持同性戀、雙性戀及跨性別者的權利。阿爾芒的撰述中提及要復興「不墨守成規的愛撫」——聽起來很讚啊！只要感覺舒服，任何人都應該要有其自由，與相互喜愛的人做他們想做的事。當然他一定會面對一夫一妻制者的噓聲，為此他在1926年發表了一本書——《對嫉妒之鬥爭和崇性主義革命》（*Le Combat contre la Jalousie et le Sexualisme Révolutionnaire*），讀者應該光看法文的話也推敲得出英文的意思。他能在1920年代就寫下這些論點，真的很有先知卓見。

他在1934年發表《裸體主義革命運動》宣言（*Nudisme Révolutionnaire*）。當然囉，自稱享樂主義者的人怎麼可能不想裸體？又，身為一個裸體主義者，他怎麼可能不寫個宣言？不過《裸體主義革命運動》的確很值得一讀，它可謂我人生中最喜愛的宣言

之一。[41]

　　對阿爾芒而言，天體主義無論對個人或群體皆是最有力的解放手段。宣言可分作三大要點：首先，他明確地提醒讀者他們才是自己身體的主宰，而非教會或國家；第二部份是提出抗議：「違反法律權利或個人天性，要求所有人皆需穿衣，只為迎合他人的干涉做法，是不正當的——相反地，我們也沒要求不願脫衣的人脫衣。」他最後的結論是呼籲要「從『准許』和禁止、『良善的』和『邪惡的』主要基本概念中解放，從賣弄風騷中解放；從為維持階級分化的外貌而因循守舊的人為標準中解放。」阿爾芒希望人們能從所有的箝制中解放出來，籲請大家要「從端莊的偏見中解放，因為那說穿了就是『以一個人的身體為恥』」。

　　實在很難反駁寫得這麼好的宣言，我認為好的宣言就是該寫得像這樣，不過我是真的很欣賞埃米勒·阿爾芒，理念很有深度，而他提出的呼籲——以享樂主義和性作為達到個人及社會解放的手段，在在讓我覺得這些都是現代社會仍需要傾聽的。

　　我不確定阿爾芒有沒有裸體逛過雜貨店，不過我很確定在我來阿格德角之前沒有這麼做過。我總得要吃東西，但所有在超市的人都是裸體的，所以嘛，我也只能入境隨俗囉，然後我就帶個購物袋、穿著夾腳拖，獨自出去。感覺像是個採集狩獵的原始人，動身外出覓食；當然，我只是準備前往法國的超市覓食，他們那邊都是以Tiffiny對待珠寶的嚴謹態度在對待架上的產品跟起司，但因為我什麼都沒穿，所以對我而言還是一場很大膽的冒險。

---

41 我會引用 Alejandro de Acosta 的法譯英文版本，原本刊於 Sébastian Faure, ed., Encyclopédie Anarchiste, (Paris: Librairie Internationale, 1934), available via the Anarchist Library at theanarchistlibrary.org/library/emile-armandrevolutionary-nudism (accessed June 7, 2014).

我先是到蔬果攤買了萵苣、橄欖、黃香李、新鮮無花果、小番茄和一條黃瓜。有沒有逛個超市可以這麼刺激的？店內其他人都是裸體的嗎？沒錯，大家都沒穿，連員工也跟我一樣光溜溜。現場有「辣妹」跟「巨鵰男」嗎？那還用說！我就有看到過好幾個。蕃茄汁該不會有添加違法禁藥吧？挑選醋時看起來有濃厚的情色意味嗎？其實並沒有，但我承認自己從擁擠的走道擠過去時，覺得超級不自在的。

我老婆要我在旅程中拍個照片以茲證明，但我問收銀員能不能幫我拍張照時，她以法國人的奇特習性用嘴朝空氣吐了一個字：「Cochon」，意思是「豬」；我在烘焙店沒有請人幫忙拍，那邊人太多了，但倒是有買了個好吃的羊乳製小法式鹹派（quiche）和一塊麵包。

接著走進酒品專賣店，我在前一天有跟那間店的老闆相談甚歡，他向我推薦一款非常道地的白葡萄酒——博美侯酒窖（Beauvignac）的貝普狄賓納（Picpoul de Pinet），所以我也想請他推薦該地區的桃紅葡萄酒（rosé）。可能因為我們已經建立了信賴關係，或只是因為他遇到了個他認為不錯的客人，總之他和他太太沒說我是豬，只是大笑起來，給我拍了張照，不不不，不能給你看，你搞不好也不會想看。

裸體逛街給人一種嶄新的坦率感。在穿衣的世界，大家總是會瞄來瞄去，想像別人裸體的時候可能是什麼模樣——有就是有，沒什麼好害躁的，但當你可以清楚看到身旁女人的胸脯，或後方男人的陰莖——事實上，圍繞著你的都是赤裸的胸部、晃盪的老二、臀部和肉體——只能說，很多社會上常見的幼稚幻想就會自然而然消失了。

不知是因為超市提供的商品品質很好、酒商給的推薦很棒、

店內飄來煮海鮮大鍋飯的味道，或單純只是喜歡待在辦著例行公事的天體族裡──我不得不承認，裸體逛街真的還蠻好玩的。這裡的人比平常在賣場遇到的來得友善多了，沒人會因為結帳速度太慢而不爽，他們臉上大多掛著微笑，我一點都不覺得有像預期中的那麼可怕，甚至是當我在收銀檯上不小心把橄欖灑出來的時候，最後發現，要我吐出幾句法語，比裸體還尷尬。

那天晚上，我站在房間陽台，往外俯瞰太陽城，邊品嚐風味絕佳的在地桃紅葡萄酒──奧法玻海格酒莊（Château Haut Fabrègues），邊感受從地中海吹來的徐徐涼風輕拂著我所在的這棟建築。我看到其他人也上陽台喝酒、抽煙，做著跟我差不多的事，基本上就是出來乘乘涼，享受夜晚的氣氛。我注意到下方的陽台，有個裸男正在和幾位裸女喝酒，這在阿格德角屢見不鮮，這裡的天體族一向都會辦晚餐派對。但讓我驚訝的是，這男的站起來，把自己的屌塞進坐在他右方的金髮女人嘴裡，雖然我沒辦法把當下的狀況看得很清楚，但她的頭正在做的動作，說穿了就是在「吹喇叭」。持續一小段時間後，那男的轉身，給坐在左邊的女人吹，她殷切地接受了，開始含了起來，金髮女人則在一旁打他屁股，雖然其他陽台上的人也有幾個注意到了，但如果持續站在那看太久，會讓我感覺毛毛的，所以我走回房間，重新添了點酒。

顯然這種性開放者的晚餐派對在阿格德角很常見；至少根據《阿格德角的裸體真相》（*The Naked Truth about Cap d'Agde*）一書作者羅斯・維爾頓（Ross Velton）所述：「世上沒有一個地方能像這裡一樣，能公開展示你的變態性幻想。」[42] 這個說法清楚解釋了為什麼我在晚上會看到人家穿戀物裝，白天在海灘上也會看到有的男人老二上戴著裝飾品。我真的不蓋你；有一定比例的男人穿了屌

---

42 Ross Velton, *The Naked Truth about Cap d'Agde* (Villa Park, IL: Scarlett, Oh!, 2003).

環，或是把像個小小黃金項鍊的東西卡在老二上，要說是柱子上的小裝飾（Shaftlets）嗎？似乎沒有特定性取向的人才戴這種陰莖裝飾，純粹是愛耍帥的天體族喜歡的小東西。當然，官方規定是禁止戴生殖器飾品的，但想戴的人一樣會戴，而且說真的啦，難不成還要巡守員叫人把屌環摘下來嗎？講更可怕一點的，把龜頭穿孔環拔掉？但是這種「違反生殖器裝飾規則」的炫耀手段，激起天然主義者的憤怒——還記得「天體互信結社」嗎？他們就規定只有眼鏡跟假牙算例外——天然主義者因而想把這些性開放人士趕出阿格德角。

在不過度戲劇化的情況下，天體族因觀點不同而分為兩大陣營的戲碼正在阿格德角上演，一邊是天然主義者——迪維爾兄弟哲學思想的傳承人，是健康、新鮮空氣、運動和素食主義的信徒；與其對立的則是愛好情色的享樂主義者，比較站在埃米勒・阿爾芒那一邊。

然而這裡最初並不是這樣子的，性開放者是後來才逐漸加入的。本來阿格德角是天然主義者可以帶著家人一起到海灘上享受裸體的地方，不用為當權者的拘捕而恐懼，也不用擔心被性變態者佔有。但無論哪個地方，只要在場所有人都是光屁股走來走去，那麼可想而知，偷窺狂跟好色之徒的出現只是遲早的問題。後來，這群浪蕩份子就佔領了一部分的海灘及沙丘；到了1980年代中期，往往可以看到情侶在沙灘上自慰，比較特殊者如三人行、口交、男女群交，甚至偶爾還會出現重口味的一對多群交（gang bang）。

維爾頓在書中對阿格德角的不羈者們有大量的細節刻劃；他描述了交換伴侶的晚餐派對，還教單身男子如何找到願意發生性關係的夫妻：「如果某位丈夫知道你很飢渴，就把他太太的短裙掀起、往她屁股打一下，你便能確定自己沒被拒於門外。」

　　天然主義者對度假村充斥著淫亂現象產生警戒，並在2000至2010年間開始出現衝突。現在海灘上已公告不可從事非法猥褻行為，園區巡守員也會在區域內給公開勃起的男性開單——我不大想把這個稱呼為「硬起來的罰款」。履行海灘對家庭友善的義務並不能阻止人們的色慾，只不過是強迫他們在室內進行；而今出現越來越多的情色俱樂部，甚至出現一間特別為「這種生活方式」打造的旅館。當然，你要在自己的地盤幹什麼都無所謂，即使所有人都可以從陽台上看到也不會有人管。

　　天然主義者開始施壓的時間點是在2008年4月，當時有兩間情色俱樂部，分別為「誘惑」（Glamour）—— 所謂的「boite échangiste」，也就是換妻俱樂部（wife-swapping club），以及另一間叫「帕爾姆雷」（Palme Ré）的群交俱樂部（orgy club），受到「強硬派」天然主義者的砲轟。同年9月，有另一家「boîte échangiste」——「密宗俱樂部」（Tantra club）被一場無名火吞噬，警方推斷可能是「基本教義派」天然主義者因對性開放者不滿而搞出的傑作。[43]

　　眼下看來，度假村被性開放者和天然主義者平均瓜分，而且就我目前看到的情況，他們似乎打算和平共存。白天由天然主義者主導——做日光浴的性開放者和他們生殖器上的裝飾除外——到了晚上，尤其是午夜，便是性開放者和戀物癖者出來晃盪，前往俱樂部的時機。

　　我在海灘上的時候並沒有看到任何猥褻動作，或感覺到任何拍打屁股的暗示。對我而言，現場就只有上千個光溜溜的身體，擠在平坦的沙灘上，讓炎熱的太陽替他們曬出黑色素瘤。我有提過我不做日光浴的嗎？

---

43 Matthew Campbell, "France's Nudist Mullahs 'At War with Swingers,'" *Sunday Times*, Nov. 23, 2008.

已經給紫外線曬夠的人，可以起身前往海灘俱樂部——就在高高的圍欄後方，需要酌收服務費。我在網站上有看過阿格德角性開放派的人做的影片介紹，看起來就很可笑。畫面上可以看到他們辦的「慕絲」派對，裡面有情侶、三人行、四人行，邊給泡泡噴吐機覆滿一身的肥皂泡沫，邊做一些瘋狂舉動。不知怎地，聽到現場用震耳欲聾的音響放出法語唱的Rap，就讓我覺得沒那麼有吸引力了。

待在像維拉海灘和阿格德角這類地方的經驗很妙。不是因為那邊有天體族或性開放者，而是因為大部分來天體度假村的人都是成雙成對的，但整趟旅行我都是孤身一人，感覺就很有嫌疑。雖然大多數的情況下，只要我對人微笑，他們就會對我微笑，在烘焙坊排隊時也會跟陌生人小聊，但有時候還是會被人以一種特殊的神色對待，好像我是具有威脅性的叛亂份子似的；而且語言障礙也沒半點好處。在此我要對會用那種眼神看我的人說，我可以向你們保證，我絕對沒興趣跟你或你老婆上床，也沒興趣跟你和你老婆上床，拜託喔，我完全不會想跟你們做那檔事好嗎？我來這邊只是要盡我所能了解天體主義和天然主義的。我不想在自己的陽台上給人打屁股，就算你這麼做不會怎樣也與我無關，不過也從來沒人跟我扯到這麼遠。就像維爾頓所寫的：「當一個單純的男生，來到以心態開放和寬容著稱的阿格德角，也會覺得被多數人排擠，只因為自己是獨自前來。」

這個說法跟實際狀況比起來，感覺悲慘多了。

某天晚上，我湊進情色俱樂部比較多的區域，看了場戀物時裝秀。有何道理不把自己曬紅的肉體塞進皮革熱褲，穿上鉚釘皮胸罩，踏上7吋高的細跟高跟鞋，叩叩叩地穿過停車場，走進俱樂部？又或是穿著那條乳膠包臀裝？我有什麼權利批評誰？女人最受矚目

的穿著似乎是領口開衩到跨下的洋裝。但這種衣服的領口還能叫領口嗎？「法式比基尼毛」在此可能就比較沒什麼可看性。我覺得這些人也不過就是來度個假，在充滿鹹溼味的天體度假村盡情玩樂，講真的啦，有何不可？唯一讓我比較堵爛的是，男生的及踝裙竟然這麼流行，現場就有大概6、7個人這樣穿。有人穿皮製的，也有人穿類似厚帆布的材質，穿這種裙子的男人似乎一定會搭配重機靴，儘管我覺得頗適合搭羅馬涼鞋的，這樣的男人身邊的女伴，都穿得很像在做角色扮演：情趣女高中生、法國女傭、有致命吸引力的動畫角色等等。

　　跟我老婆用Skype描述我在阿格德角看到的情景，感覺很奇特。主要是因為，再怎麼說，待在阿格德角都是個相當奇特的體驗。當法國的夕陽已經落向地中海時，身在洛杉磯的老婆才剛起床，正要開始聽我細述性開放者在我面前打野砲的經過。對，親愛的，我可以看到人家在自己的陽台上裸體喝雞尾酒；然後呢，可能其中一個勃起了，但那是因為有個戴著面具的裸體女人，拿了條看似絲巾的東西繞著他的蛋蛋蹭來蹭去，所以也怪不得他。我認為她的反應應該會是：「靠，真的還假的啊？」跟老婆談這種事不太容易，你要怎麼跟一個沒到現場看過的人，敘述阿格德角發生的事？可能聽起來會讓人覺得「也太爽了吧！」、「也太可怕了吧！」或「根本就太令人噴飯了！」，而就在單一場反穿衣的大雜燴中，就可以把上述這些全都包辦，對我而言很幸運的是，她很大方，且幽默感十足，所以她就只有搖搖頭、咯咯笑。

　　我以歐洲人典型的生活場景，開啟待在阿格德角的最後一天。我坐在法國咖啡館外，喝著白咖啡（café crème），吃著可頌，塗了防曬油的皮膚給太陽烘得暖呼呼，同時溫煦的海風讓我不至曬得太熱、太紅。隔壁餐廳的幾位服務生在餐桌上吃午餐的時候，大聲嘶

吼著AC/DC樂團的「地獄公路」（Highway To Hell）。法國濱海度假村四處皆然——濃郁的咖啡、美味的可頌——只不過當我在阿格德角享用著「petit déjeuner」（早餐）的時候，身上是一絲不掛的。不僅如此，圍繞在我周遭的是來自全歐各地的天體族。有個看上去像個時尚模特兒的女人，身形纖瘦，臉蛋標緻；某位肌肉發達的天體族從旁經過，背上沿著脊柱刺著「LED ZEPPELIN」（齊柏林飛船）的字樣，彷彿垂直的跑馬燈；裸體老人坐在輪椅上，給自己的裸體太太推著經過，她手上還牽著一隻小型犬；幾個男人抽著菸，讚賞彼此的生殖器飾品；伴侶們邊使用咖啡店昂貴的Wi-Fi，邊敲擊筆電的鍵盤；而坐在我旁邊的，是個專業的日光浴人士，光滑的肌膚呈現深巧克力色，肩頭的肌膚因被太陽損傷而剝落，斑駁的顏色如破爛衣服的補丁。

必須承認，其實我原本並未預期自己會愛上阿格德角，但這樣一個奇特的地方，竟然讓我產生了一定的情感。這裡展現了各式各樣的人、生活態度、肉體、慾望，製造出一種無政府主義的氛圍，與埃米勒・阿爾芒的享樂個人主義哲學產生直接關聯。這種無政府狀態如果想運作，必定需要大家彼此寬容；就算不大甘願，天然主義者與性開放者也得相互尊重。人們展現最真實的自我，而當他們瘋起來的時候，就真的會幹出驚人之舉。這樣其實還蠻有趣的。人們在阿格德角大方展現自己古怪的一面，就算身上穿的是網狀尿布。

我已經去過全世界最知名的兩座天體度假村，但我知道除了在「la playa」（海灘）做日光浴、去酒品專賣店「sans vêtements」（裸體）購物，一定還有更多天體族會接觸的事物。德國人傳統的密訪森林是什麼樣子呢？在阿爾卑斯山脈「天體登山」（free hiking）又是什麼感覺？為求進一步了解，我動身前往奧地利，參加「歐洲天體健行之旅」（Naked European Walking Tour）。

歐洲天體健行之旅

　　裸體登山實在是冷得不像話，至少我是這麼覺得，天空灰樸樸的，冷冽寒風從山上席捲而來，山谷的濕氣混雜著阿爾卑斯山的強風，被覆在冷苦冰霜的薄霧所繚繞的土地上，就連出野間咀嚼野花的乳牛，也像是寧願待在溫暖的牛棚似的。但稀薄的日照跟刺骨的寒風，不能阻止幾位山友把衣服到只剩下靴子和帽子。即使冷到陰囊都縮起來了，他們仍邁開步伐，順著山路一路往上爬行。

　　假如你有看過早期德國天然主義者的照片——李察·溫格維特的追隨者們和他那充滿熱忱的「Nacktkultur」——你就會發現，他們並不是在池邊躺椅上慵懶地伸展四肢，而是站在山巔、沿著森林棧道步行、在湖泊及河中游泳。他們在活動的過程中改造自己的體格，同時與自然界的靈性面產生連結。「Nacktkultur」的宗旨在透過戶外裸體運動，尋求美德、健康、喜悅和「德國性」（Germanness）——管它那是什麼。

　　為了嚐嚐當今所謂的「Freikörperkultur」（解放身體文化）的滋味，我從南法花了超過24小時搭火車，在巴黎、斯圖加特（Stuttgart）與薩爾茲堡（Salzburg）之間轉車，全程超過2000公里，終於抵達位於奧地利阿爾卑斯山心臟地帶的小山村，該地即將展開一年一度、為期一週的天體登山馬拉松——「歐洲天體健行之

旅」（NEWT）。

我們會從名叫「弗蓋姆」（Vögeialm）的山谷往上爬，順著一條德語很拗口的步道「陶恩山步道」（Tauernhöhenweg），走向可以俯瞰整片滑雪聖地的山峰。

走在我旁邊的人叫羅伯托，是一位從羅馬來的律師。即使他穿的是登山短褲和Patagonia款式的刷毛保暖外套，看起來還是很有型。留著落腮鬍的他，若是穿上無尾禮服，可能會比大多數人好看，不過在這邊是要準備裸體攀上奧地利阿爾卑斯山就是了。

我們看著天體登山客開始上山，對望了一眼。

「我覺得實在太冷了。」他說。

我點點頭：「我也這麼覺得。」

雖然羅伯托是個經驗老到的健行者，之前還曾走過亞洲的絲路，但他說這是他第一次「光著屁股」登山，我也從來沒有光屁股登山過，而且我最不想看到的，就是身上有哪個敏感部位生凍瘡，我們決定把衣服穿著。

徒步穿過牧草地，沿著溪流走；那條溪看起來又涼又清新，就像啤酒廣告一樣。我們經過咀嚼著野花的奧地利乳牛——脖子上圈著大大的黃銅鈴鐺，走起路來叮叮噹噹響，太陽說什麼都不肯露臉，大家冷得直發抖。我怎麼會天真地以為7月爬阿爾卑斯山就不會冷啊？

2013年舉辦的這場「歐洲天體健行之旅」，參加者各有其背景。全團總共20名成員，除了我以外，全部都是歐洲人。團內有NEWT的老將：保羅，現居瑞士的英國人；維托里奧，來自義大利北部小城的圖書館員兼詩人；哈利，比利時的錄音工程師；帕斯卡，史特拉斯堡（Strasbourg）的教職員，以及他的太太克拉莉絲；布魯諾，從馬賽來的天然主義者；弗雷德里克，法國警察，以及其

他幾位天體登山的死忠愛好者。當我提到自己才剛從阿格德角來，在那待過一個禮拜，幾個團內的法國天體族就臉色大變，好像我剛放了個臭氣薰天的屁似的。布魯諾對我搖搖手指，說：「Ce n'est pas le naturism.」（那不叫天然主義）。

　　大部分的山友都是從法國和義大利來的，但也有兩名德國人：安德里亞斯和馬帝亞斯。他們話不多；或者應該說，他們不大會講英文，而我也根本就不會講德文，與我們同行的還有一對現居慕尼黑的英國情侶，卡爾菈和史都華。

　　另外也有第一次來參加的，他們在網路上搜尋關鍵字「裸體主義」、「天然主義」和「登山」的時候，偶然查到NEWT的網站：馬爾騰，荷蘭的保險公司高級主管；羅伯托‧羅馬潮男律師；瑪利亞─葛拉奇亞，義大利北部小城的醫護人員；古斯，英國男演員；孔西姐，西班牙紀錄片導演，孔西姐正在做這趟旅程的紀錄片，我倆就這樣成了遠征隊的記者團了。

　　步道變窄，我們開始之字形爬坡，連續幾回急轉彎。這段路相當陡峭，等我開始注意到自己的呼吸變得越來越困難的時候，才發現原來已經登上1,500公尺的海拔高度了。我望向馬爾騰──以一個保險主管來說，他的體格簡直好到不可思議──然後告訴他，覺得自己來到這個海拔高度，實在很不習慣，無怪呼吸這麼窘迫，像隻擱淺的鯨魚似的。他只笑了笑說：「我從荷蘭來的，家鄉是在海平面以下哩。」接著他就像山羊一樣，輕快地躍上山了。

　　我閉上嘴，繼續跋涉。

　　爬著爬著，總算穿過霧氣，陽光燦爛，天空清澈，鳥兒啁啾鳴叫，空氣溫暖──關鍵時刻就在眼前。我加入羅伯托和其他幾名隊友的行列，把衣服脫到只剩靴子和遮陽帽。我拿起噴霧式防曬瓶，從頭到腳每一塊肌膚都均勻噴遍，才繼續爬坡。

以前我從來沒有裸體徒步穿越森林過。應該說：除了進浴室、走去冰箱外，我從來沒有裸體穿越哪兒過。不過從這趟裸體健行，或一般常聽到的「天體登山」中，我發現有兩個令人印象深刻的部份。第一，皮膚真的是超強的體溫調節器。只要我不停活動，就能保持溫暖，不冷也不熱。通常我在爬山的時候會流許多汗，但少了包覆熱氣的衣服，皮膚就變得很容易調節溫度。即使已經在陡坡上使盡全力走了好幾個小時，也沒流多少汗。我們目前的體感溫度感覺就是最適合爬坡的溫度——約華氏68度（約攝氏20度）。另一個對裸體登山的感想就是，覺得這麼做很舒服，我是說真的，一旦你不再對生殖器暴露於大自然這件事感到難為情，不再想著那些動植物在你經過時會如何批評你，不再為荊棘、蒺藜、蕁麻、蜜蜂、蜘蛛、毒蛇和其他想嚐一口人肉滋味的小動物感到憂心忡忡時，你就會發現在森林中、山腰上赤身裸體的感覺有多麼美好。有點像是在清新空氣中裸泳，或像偉大的美國詩人華特·惠特曼（Walt Whitman）所說的「空氣浴」（air bath）。

惠特曼描述了他個人版本的戶外裸體主義，他寫道：「用完早飯，約莫過了一小時，信步朝向前述的幽谷深處走去，那是我同幾隻畫眉、貓鵲等鳥兒分享的小天地，輕緩的西南風拂過樹梢；此時此刻，便是最適合如亞當般享受空氣浴、梳洗全身上下的好時光。於是，我將衣衫掛在一旁的圍欄上，繼續戴著老舊的寬邊草帽，把腳上的鞋子鬆開。多麼愜意的兩個鐘頭啊！」[44]

那段敘述差不多就是我們現在的感覺，在這邊每天洗空氣浴的據點，是一間樸實無華的奧地利農舍，它之所以被稱作「茅屋」（hut）是有原因的。這座三層樓的茅屋，含10張床、6間浴室、一

---

44 惠特曼於 *Specimen Days* 描述過他的空氣浴，初版為 1882 年，由費城 Rees Welsh and Company 出版。

間大型共用廚房。視野絕佳，蓊鬱壯闊的山谷盡收眼底，就算看到驅趕著羊群找爺爺的海蒂（Heidi）*出現，我都不會感到意外。早餐是隔壁餐廳送來的現烤麵包，鮮奶則是從路上一間農場買來的。

*海蒂是瑞士同名小說的主人翁，日本動畫《阿爾卑斯山的少女》便是由此改編。

　　大家分好房間，我跟比利時的錄音工程師哈利分到同一間。這才意識到，如果一夜情不算在內的話，大學之後我就沒跟陌生人共用過一個房間了。不過後來發現哈利其實是個蠻不錯的室友；年紀差不多60出頭，身材精瘦，跟重度自行車車友差不多，但他說那只是他的興趣而已。他相當聰明、詼諧，笑聲很有感染力，就像多數此趟旅程中的人一樣，哈利已經是相當資深的天然主義者了，會在家庭旅行時帶著孩子一同參加天體營。他們規劃一趟國內家庭旅遊，就有可能包括去奧蘭多的迪士尼，然後晚上住佛州基西米的知名天體度假村「柏樹灣」。

　　我問他，那幾個孩子長大後是否還有在參與天體活動，他難過地搖搖頭。「我兒子目前投入自行車比賽，女兒有時會去做裸體模特兒，也許那就是她當天體族的方式吧。」

　　NEWT體驗的一項特色，就是天體行為不會隨著路程走完而結束，對很多參加者來說，有趣的地方就在於無論何時都不必穿衣服。總會看到裸體的法國男人、上空的義大利女人或光著身子的英國男人在廚房閒晃、在戶外喝啤酒，哈利也不例外。他早晨和入夜時會套件薄汗衫，但其他時候，無論在屋內還是路上，都一絲不掛。

　　茅屋內，準備晚餐的工作變成一場團隊活動，來自各方的大夥兒集結起來幫忙。想當然爾，這些工作最多就只是把一鍋飯拿去煮上，我能做的也只有端出一盤西瓜菲達起司沙拉*。後來法國人發動

烹飪軍事政變，霸佔整個廚房。我要替自己辯護一下，一開始用叉子叉了一塊我做的沙拉的人問我：「馬克，這是啥？」問完他還是吞下去了。

* 這款沙拉如果能配上新鮮薄荷會更好，可惜奧地利當地的市場沒賣。

不過，改由那些法國人負責做菜，似乎是很自然的事，而且食物品質馬上就提昇了。我和哈利，以及來自義大利北部、講話輕聲細語的維托里奧，都是以蔬食為主的幸運者，我們幾個接手做蔬食餐。他在他那台Fiat Panda上放了一些補給品，包括3、4壺紅酒，還有夠吃一個月的橄欖油。當我建議可以一起去城內買點義大利麵回來做時，他看著我說：「車上有12公斤的義大利麵。」

看到這樣一群天體族煮飯——裝了一大鍋的水滾起來、平底鍋上的熱油四處噴濺——是非常特別的經驗。當我聽到維托里奧說要抽個晚上做蔬菜天婦羅時，竟焦慮地咬起指甲。這應該不是他第一次裸體面對煎鍋的熱油，因為即使他被燙到，也沒聽見尖叫或咒罵聲。

當然，即使有人大叫，我也不一定聽得懂。這間茅屋內的溝通一向不怎麼容易，也不大能表達清楚。好幾個法國人只會講法語、德國人只會講德語、英國人只會講英語；儘管大多數的義大利人會講一點點英語，但還是有溝通障礙。有一回，瑪利亞—葛拉奇亞跟我和羅伯托講話，我問能否翻譯一下，羅伯托聳聳肩說：「她講的義大利文我聽不大懂。」帕斯卡的英文與德文都很流利，孔西妲精通四國語言。若要正式宣佈一些事情，比如隔天的出發時間，會先用英語宣佈，再交由其他人各自翻譯。整體狀況感覺既混亂又有趣，好像我們是某個天體聯合國專案小組似的。

NEWT組織的「裸體行動」（Naktiv）* 運動幕後推手是理查・佛雷（Richard Foley）。他是居住於慕尼黑的英國籍人士，同時也是《世界裸體騎自行車》（*World Naked Bike Ride*）、《行動派裸體主義者：居家與公眾場合的裸體生活》（*Active Nudists: Living Naked at Home and in Public*）的作者。理查有著精實強勁的體格，壯碩的腿加上用之不竭的精力，使他得以在爬山時上下自如。想像一下勁量電池的那隻兔子全身赤裸的模樣，你就明白我的意思了。他總是給人熱情、友善的笑容，講話相當風趣；當你邀請一批裸體陌生人共住茅屋一週時，幽默感正是非常重要的特質。

*這又是另一個關於「naked」（裸體）的混成詞，此處是跟「active」（行動）混合。

理查既不是天體主義者、也不是裸體主義者；他是「裸體行動者」（Naktivist）——並非要為「PETA」（善待動物組織）寬衣解帶，也不是要脫掉上衣抗議父權主義——這是不同的天體參與形式。「裸體行動主義」（Naktivism）指的是要把衣服脫掉、外出做點什麼，跟躺在海灘上不動，把自己烤成焦糖色是完全相反的。如果說理查也有寫一份宣言，讀者應該不會感到驚訝吧？

裸體行動宣言主要是由三個部份構成：第一部份很基本，無論何處皆支持並鼓勵裸體行動。概念上是說：「任何情況下的裸體都是沒有問題的」，不過理查特別闡明，只要不想裸體，任何人都不必堅持不穿衣服，就這點來說，我覺得他還挺寬容的。

宣言的第二部份是呼籲要「教育社會，使裸露人體在任何情況下皆可被接受」，這是對基本人類解放提出要求。想裸體，總得要有可以裸體的權利，因此裸體行動者才會大力推銷「人體赤裸相當健康且並不可恥」的觀念。理查想傳達的就是裸體「對整體社會的心理和生理層面皆有正面影響」。當然，還是必須要

「使大眾把裸體與腥羶色的聯想切斷」。他心裡一定明白，這是一項艱鉅的任務。

第三部份談到政治議程。間單來說，裸體行動宣言的訴求就是「把裸體合法化……任何地方都不應由少數裝腔作勢的假道學來濫用法律，決定別人該不該穿衣服。」

宣言看到這邊，覺得這條寫得真不錯。

茅屋廚房裡，我跟理查坐在一塊兒，談論「裸體行動」運動的事。他全身赤裸，整個禮拜以來都是這樣，餐桌上擺著一杯茶。孔西姐架好攝影機，忽然間覺得好像在辦正式記者會，我非常好奇人們是怎樣踏入天體圈的，所以就問理查一開始是在什麼機緣下，發現自己對天體有興趣，他想了一下，然後說：「我想我最早的天體體驗，應該是在我年幼的時候，我媽帶我去天體俱樂部。」

「所以你是天體族第二代？」

「嗯，算是。也不是很積極的那種啦。我跟老媽去了某個俱樂部幾次，她是要跟一位知名劇作家一起去，那個人在英國的天體俱樂部弄到一間平房，所以我們就過去住了幾星期，然後他們就把我丟到游泳池自個兒玩，住了蠻久的。」

「那你成年之後，又是什麼情況讓你重回天體主義？」

「差不多40歲的時候吧，那是個很特別的人生階段，我本來會攀岩、健行，偶爾爬爬山，但後來這些登山活動都被工作和家庭生活剝奪了。我想找點方法重拾登山的樂趣，偶然聽說史蒂芬・高夫（Stephen Gough）的史詩之旅；他從英格蘭康沃爾郡的蘭茲角（Land's End），一路走到蘇格蘭北端，路程等於是英格蘭加蘇格蘭的長度。」*

* 從英格蘭西南端的『Land's End』到蘇格蘭東北端的『John o' Groats』，是縱貫大不列顛島的路線。

史蒂芬·高夫乃前英國皇家海軍陸戰隊隊員，曾因公開裸體而入監服刑，前前後後超過6年，人稱「裸體漫步者」（Naked Rambler）的他，在法院露面時不穿衣服，走出監獄也不穿衣服，飛機飛到中途又脫下衣服。「裸體漫步者」也不見得是不好的稱呼，端看你的談話對象是誰；你可以說他是個啟蒙者，是個烈士，也可以說他是個惱人的瘋子。

理查繼續說道：「雖然途中可能遭遇很多困難，但這項成就真的很了不起。我那時候也有稍微關心裸體主義這件事，所以就想說，那我也要來試試看裸體登山，我是自己一個人起頭的，剛開始完全不穿衣服，光著腳丫穿越森林，連背包都沒帶，幾乎可以說是個很純正、很典型的天然主義者。」

「過程進行得如何？」

理查大笑：「我很快就發現自己實在太白痴了，腳上都是荊棘，被蕁麻刺到，還惹來蜜蜂，又餓又渴，不停想著『我現在到底在哪』。如果能結合以前的登山知識會比較明智——像之前一樣，背個背包，裡頭放食物、地圖、指南針；穿上登山靴、戴頂遮陽帽，做好萬全準備，這樣就明智多了。」

「那麼，你是怎樣一下子成立NEWT的？」

「我是想試試看能不能做點類似史蒂芬·高夫在做的事，但因為我沒那麼多時間，沒辦法像他一樣有那麼高的成就。你也知道，我對家人、工作等等都有責任，所以得想點比較容易達成的。後來就決定要裸體橫跨阿爾卑斯山，我從德國出發，走了條可以最快貫穿奧地利的路徑，往下走到另外一頭的義大利。全程花了一個禮拜的時間，一路上都是自己來，自己帶帳篷。很好玩耶，真的啊，我覺得很棒。總之，我把這段冒險旅程寫下來，放到我的網站上，後來就收到一些迴響。」

「就這樣？」

他搖搖頭，「接下來幾年，陸續有人寫信給我，說假如之後還有要辦這趟旅行，他們希望能跟團。我在想：『是說，之前做過一次，覺得很好玩，也許帶著別人一起走也會很有趣。』不過我不大確定；我之前沒有跟別人一起裸體登山的經驗，對於這個想法，還算是有那麼點陌生，因為我之前並沒有積極參與哪間俱樂部的活動。第二次旅程總共有7個人，一樣很開心，而且比起我一個男人獨自旅行，這樣比較能看得到別人的反應，覺得很有趣。現在這個活動已經變成有點像一年一度的傳統；每年都有越來越多人加入，尤其是現在已經用茅屋取代帳篷了。我也鼓勵女性加入，因為出門在外，跟著男女混合的團體會好很多。」

在理查教育大眾認識裸體的任務中，男女混合團體是很重要的一環。

理查啜了口茶，繼續說道：「我認為獨身的男性，比如天體俱樂部裡的獨身男性，一直都被視作有點像掠食者的角色。男人獨自外出登山多少會啟人疑竇，但如果是一男一女，或是15人組成一隊，可能其中有3、4個人是女性，再帶上幾條狗，給人的印象就整個翻轉了。這樣會覺得輕鬆很多，也更能與他人自然對談，對啊，感覺就比較像個外交使團。」

「而且你也在跟大眾證明這樣的理念。」

理查點點頭：「是啊。我想大多數的裸體登山客會選擇人少或沒人的地方，比較保險。但換個角度想，你見到越多人，就越能讓別人了解真實情況，他們也會比較有機會去向別人傳遞自己看過或遇過裸體山友的故事。這樣其實很好，或許也能帶來一點『笑』果，沒什麼大不了的。」

我看到我們這群天體登山隊一路上的各種反應，有的興高采

烈、有的開懷大笑、有的臉上掛著微笑，覺得這樣的天體隊伍真的很令人愉悅。當然，他們也有可能私下取笑我們，畢竟我不會講德語。某次我還注意到，有個爸爸把自己孩子們的頭別過去，免得他們看到我們；我覺得這個動作很莫名其妙，就把這個小插曲跟理查分享。

他點了點頭：「100個人裡面總會碰到有一個這樣的，這就是我所謂的『會大聲的少數人』。之所以會聽到他們的聲音，是因為他們可能會到處去抱怨有的沒的。其他人都只認為……『雖然看起來有點怪、很少見，但完全無害，又何必大驚小怪呢？』」

像這樣的外交使團，具有某種「以身作則」的作用，這就是理查成立NEWT登山隊的原因。他也跟參加者說得很清楚，路上可能會招來媒體關注、遭人拍攝，我問他：「你這麼做有政治動機嗎？」

理查沉思了一陣才回答：「拿NEWT來說好了，這並不是抗議遊行，對吧？我們只是挑了個好地方走走而已，這就是我們的目的。比起單純的發表宣言、針對天體提出觀點，裸體行動本身具有更高的積極度，讓裸體在不同的環境、無論何時何地，都可以被接受。」

我問理查，是什麼東西觸發他的靈感，使他發起裸體行動運動？他往椅背靠過去，搔了搔頭。

「安尼塔・葛拉馬爾和沃夫岡・葛拉馬爾（Anita and Wolfgang Gramer）以德文撰寫許多與裸體行動有關的論述，這就是『nackt』（裸體）與『active』（行動）兩字合併的起源。我讀了他們的文章，看到他們在柏林力行裸體登山、裸體騎單車、裸體讀詩及各種類似的事蹟之後，深受啟發。他們寫了本我覺得很經典的書，叫做

《一、二、解放！》（1, 2, Frei!）[45]，在裸體行動方面有著相當先進的觀念。然後我就在想，嗯，也許我可以把這個字轉成英文，運用它的理念，但也希望不會變成是在剽竊⋯⋯該怎麼說呢？」他往窗外看了幾秒，道：「應該說是致敬吧，我想要以行動證明他們所關注的焦點，這就是『naktiv.net』誕生的原因，希望這樣有回答到你的問題。」

「什麼時候開始的？10年前嗎？」

他點頭。

「你有投入政治方面的事務嗎？」

理查搖搖頭：「我沒有特別的政治動機。法國的『裸體自由宣傳協會』（Association for the Promotion of Naturism in Liberty，APNEL）之中的成員，就很積極地在法國發起修法，比如明確地將公開裸體除罪化，因為我覺得在當下，法國確實是把裸體當作犯罪行為。而在英國，並沒有明確把公開裸體視同犯罪，儘管過去有一條罪名叫做『不雅暴露』，如果你在外裸體，唯一的結果就是上銬。」

「不過，相較於美國，還是開放多了。」

「那種事情在英國還是有可能發生，但只要你請的律師夠好，是真的懂法律、而不是只會在酒吧道聽塗說的人，那他一定有辦法馬上幫你撤銷告訴。」

不過這個說法好像無法解釋為什麼「裸體漫步者」還在蹲苦牢。

「我是覺得史蒂芬‧高夫喜歡去跟別人硬碰硬這點，在方向上有點走偏了。我不知道你對他做了什麼事情有多熟；他會刻意裸體穿過人家的村莊。你想想，2、3個村莊可能還好，但是到第4個就會有人反對了，然後他就被逮捕、押入大牢。後來在審理時，他又拒

---

45 完整的德文名稱是 *1, 2, Frei! Das NacktAktivBuch* (Berlin: MYm, 2005)

絕法官要求穿上衣服，那法官就因為他藐視法庭生氣啦……有的沒的，一大堆。」理查聳聳肩，繼續道：「但我的日子不會那樣過，那是他自己選擇的。然後，就像我說的，對於他有這樣堅毅的性格堅持下去，我十分敬重，但在執行面上就沒那麼認同。」

我贊成他所說的所有事情，人們可能會把高夫視作有政治動機的暴露狂，但他也可說是年輕一代天然主義者的全民英雄。我想知道高夫對於何時何地可以裸體這件事上，有沒有什麼長足影響。

理查思考了一下：「嗯，當然啦，他在裸體行動的部份是有影響的，因為你有訴諸行動，而年輕人想要的就是訴諸行動嘛。他們可不想要一整個下午只躺在躺椅上看報紙，那是老掉牙的天體俱樂部才在幹的事情，對吧？為了要盡量符合退休人員的胃口……」理查往後靠，過了會兒，繼續說：「這樣的歸納聽起來或許很不公平，然而就一個概括性的陳述來說，這是很有可能的。我認為天體運動可以從同志運動和它不凡的成就中學到東西，因為不容忽視的是，現在出櫃已經不只能被大眾接受了，對吧？它還受法律保障了。不管是在職場啦，還是軍隊啦，你都不能因為某個人是同志就對對方有差別待遇，任何地方都一樣。那樣做就是違法，而同樣的道理也應該適用於天體上。你不該因為人家去裸體登山、裸體游泳或諸如此類的事情，就用異樣眼光看待，然後告訴對方『你不適任這份工作』。」

這段話讓我想起，前一天吃晚餐的時候，我們有做了一個非正式的調查：大家會不會跟自己的朋友、同事或員工說自己有參與裸體登山？我很驚訝地發現，有不少人覺得如果說出去，就會丟掉工作或招惹麻煩。

理查喝完茶，看看我和孔西姐：「我們要不要繼續走啦？」

齊聚NEWT的山友，健身水準各異，參加原因也各不相同，但

理查有著令人欽羨的迎合能力。拿72歲的巴黎人伯納德來說好了，他是個「超級登山客」，翻山越嶺對他來說根本是小菜一碟。但其他人可能就只是想呼吸新鮮空氣、曬曬太陽、裸裸身體。像我這個洛杉磯人，就只想好好享受這不可思議的山野氣息，聞起來這麼純淨、這麼舒服，簡直不像真的，彷彿是只有米其林星級餐廳才供應得起的空氣。

　　第一天，我們用相當穩健的步調走了大約10英哩（16公里）。我費了很多力氣適應海拔高度，但整體來說感覺非常棒。真希望我老婆有跟來，不是因為她喜歡跟一大群天體族混在一起，而是因為她是個狂熱的健走族。早在女作家雪兒·史翠德（Cheryl Strayed）把約翰繆爾步道（John Muir Trail）炒紅的幾年前，她就早已走過該步道了。眼前的這一片風光旖旎、壯觀遼闊的阿爾卑斯山，一定會讓她心醉神迷。不過也有可能單純只是因為我在過去幾個月走訪了三個國家，跟周遭的所有人一起裸體，獨缺我老婆而泛起鄉愁罷了。可以確定的是，我已經不會再為了身邊都是天體族而感到奇怪或不自在了，至少當天體族都像這群登客般友善時就不會那樣覺得。

　　雖然我很喜歡走這10英哩的路程，順著高低起伏的奧地利大山行進，但有些超級登山客仍嫌路線不夠折磨人。於是接下來幾天，理查帶我們走上許多團員稱之為「烏什布恩埃姆死亡行旅」（Ursprungalm Death March）的路線。

　　我們清晨動身，6輛車組成一隊，開了超過40分鐘；在綠意盎然的山谷間峰迴路轉，穿越曼德靈（Mandling）、拉德斯塔特（Radstadt）等小鎮，駛過散佈於山坡上、關閉中的滑雪勝地，沿著山路蜿蜒向上，再往下深入另一個山谷，到下一座山又往上走。一路上沒什麼其他車子，倒是經過幾個以低檔進行嚴格鍛鍊的自行車友。

　　終於抵達步道口，大型礫石停車場停滿車輛，像聖誕假期的賣場一般。現場有群聚的山友、家庭、小朋友、爺爺奶奶、青少年和大學生，他們都穿扮得宜，完全沒有要加入我們的脫衣行列的意思。

　　為免招惹是非，我們進入步道時是穿著衣服的。大夥兒加快腳步上山，奮力爬坡。等到距離停車場約四分之一英哩（400公尺）之後，脫衣時間到，沒有先經過一番討論，就這麼迅速地展開了。理查把上衣和褲子脫掉的那刻，就是大家開始脫衣的信號。

　　在我脫下短褲的當下，我收到老婆傳來的簡訊。人在洛杉磯的她正準備上床睡覺，簡訊上寫著：「登山愉快！」我回：「祝好夢！」

　　想不到這個地方竟是奧地利家庭的熱門登山步道，就在我們寬衣解帶的同時，就開始遇到為數眾多的山友。在天體度假村或天體海灘這類本該裸體的地方，和其他天體族一起裸體是一回事，但在穿著衣服、沒有料到會遇上一群天體族的人面前裸體又是另一回事。有趣的是，我其實並沒有像自己想像中的那麼尷尬。在我們經過的時候，很多人給我們投以友好的微笑，或是發自善意的笑聲。有些人掏出照相機，可能是因為我們團中有幾位頗具姿色的女性。

　　主要步道的盡頭是一間優美的「gasthaus」（德式木屋），可以俯瞰幾座美麗的湖泊。在登上阿爾卑斯山的過程中，有一件事讓我挺驚訝的——有為數不少的客棧座落在整片山上，似乎沒有哪一條路徑的底端不會看到一些漂亮的小餐館，提供山友座位、餡餅、啤酒，或一大盤起司配麵包。不用說，我可是奧地利「gasthaus」的粉絲呢！每一條步道都該有這樣的一座木屋才對。

　　接近「gasthaus」的時候，我們穿起衣服——理查覺得我們應該要尊重正在裡面飲食的群眾——然後轉了個彎，迎面而來的是岩壁

窄道。等到酒吧消失在後頭，大家又再度卸下衣服。法國人特別擅長穿脫衣物；他們穿著自稱為「登山裙」（hiking kilt）的東西，實際上就是設計給男性穿的迷你裙，我以前從來沒看過這樣的衣服。

一夥人正好在午餐時間抵達山頂，休息20分鐘就要出發繼續走，這項決定讓幾位想坐下來好好享用美食的法國山友大聲抱怨。理查向他們保證，只要走一會兒就能抵達下一個停靠站。只要回顧一下，就會知道我們究竟還有多少路程要趕在天黑前走完，所以一定要快點趕路，不過他們還是對於要吃得這麼匆促感到不滿。

我們穿越散佈著大面積雪地的山脊，像這樣光著身體在雪地上走，可能看起來很怪，但其實並不會；陽光正燦爛，氣候也很溫和。羅伯托朝著沿山坡往下的大片冰原看了一眼，說：「從這邊滑一跤，就會一路滑到維也納。」

步道上上下下好幾回，一會兒轉進山的一側，一會兒又轉向另一側──讓我想到了「蛇行」（serpentine）這個字──轉來轉去的結果就是迷失方向。景觀之壯麗是毫無疑問的，四面八方聳立著巉峭的山巒，碧藍的天空和炙熱的豔陽映入眼簾，隨處可見融化的雪水在步道上流倘，形成溪流及小池塘。這時如果看到馮‧崔普家族（von Trapp family）＊手牽手唱著歌，從我們身旁經過，也沒什麼好奇怪的，而且他們有可能真的在這邊這樣做過。

＊ 電影《真善美》便是改編自此家族之真人真事，背景就在阿爾卑斯山。

剛開始走的那5小時非常愉悅，卡爾菈和史都華拍照的時候，大家會停下腳步稍作休息，我也很快學會找出軟苔蘚來坐的技巧了。

其中一次休息的時候，看到從馬賽來的天然主義者布魯諾，

打開保溫瓶灌進一口一口的espresso，讓我有點驚訝。濃郁熱咖啡的香氣混合著山間的清淨空氣，搞得我口水直流。好時尚的法式登山呀！這時他拿出起司、法國麵包、一瓶冰涼爽口的桑賽爾酒（Sancerre），我都不意外了。

隨著時間推移，我開始注意到許多登山夥伴身上出現曬傷的跡象，耳邊忽然響起葛雷妮爾醫師的聲音：「他們應該要給你戰鬥津貼的。」於是我套上了幾件衣服，這麼做的不是只有我而已；當積雪團塊越來越深、越來越頻繁，其他人也開始往身上加衣服。

就在剛過了路途的一半不久，我的膝蓋開始出現散掉的跡象。每一次下坡，我的右腿就會有強烈的刺痛感。唉呀呀，真是拿它一點辦法也沒有，我上坡沒有問題，但也沒用，一樣得下山的。

諷刺的是，我還以為我已經為這趟旅行作足準備了。為了阿爾卑斯山的冒險之旅，我花了一個月的時間，每週兩次，訓練自己登上位於洛杉磯的格里斐斯天文台（Griffith Observatory）。很快我就發現，這種養生法跟為了準備馬拉松而繞街區慢跑幾趟差不多，但我不是唯一一個覺得不舒服的。傷殘人數增加，飲水逐漸耗盡，外加一個狀況：雖然不是說非常危險、有生命威脅之虞，但我發現隊友們已經變得越來越毛躁。我的膝蓋開始腫脹，這絕對不是什麼好現象，但還是強忍著。伯納德說要幫我背背包，維托里奧說要把其中一支登山杖借給我用，實在是萬分感謝，但還是婉拒了。這2個傢伙比我大1、20歲耶！我應該要堅持到底、挑戰意志力、探索自己的極限、咬緊牙關撐下去……把一堆野外求生勵志老梗搬出來就對了。何況並沒有說要我用瑞士刀鋸掉一隻手臂，我身上也沒那種東西，也不是要我把哪位同伴吃了。膝蓋腫歸腫，但死不了，我走到泉水邊，把水壺裝滿，繼續跋涉。

手機嗶了2聲，提醒我有新簡訊。睡了場好覺的老婆，起床後便

從洛杉磯發了通簡訊給我，寫道：「爬山好玩嗎？」我回：「靠，我還沒爬完。」

爬了9個小時又多一點之後，終於回到停車場。

回到茅屋，大夥兒一反常態地靜默；所有人都累垮了，就連平常嘰嘰喳喳的理查都變得很安靜。我想理查可能對於這趟路走得這麼辛苦有點過意不去，但這不是他的錯——他以前沒有走過那條步道。

我對誰都無話可說，膝蓋腫脹，全身上下無一處不痛，手肘受傷，右臀也遭劃傷，不停出血，我也不知道怎麼會搞成這樣。走去冰箱，拿了2罐啤酒，第1罐配著3顆止痛藥喝了，接著坐在外頭，邊望著天空，邊啜飲第2罐啤酒。

史都華的手機上有一款app，紀錄了這趟冒險的軌跡，但數據僅說明了「烏什布恩埃姆死亡行旅」整個故事的一部分。我們走了13英哩（21公里），海拔落差達2,400英呎（732公尺），全程只花了9個鐘頭，根據app的資料，我們燃燒了4,125卡路里。

理查對裸體登山的狂熱，使婚姻亮起紅燈，「我老婆覺得很噁心。」他說：「她告訴我，她寧可我是外遇。」他們正在辦離婚手續。我感覺得出來這段談話讓理查不大開心，但我實在很好奇，即便是有來自社會與婚姻的壓力，他仍持續下去，促使他這麼做的動機到底是什麼？

理查眼神飄向遠方，思考這個問題，然後回答說：「就在我40多歲時，得了一種叫「白癜風」（Vitiligo）＊的病，會在皮膚上長出整片的白斑。本質上它並不是皮膚的問題，而是免疫力系統的問題，會這麼說是因為它是兩邊鏡像的。給你看看我手腕上的這個東西。」

＊又稱白斑病或白蝕症。

他將手腕併在一起，的確有些膚色斑駁的情況。我仔細看著他的臉，才了解那些我本來以為是曬傷或風吹留下的痕跡是怎麼來的。

「全身上下都有斑點——你看到了嗎？——兩邊都有，左右鏡像的。總之，感覺就是有缺陷，不大好看。然後走在路上，人家就會用一種詭異的眼神看著你，也不知道對方是出於欣賞，還是覺得你很奇怪，還是……反正就是被人用異樣的眼光看待。」他不自在地挪了一下，「我是覺得裸體可以幫助我用比較正向的態度面對別人的眼光，因為這樣我就比較不會去在意別人怎麼想。應該說，我還是會介意別人怎麼看待我這個人，但跟之前比起來已經好一點了。現在我對這個缺陷頂多是想說：『也還好，反正我就是這個樣子，就長這副德性，看開點吧，做自己就好。』別人怎麼想就不干我的事了。對啊。我不需要用化妝來自我掩飾，把自己換成別的膚色，用衣服遮起來之類的。」

他的皮膚狀況蠻微妙的，如果沒湊近看的話其實不會特別去注意，但我可以理解這多少會影響他的自我認知。我問他：參與天體主義是否有讓他感覺比較被人接受？

他點頭：「有啊，有啊。這方面的話，我是覺得比較有自信了。可以說，待在俱樂部，感覺就跟一般的天體族沒兩樣。對啊，就那種『其他人可以接納我』的感覺，裸體登山時也是，就這方面來講的話，我個人是覺得或多或少有正面的影響。」

隔天的路程雖然比較輕鬆，但我還是對自己的膝蓋沒什麼信心。事實上確實也有幾個夥伴需要休息，所以當理查帶一批死硬派說要出去「拉拉筋」時，我就留在茅屋閒晃。

理查他們爬完回來，經過隔壁的小餐廳「曼都貝古」

（Mandlberggut）——同時也是有著乾草香的杜松子酒釀酒廠——問老闆娘是否願意為天體族準備餐宴。沒多久外面就擺好餐桌，設在酒廠品酒室旁邊，20名天體族坐在那兒喝啤酒、吃披薩。眼前的景象挺令我驚訝的：餐廳老闆娘是個40出頭、頗有姿色的奧地利女人，她和她10幾歲的女兒在一旁等我們用餐，工作中沒有顯露絲毫勉強、造作，也看不出有任何不自在或尷尬的跡象。事實上，她們似乎和天體族們享受了同樣的樂趣；數周之後，理查收到她們寫的電子郵件，說隨時歡迎他和團員們再度光臨。看到理查的宣言——任何情況下的裸體都能被視作正常行為——可以實踐到生活中真的很棒，而且這可是包括一大群天體族在外頭吃晚餐呢。

中間有個小插曲：德國山友之一的安德里亞斯，起身穿上褲子去浴室。光想到「穿上衣服去浴室」這點就夠離奇了，但他還在沒注意到的情況下，在玻璃隔板前穿褲子，看起來就像在對整個餐廳的人露臀似的，嗯，是覺得挺好笑的啦。

餐廳員工在一群天體族面前保持冷靜是一回事，但天體族本身又是怎麼想的呢？我的的意思是，光屁股的人是你耶。我在阿格德角吃午餐的時候，感覺是不一樣的；幾乎所有人都裸體，以至於裸體變成一種常態。但若是處在一個大家都穿著衣服、也認為別人該穿衣服的環境呢？這樣不會覺得怪怪的嗎？

我問理查他的想法。「其實我比較無所謂耶。我現在比較不介意跟人家說自己是天體族了，跟那些同性戀出櫃是一樣的道理。對啊，我就是會去裸體登山啊，而且我絕對有權利享受這樣的樂趣。」

「但如果是在這個地方呢？」

「我自己私下訂的規則是，只要是在柏油路面上，就要穿衣服，包括所有的城鎮和鄉村等等，每一座「德式木屋」或山間

茅屋都是屋主的私有財產，是他們的地盤，對吧？所以他們說了算。現在我們是在山野間從事登山活動，這是開放的公共空間，所以我絕對有權利在那裡愛怎麼穿就怎麼穿。那另外就是說，如果我是待在人家家，或人家住的地方，就會遵守對方的穿衣標準，他們的規則，什麼規矩都可以。這比較算是要去尊重別人的地盤、空間和環境。以前就有人跟我爭論說：『你就只想要大家通通都不要穿衣服。』不好意思，我可沒這樣想，我是希望大家都有自己的選擇權。」

在我膝蓋受傷的當下，發生了一件頗有趣的事：我忽然覺得自己沒那麼愛裸體登山了。我當然知道一條褲子沒什麼實際的保護作用，但腿部受傷的時候一絲不掛又是另一回事。別的不說，至少穿著衣服能提供我某種程度的心理保護作用，真是太遺憾了。在我覺得腳步輕盈、活力充沛的時候，我真的很喜歡光屁股登山的感覺；比起在西班牙或法國，只有坐在度假村泳池旁，或到海灘散步，實在好玩多了。

現在我只想保持好心情，享受良辰美景和隊友們的陪伴，同時祈禱自己的膝蓋不要罷工。就某些方面來說，穿著衣服其實蠻有趣的，好像我是一場實驗的控制組，跟其他人不一樣。當我們開始走上坡的時候，我就開始爆汗，上衣整個溼透了。不蓋你，我裸體的時候真的不會這樣。穿著濕答答的衣服走路，實在不是什麼愉快的經驗。

後來，我和古斯，那位從英國來的獨角戲劇作家兼演員，一起站在茅屋外，觀看鳥兒俯衝飛撲，掠補昆蟲，我這才知道古斯是個業餘鳥類觀察家。

「真希望牠們能飛慢一點。這樣我分辨不出來。」

我抬頭望向天空。「看起來似乎是燕子。」

古斯看著我，一副我剛講了什麼沒大腦的話似的。「那不是燕子。」

「看起來像啊。」

「呃，可能對你來說看起來像燕子，但其實不是。」

「不然是雲雀嗎？」

古斯縱聲大笑，「雲雀？牠們哪點像雲雀？」

「搞不好是啊。」

「絕對不是好嗎。」

我覺得他在偷笑。

「家燕呢？」

「不是。」他不耐煩地搖搖頭。「比較可能是白腹毛腳燕（house martins）。」

「那是個樂團耶。」*

現在古斯已經整個被我惹毛了，雙臂開始在空中大力甩動。「對！那是個團名，但也是個鳥名。那邊那些鳥，那一隻，是白腹毛腳燕！」

我實在欲罷不能，不停在他的賞鳥怒火上添油：「怎麼看都像燕子啊。」

古斯惱怒地抱怨道：「你今天幹嘛穿衣服？這邊應該是要裸體爬山的耶！」

在我要回嘴之前，理查跳出來幫我辯護：「大家愛怎麼爬山都可以，只要舒服就好，這是沒有問題的。」

古斯轉身，默默回到茅屋，繼續咕噥著他的白腹毛腳燕。

*指的是『The Housemartins』。

最後一天，我們從茅屋出發，繞著山谷中的一條寬敞、輕鬆的路徑，走到一座小湖。理查對登山安全很謹慎，每次行動都一定要有人殿後，我們稱之為「尾巴查理」，或是如法國人所稱的：「國防」。只要你腦袋清醒，可以從1數到20，就會覺得這項任務並不難，工作內容是要確保每一次到達休息站或岔路口，人數都有到齊。腿傷的關係，我還是得走得小心翼翼，所以就接下了這項任務。帕斯卡興奮大叫：「是美國國防耶！」

帕斯卡又是另一個資深天然主義者。這位50出頭的法國人，身形高大健壯，就跟哈利及旅程中多數天體族一樣，臉上總是掛著燦爛的笑容。他同時也是個美國迷，戴了頂鴨舌帽，上面寫著「我愛大峽谷健行」，T恤上則用大大的字體寫著「FBI」。這些是幾年前他帶著老婆、孩子參加美國露營車之旅的紀念品。我問他暑假活動是否只有安排這趟登山行程。

「不是耶，我們下週還會去參加天體營，接著會到克羅埃西亞。」

克羅埃西亞以擁有眾多天體海灘及沿海露營地聞名，是歐洲天體族的熱門景點。

「常常參加天體渡假活動嗎？」我問。

他點點頭：「是啊，這是我們的興趣。」

「你是幾時開始成為天體族的？」

帕斯卡想了一下：「18歲的時候去了趟天體營，之後就一直在參與相關活動。」

「爸媽是天體族嗎？」

他搖搖頭：「才不呢，差得遠了，他們是虔誠的基督徒，超虔誠。」

「所以你是在跟他們造反囉？」

帕斯卡停下腳步看著我，彷彿這是第一次有人建議他這麼做似的，「可能喔！」他大笑：「搞不好就是。」

我知道帕斯卡跟他太太有幾個正值青春期的孩子，想知道他們是否還是天體族，或者跟哈利的孩子們一樣，已經變成在穿衣的了。帕斯卡想了一陣子，然後說：「他們邁入青春期之後就不怎麼投入了，其他朋友都是穿衣的，這麼做會造成困擾。」

出於某些原因，那天的路上有點擁擠，一群群肥胖的中年教友外出進行整天的禱告、與自然共融。我可以擔保，他們絕對不會想要跟我們這種的自然共融。我們碰到的第一群基督教團體還刻意避開我們，轉身面向山的那一邊。之前從來沒有人迴避過我，看到那群人刻意遠離我們，讓我有點難為情。我不禁好奇，如果他們遇到的是法國中世紀的「吐魯賓」教派會作何感想，那個教派的虔誠信徒認為，真正的忠誠者是不需要穿衣服的。當然我知道答案是什麼，他們會幹中世紀基督徒在幹的事：把那些裸體者打為異教徒，綁在火刑柱上上燒掉。我跟理查抱怨了某些與宗教和假道學相關的事，他聽完笑了出來：「你不太怕天譴喔，馬克？」

「我比較怕他的追隨者耶，理查。」

一路上遇到好幾個教會團體，所幸他們的反應沒有那麼明顯。多數情況下，他們看到我們的情狀，就像看到來自其他星球的外星人：下巴會掉下來、嘴巴張開，彷彿腦袋被按下某個開關。在一開始看到大約10幾個天體族的驚嚇消退之後，他們會看看東、看看西，就是不會看著那些拖曳著疲累步伐、老二晃來晃去的人走過去。但也不是所有人都那麼震驚，有些人會偷瞄幾眼，咧嘴而笑。

沿山路往下走，終於來到一座寧靜的小湖。我找個樹蔭下坐

著，有人跳下水游泳，也有人在太陽下躺著，那些超級登山客決定繼續上山。這是本週以來，第一次大家分成幾個小團體進行活動。

理查過來陪我一起坐在樹下，邊吃午餐邊看古斯在湖畔排演他的獨角戲：「行將瘋狂」（This Way Madness Lies），那部戲的宣傳單上寫著：「以未加修飾、幽默逗趣的手法，呈現一個人逐漸發瘋的故事。」

我轉頭向理查問道：「你覺得自己還可以這樣搞多久？」

「裸體登山嗎？」

我點頭。

理查望向湖泊，古斯正在那揮動手臂，對著想像的掌聲鞠躬。「直到人生落幕吧，可以的話。」

溫暖的陽光與登了一週阿爾卑斯山的筋疲力竭感，似乎已經在體內交融為一，沒多久大家就都沒在講什麼話了。這是一種深層的愉悅，只剩溪水注入湖中的氣泡聲、昆蟲的鳴叫聲、樹上幾隻鳥兒的啁啾聲，和一個瘋演員的排演聲。

單身天體族的情與慾

　　大多數人可能會認為20個成年人在山上裸體住在一起，多多少少會發展成性關係，搞出類似像性愛派對這種荒誕不經的性行為，不然至少會在穀倉旁打野砲。然而，除了罕見的調情行為外，大家無論做什麼都極為慎重。可能是因為絕大多數人都已婚、有固定伴侶，也有可能是登山把所有人的精力都耗盡了。無論原因為何，我在夜間唯一聽到的聲音，就是從我房間發出來的。那是兩個筋疲力竭、想睡覺的男人，撲打奧地利長鼻蚊「mücken」*的聲音。

* 真是個適合重金屬樂團的好名字啊。

　　大家不約而同地避談性相關的話題。也許是因為，如果把這話題搬上來，就……你知道的，事情就搬上來了，所以最好連提都別提。但其實也沒個準兒，因為根本沒人談過，在茅屋的最後一晚，倒是發生了一件事。我跟哈利站在屋外賞夕陽時，正好瑪利亞—葛拉奇亞拖著行李箱走出來。讓我為之一驚的，並不是她晚上就要開車回義大利，而是——她好像換了個人，幾乎認不出是她。哈利笑說：「你看著某人裸體看了一個禮拜，都沒胡思亂想了，現在她穿上漂亮洋裝、化了點妝，就在那邊想說：『真是個大正妹！』」

　　他講對了，眼前的這個人，我跟她一起裸體吃過晚餐、裸體登

山，看過她在外面草地上裸體做瑜伽，但卻從來沒用性的角度看待過這個人。這樣說來很奇怪，因為她其實是個相當漂亮的女人，有個什麼東西改變了，跟她本人無關；瑪利亞—葛拉奇亞一樣還是瑪利亞—葛拉奇亞，只不過是把衣服穿上罷了，改變的是我對她的觀點。裸體的她，不過就是我們這群天體族當中的其中一個，但穿了無袖洋裝和涼鞋，就瞬間變得好性感。

到底怎麼會這樣？是這些衣服讓她忽然變這麼好看的嗎？

賓州大學社會學榮譽退休教授戴安娜・克蘭（Diana Crane）曾寫道：「衣著這種人造物藉由對社會身份的影響，以及賦予人們勇於聲明潛在社會認同的力量，『形塑』了行為舉止。」[46]

一點都不錯，大家都聽過「人要衣裝，佛要金裝」，無論穿制服也好，西裝也好，反戴棒球帽也罷；我們透過自己的穿著來詔告天下我們是誰、我們的喜好、我們追求的是什麼，但是暗地裡透露社會身份是一回事；從原本裸體、不會聯想到性，到穿了衣服就變得有性魅力又是另一回事。這感覺好像有悖常理。

義大利哲學家馬利歐・佩爾尼奧拉（Mario Perniola）在他的散文《華麗衣著與裸體真相》中寫道：「具象藝術（figurative art）當中，情慾在穿與脫之間出現關聯。是故，情慾在某種狀態轉為另一種狀態的動的可能性——也就是轉換——上，成為一種條件。假若任何一端佔了主要地位或具有本質上的重要性，而屏除了另一端，那麼轉換的可能性、連同情慾的條件將被犧牲。」[47]

這樣講就比較接近了。脫衣的動作會有情慾意味，是因為它本身是兩種狀態間的「轉換」（transit）。或許這也解釋了為什麼脫衣

---

46 Diana Crane, *Fashion and Its Social Agendas: Class, Gender, and Identity in Clothing* (Chicago: University of Chicago Press, 2000), p. 2.

47 從義大利文翻譯而來。Roger Friedman and published in *Zone 4: Fragments for a History of the Human Body*, ed. Michel Feher with Ramona Naddaf and Nadia Tazi (New York: Zone, 1989), p. 237.

舞不會退流行：它可以刺激我們的想像。會引發慾望的，不是你穿了什麼，而是我們對於你脫衣服的動作、以及脫掉後我們會對你做什麼的想像，換句話說，就是一切都跟腦袋怎麼想有關。瑪利亞—葛拉奇亞的轉變跟她做了什麼無關，而是她穿了衣服的樣子引起我跟哈利的想像。

臨床性學家葛洛莉亞・G・布蕾姆博士（Dr. Gloria G. Brame）在《柯夢波丹》發表的《衣著如何使人變得更性感》一文中，講了相當類似的話。她表示：「小露身軀可以引人遐想，讓性感自然流露。」*

*她在文中還給了讀者們一點建議：「用領帶把他的眼睛遮住。遮蔽視線可以開啟他的其他感官，猜不出妳的下一步能讓他著魔（是好的那種）。」

這可以解釋為什麼阿格德角的性開放者會在晚上把衣服穿起來。到了要濫交的時候，就要穿上最淫蕩的衣服，而當你站在一群天體族中間的時候，這種神秘感就消失了。沒任何衣服可脫，就沒有情慾的「轉換」，無法點燃想像的火花，整個變得很無趣。

一週的天體登山之旅終於告結，我們把茅屋整理乾淨，帕斯卡跟他太太貼心答應讓我搭他們的克萊斯勒小貨車前往薩爾茨堡。雖然山上有運輸設施，鐵路跟公車公司簽合約，可以連接到各站點，但一想到要搭長途巴士加一段短程火車，然後搭計程車才能回到旅館，就覺得還不如給帕斯卡的高級小貨車直接載到旅館門口。西班牙紀錄片導演孔西姐也搭上這輛便車，她那晚要搭機回愛丁堡，我則是從柏林轉回洛杉磯之前會先在薩爾茨堡晃一整天。

我跟孔西姐把行李丟在我住的飯店——裝潢時尚又友善的奧爾斯佩格旅館（Hotel Auersperg），然後走進鬧區找午餐吃。

我猜華特・迪士尼當初在建造迪士尼樂園的時候，一定有參考過薩爾茲堡。橫跨市中央的薩爾察赫河（Salzach River）清澈而幽

靜，跟一般人想像中的歐洲小鎮一樣，如詩如畫、美不勝收。不知什麼原因，總覺得自己好像身處歐洲幻想電影場景：完美無瑕、古色古香，感覺好不真實。或許是因為眼前盡是保存良好的巴洛克建築、狹窄的鵝卵石小巷、綠意盎然的環山縱谷；無怪在1997年被聯合國教科文組織列為世界遺產。

擁有驚世之才的作曲家沃夫岡・阿瑪迪斯・莫扎特（Wolfgang Amadeus Mozart）就曾住在這，而當地居民可不會讓你忘記——他們將莫札特故居，同時也是他出生的地方，改建成莫札特博物館；莫札特的臉出現在手工巧克力上、T恤上、鑰匙圈上、泡澡小鴨上，又在城市各處樹立多座雕像。我倒是很意外他們沒有一天24小時在大街小巷吹奏莫札特的曲子。

我只會在薩爾茨堡待一個晚上，巧的是他們正好在辦一年一度的音樂暨電影盛會：薩爾茨堡音樂節（Salzburger Festspiele）。週末有一系列的音樂會、表演和派對，吸引民眾上街共襄盛舉。這些爽朗的奧地利人穿著傳統服飾，展現自己身為市民的自豪感，看得我如癡如醉，也覺得有那麼點好笑：我沒辦法想像現代的薩爾茲堡人還會穿女僕裝（dirndl）跟皮短褲（lederhosen）逛大街，但他們真的就那樣穿，全體市民一起展現潛在社會認同。

我跟孔西姐跨過河流，最後走到一間由老電影院改建、很有時尚感的餐廳，名叫「共和國咖啡廳」（Republic Café）。我們點了2杯橙色調酒Aperol Spritz，舒服地坐下來，看了看周遭環境。從我一個來自文青重鎮的東洛杉磯人來看，不得不說奧地利文青真的是保守多了。看不出有什麼刺青或明顯的人體改造（Body Modification），倒是看到不少人把polo衫塞進皮短褲內，沒穿襪子就套上Timberland平底鞋。

孔西姐性格活躍，有著鮮明的加泰隆尼亞人的個性——既開放

又友善。她剪了顆小男生頭，毫無疑問就是個正妹。妖嬈多姿的赤裸體態，在步道上吸引了不少目光，她跟我一樣，本來並不是天體族——她踏上山路的第一天，就是她頭一次光著身子處在非情色社交裸體的環境——但跟我不同的是，她似乎玩得不亦樂乎，連她自己都覺得驚訝。

「妳準備好要在愛丁堡裸體奔跑了嗎？」

她大笑：「我看你之前沒去過那兒吧。」

她猜對了。

「如果妳不想回答沒有關係，但我蠻好奇在茅屋的時候有沒有人煞到妳。」

她看著我，一臉困惑。「煞到我？」

「就那個……給妳什麼性暗示之類的啊。」

她噗嗤一聲，大笑起來，搖搖頭說：「我有男朋友了耶！」

「有企圖的才不管這個吧。」

「沒有啦。」她搖頭；「他們都是很正直的人。」

雖然我知道她在拍攝紀錄片，但還是很想了解她為什麼一開始會決定來參加這趟登山活動。孔西姐想了一下，說：「有點像人類學的實驗吧。我已經受夠理所當然的辦公桌生活，在微弱的日光燈下工作8個小時回家，我超痛恨這種日子，所以很支持像理查這樣的人。」

「但妳之前從來沒有做過類似的事，不會覺得緊張嗎？」

她點頭，「那次在機上，我意識到自己接下來要去哪的時候，開始感到心跳加速，但已經來不及了。到了現場之後就想說，嗯，好吧，也沒退路了，該做的還是要做。他們的友善態度讓我印象深刻，一點都不覺得有壓力。」

對於這趟「歐洲天體健行之旅」的體驗，我的感覺跟她確實是

差不多，剛到的時候我真的想非常多，但離開時卻覺得自己好像交了一大群好朋友。

「第一次在所有人面前全身赤裸的感覺是什麼？」

「就很害羞啊，畢竟誰都不認識，又很在意自己的身體。但後來就覺得大家的態度都挺輕鬆的，又很親切，而且也蠻熱的。所以當我一腳踏入這個池子，我就想：『就這樣吧，已經被看光光了，沒退路啦。』」

「你有感到抗拒嗎？還是覺得很高興？」

「因為感覺真的很好，所以其實我蠻高興有做這件事的，這個體驗很有挑戰性。我還打算推薦我婆婆來參加呢！對啊，因為我覺得很多人在生活中會忽視自己的身體。你有大肚腩也好，雙下巴也罷，高矮胖瘦都沒有關係，就跟他們做好朋友吧！對我來說，這正是個跟身體做好朋友的機會。」

在山路上，我們遇到形形色色的人。我注意到孔西姐吸引不少男女的目光，於是問道：「妳是否曾經感覺自己被人當成性對象般地注視或對待？」

她搖搖頭，笑說：「我從來沒想過自己會在浴室被人家強暴。沒這回事啦，謝謝關心。」

「妳有沒有因為這次的經驗，改變什麼呢？」

「有啊！某種程度上我還挺得意的，也覺得自己很性感。我會想說：『太好了，我做得到耶！』那幾天我確實很有自信。」

跟我的想像雷同，就算受孔西姐吸引，也不可能真的有誰對她性騷擾，否則會讓茅屋內的所有女性——可能也有部份男性——覺得不舒服。除了阿格德角和當地性開放者的場面以外，這次也讓我體驗到了非情色社交裸體。在沙漠太陽度假村和飯店維拉海灘俱樂部的池邊坐著，感覺就跟維多利亞式的客廳喜劇（drawing room

comedy）差不多，而「性」就像房間裡的一頭大象，沒人想去提牠，免得嚇到把嘴裡的茶吐出來。

但是又何必避而不談呢？人類不就是充滿情慾的動物嗎？

茹絲・巴爾肯（Ruth Barcan）講了一段話，可謂一語中的：「就某種循環邏輯（circular logic）而言，裸體主義必須看來與情色無關以吸引女性，也需要女性參與以證明其與情色無關。」[48]

因為假使裸體主義無關情色，而是單純的追求個人解放、建立正面的身體意象、讓身體不要出現曬痕，那麼在社交情境下，男女一同享受裸體之樂，也許還比較安全、也比較能讓大眾接受。

人類動物性衝動與社交裸體嚴格的非情色規定之間的衝突，最佳的範例就是資深天體人凱瑟琳・霍姆絲（Catherine Holmes）和馬里蘭州健康學會（Maryland Health Society，MaHeSo）間的戰爭，後者是位於馬里蘭州戴維森維爾（Davidsonville）的天體度假村和露營地。霍姆絲在這座鄉村風格的度假村長期租用一間小木屋，並漸漸開始關注度假村內部淫亂的消息。謠傳人們會在池中進行口交——雖然我覺得那可能得用潛水裝備才辦得到——還有在森林裡打野戰。儘管霍姆絲根本沒有親眼看過誰這麼做，但這些傳言已足以讓她尋求法院的限制令，並對度假村提出空泛的毀謗，指控俱樂部的本質已經變了，「本來情慾與裸體是完全兩碼子事。」她說。[49]

並不是說她這麼做毫無道理，畢竟度假村有明確規定：「禁止從事暴力、開放性行為、對孩童做出可疑舉動，或任何冒犯或使他人窘困的行為。」[50] 然而俱樂部還是撤銷了她的會籍，度假村的代理律師保羅・布魯門道爾（Paul Blumenthal）也堅持這些指控是「完

48 Ruth Barcan, *Nudity: A Cultural Anatomy* (Oxford and New York: Berg, 2004), p. 172.

49 Susan Donaldson James, "Lawsuit Alleges Maryland Nudist Camp Promotes 'Swingers,'" ABC News, Aug. 29, 2013.

50 "Etiquette," Maryland Health Society, www.marylandhealthsociety.com/etiquette. html (accessed June 7, 2014).

完全全沒有事實根據。」[51]

顯然法官採信了，也駁回她的控訴。

接下來，凱瑟琳・霍姆絲就做了所有熱血、反性開放、支持非情色社交裸體者會做的事：她把自己隔絕在屋內，在窗戶上貼「反性開放者」的標語。

僅持了5個月之後，度假村取得法院的驅逐令，她被迫遷離。

霍姆絲在度假村所嗅到的情慾味當中，最不滿的其中一點就是很多男人都戴著屌環。MaHeSo的董事長維琪・嘉寶（Vicky Jarboe）回應道：「沒錯啊，我老公也戴屌環啊，這裡還有其他大約16至20名的男人都這樣，是有哪點不對咧？她只是想無事生非吧。」[52]

真的是鬧笑話了。

歷史上將天體主義定位為非情色，是為了讓那些自願脫衣享受樂趣的成人能免於遭受道德警察或政治家壓迫。對於那些只想將自己定義的適合或不適合強加於他人的掃興傢伙們，這麼做可以降低他們一頭熱的幻想。只要沒有傷害任何人，為何不讓一群成年人做自己想做的事、與自己想相處的人相處？我是說真的啊！但就連「國際男同志天然主義協會」（Gay Naturists International，GNI），這個成員僅限男同志天體族的組織，網站上也寫明非情色行為規範：「本會目標為推廣健康、合法、非情色天體娛樂。儘管本會明瞭性乃天生自然，但性並不等同於天然主義。」[53]

相對於此，有個來自挪威、充滿情慾、絕對不適合一般非情色

---

51 James, "Lawsuit Alleges Maryland Nudist Camp Promotes 'Swingers.'"

52 Katie J. M. Baker, "Nudist Colony Just Can't Get Rid of Ths One Naked Lady," *Jezebel*, Aug. 26, 2013, jezebel.com/nudist-colony-justcant-get-rid-of-this-one-naked-lady-1126752612.

53 "Statement on Sexuality," Gay Naturists International, gaynaturists.org/about/# (accessed June 7, 2014).

社交天體族的非營利組織，叫做「為森林而幹」（Fuck for Forest，FFF）。加入FFF的會員──綁著雷鬼頭、身上帶著刺青的現代享樂族──是用性和情色作品來推動與大自然和諧共榮的天體與自由性愛理念的環保人士。「我們會受情色驅使而買一大堆亂七八糟的東西、接受莫名其妙的理念，那為何不把它用在好的方向上呢？我們認為，相對於這個高壓的世界，多展現與身體之間的自由關係是非常重要的。」[54]

FFF將自身的理念在宣言中作了概括，並藉由裸體和公開性行為來吸引他人注意：「將戰爭和環境破壞視作常態，卻將公開性行為和裸體視作無禮及犯罪行為。」

FFF的裸體行動跟非情色社交裸體不同，他們的版本除了天體登山外，還包括在樹林裡群交、拍攝下來；要不就在公園口交，在柏林街道上大搞二對一（three-way）。基本上，2個、3個、4個身體夾在一起的性交場面，可以在任何地方上演。正如他們所說的：「我們有自然權利（nature right，原文如此），無論何處皆可裸體跟做愛。」

我對FFF大膽玩樂的作風非常欽佩，但其實他們的成員也是環保人士，該組織的執行計畫包含巴西、秘魯、哥斯大黎加、斯洛伐克和厄瓜多等國。他們表示：「在這個世界，情色已經變成用來銷售垃圾商品和理念的賺錢工具，而不是讚揚性能量。」

社交天體組織一般並不會去讚揚性能量，歷史上有太多天體族被逮捕、污衊，俱樂部停止營運，天體海灘被迫關閉。天體族與社會之間有種微妙關係，一旦被發現在樹林裡打野砲就會遭到群起圍攻。這就是他們在非情色行為方面有這麼多規範的原因；不想讓敵人逮到任何機會，以不道德、傷風敗俗、妨礙風化等名義要求他們

---

54 Fuck for Forest, www.fuckforforest.com/en/about.html (accessed June 7, 2014).

關門。

　　「聖路易性正向組織」（Sex Positive St. Louis）＊的創立者兼作家大衛・瑞斯（David Wraith），偶爾會舉辦類似像天體保齡球之夜的活動。由於他自認為是個偷窺狂、暴露狂，所以他在天體主義方面的觀點跟一般的AANR成員有點不同：「有些人說天體主義跟性絕對沒有任何關聯。老實說，我認為那是屁話，並不是說它完全都跟性有關，而是我認為不可能百分之百將性屏除在外。」[55]

＊在美國聖路易大都會區提供性相關問題諮詢的組織。

　　雖然以現代世界而言，我認同瑞斯所說的，很難有什麼事情是「能百分之百將性屏除在外」，然而就我目前為止的經驗所看到的是，儘管天體族並不一定是獨身主義，但他們已經用盡全力避免讓人覺得性感。只是接著我就想到，如果他們沒有這樣耗精竭力呢？能燃起他們對脫衣的情慾想像嗎？

55 DannyWicentowski, "Sex Positive St. Louis Bowls in the Buf at Saratoga Lanes," *Riverfront Times*, Apr. 22, 2014, blogs.riverfronttimes.com/dailyrft/2014/04/photos_sex_positive_stl_bowls_in_the_buffnsfw.php.

陰毛修剪流變史

　　如果你比較一下天體族的照片，比如拿1920年代的跟1950年代的來比，會發現外觀差不了多少。人體沒有進化，髮型沒有顯著的進步，人類也沒有像科幻劇情般長出翅膀、鰓或觸鬚。1924年在德國鄉野間優遊自在的天體族，跟1955年在各自土地上遊玩的美國、法國、英國天體族差不多。隨著照相科技發展，從含含糊糊的黑白照，進步到充滿奇趣的柯達克羅姆膠卷（Kodachrome），但倘若缺乏怪誕多元的風格、對時尚潮流的追尋來塑造時代或地方風貌，大家就會看起來沒什麼差別。

　　翻開最近幾期的《N雜誌》或其他天體出版物，馬上就能發現一切已經改頭換面了。體型明顯變肉，肥胖流行病現象在美國天體界尤為嚴重；毛髮風格也有顯著改變。我講的不是麻花辮、鮑伯頭、綁馬尾有什麼改變，而是——陰毛不見了。就像冰川消融的縮時攝影一般，包覆生殖器的捲毛逐漸削減，直到幾乎不見蹤影。我認為這不能怪到氣候變遷上。

　　但我其實並不意外，修剪私處、剃毛、做巴西除毛的不光只有天體族而已。根據艾胥黎・費特斯（Ashley Fetters）在《大西洋月刊》（The Atlantic）上的報導：「當今女性用極端手段，把陰部弄

得像青春期前一般光禿的這種事，已經變得再平常不過了……」[56]
費特斯引用印第安納大學金賽研究所（Indiana University and Kinsey Institute）的研究：18至24歲間有近6成、25至29歲間有達半數的美國女性傾向不留恥毛。研究者表示，此現象可被稱為「新的通則」。[57]

當然也不是每個女性都要讓自己的外陰煥發青春光彩，印第安納大學的研究發現「會將陰毛完全去除的女性，與年紀較輕、性取向、性關係狀態、過去四周內有接受口交有關」，尚包括其它因素。雖然我認為經常口交是除毛的一項好理由，但看看1968年澳洲天體族的一項調查：有一成的人會除去恥毛，五成會修剪恥毛，剩下的完全不會動到自己的毛。[58]

恥毛思維已經整個翻轉了。

這方面的研究不多，而且僅以女性恥毛為觀察對象。然而在天體世界，不是只有女人會除毛而已；男性修體毛（manscaping）也屢見不鮮。

在我準備展開人生第一次天體度假村體驗的時候，也有想過修一下身上的恥毛。我才不想讓《李伯大夢》（Rip van Winkle）男主角落腮鬍一樣的跨下，毀了我非情色社交裸體的初體驗咧。我做了點功課，看到《君子雜誌》（Esquire）、《GQ》、《男士健身雜誌》（Men's Fitness）上都有專文介紹男性修毛，覺得興味盎然。

顯然感覺很不錯，女人也很愛。

---

56 Ashley Fetters, "The New Full-Frontal: Has Pubic Hair in America Gone Extinct?," *Atlantic*, Dec. 13, 2011.

57 Debra Herbenick et al., "Pubic Hair Removal among Women in the United States: Prevalence, Methods, and Characteristics," *Journal of Sexual Medicine* 7, no. 10 (Oct. 2010): 3322–30.

58 Allan Edwards, Keith Gilbert, and James Skinner, *Some Like It Hot: The Beach as a Cultural Dimension* (Oxford: Meyer and Meyer Sport, 2003), p. 118.

我承認自己有點懷疑這些文章不過是吉列、Panasonic等公司，為了把除毛刀販售給缺乏安全感的傢伙們所作的置入性行銷。但我算是缺乏安全感的傢伙嗎？要我百分之百誠實的話，沒錯。我對自己的外觀的確沒多大自信，能在天體度假村昂首闊步，接受其他旅客們「哇～」、「喔～」的讚嘆聲。我自認沒有什麼好令人驚嘆的男性魅力，只求別人不要對我指指點點、冷嘲熱諷就夠了。所以看到內文保證說，只要修掉一吋（2.54公分）的陰毛，老二就能神奇地看起來變長一吋以上，就覺得好像蠻值得試試看的。是說，從平面設計的觀點來看也不無道理，況且這種變長一吋給人帶來的自信心，誰不要啊？至少雜誌裡面是這麼說的啦。

我買了除毛刀，開始動工。看來沒有我想像的那麼難；不同的附件能保護肌膚免於被割傷。而且呢，毛一下子就刮除了耶！本來我只是想簡單修一下就好，但既然都做下去了，乾脆就一次到位吧，就像我說的：這是一種體驗嘛。

入夜後，我老婆看到我這樣，就說：「唉唷，親愛的，你這是在搞什麼啊？」她關切的語氣充滿同情，就像眼前是個用洗不掉的麥克筆在臉上亂畫的小鬼。

即便我已經用刮毛刀刮過頭了，還是離果泥（smoothie）差得遠。

可別把「果泥」跟一般所說的果汁搞混了；這裡指的是喜歡把脖子以下的毛全部除掉的人，「果泥」這個詞常被用來形容那些會把陰毛完全脫除的天然主義者，他們是天體族中的天體族；講究的果泥人不是只剃掉或用蜜蠟除掉陰毛而已，他們會把體毛全部處理掉。他們認為除掉這層外衣能「促進光滑、無毛的古典審美理想」。*這是他們所謂「光滑生活」的一部分。

*有荷蘭和英國兩種版本的「果泥俱樂部」，這邊我引用的是荷蘭的網站（www.wnn.nu）。

EuroNaturist.com網站上，關於「光滑的天然主義者」的部份如此寫道：「陰毛對人類完全沒有用處，而且讓全身滑溜有很多好處。」我對他們有關體毛的功利或裝飾看法不予置評，所以就直接看看他們提出了哪些「滑溜的好處」吧。上面寫道：「外觀跟感覺都很讚喔！讓人變得更乾淨、更衛生，尤其對女性更是如此。肌膚光滑能增加敏感度，讓快感全面提昇！」[59]

看到有關衛生的部份，我眉毛抬了一下——「尤其對女性更是如此」，有這回事？——天體組織主動提及快感，感覺蠻新奇的。

我在維拉海灘跟阿格德角都看過一些男女果泥，不過我不知道他們還有推出相關的運動，成立專屬俱樂部、節目來推廣相互脫毛（glabrousness）。事實上，想讓身體滑溜，意味著行事曆會排上滿滿的社交行程。荷蘭的果泥俱樂部「頂尖裸族世界」（The World of the Nudest Nudist，WNN）就舉辦了諸多活動：「每週一次夜間桑拿浴和泳池集會、全國夏日會議、德國天體旅館週末活動、克羅埃西亞天體郵輪，以及我們一年一度，辦在荷蘭中心地弗雷佛-納圖爾（Flevo-Natuur）天體營地的國際光滑日（International Smoothy Days）」。

英國組織「務淨天然主義者」（Smooth and Cut Naturists，SCN）不僅支持除毛，也推動男果泥割包皮。他們的官網上寫道：「SCN堅持除毛（意指完全不留體毛）以及男性須割包皮的立場，這兩樣加起來（尤其是裸體時）會有很多好處。」SCN也強調衛生，讓我不禁懷疑他們該不會同時是什麼細菌恐懼症天體俱樂部。也許只有我覺得割包皮這個要求很奇怪，但俱樂部的論點是：「SCN堅決相信，割包皮能滿足許多美學上的理由，特別是當陰莖

---

59 "Smooth Naturists," Euro Naturist, www.euronaturist.com/smooth.htm (accessed June 7, 2014).

沒有被我們果泥人視為醜陋的陰毛所環繞的時候，而衛生與外觀（對天然主義者來說）只是其中的兩個理由而已。就是這樣的附加要求，讓SCN如此獨特。」[60]

　　陰毛有著光怪陸離的歷史。最早的時候，美國政府完全不允許雜誌上出現陰毛，所以50至60年代誕生的許多如《日光與健康》（*Sunshine & Health*）、《摩登日光浴》（*Modern Sunbathing*）等天體雜誌，其藝術指導都只得叫模特兒掩飾下體，或用噴漆把圖片上的陰毛整個覆蓋掉。審查制度鬆綁後，讀者就能在《花花公子》（*Playboy*）等雜誌窺見陰毛。那個時代的雜誌當中，我最愛的就是《傻瓜新聞》（*Jaybird Happening*），它是花孩子天體族（flower child nudist）的情色小報，上面可以看到各種稀奇古怪、雜亂、濃密的陰毛自由綻放的模樣。該雜誌將天體生活與60年代晚期支持性愛的嬉皮運動結合，圖片中往往出現裸體男女在各個地方閒晃、擺出所謂的「開腿照」姿勢（spread shots），《傻瓜新聞》真可說是為了慶祝陰毛解放而生的。

　　有一項由喬治華盛頓大學針對《花花公子》雜誌中間插頁的研究，顯示了研究者稱之為「外陰進化」（Evulvalution）的時間軸；據此可看出女性外陰部和陰毛的演變。他們發現，直到80年代晚期，雜誌上幾乎所有的模特兒，陰部看起來都很天然，但到了90年代就開始出現變化。時至今日，《花花公子》兔女郎的陰部，大多都有經過修剪或剃除。根據他們的研究，當「插頁模特兒的外陰從天然的女性外觀變得越來越離經叛道時，我們可以推測，此項案例

---

60 "About SCN" and "Frequently Asked Questions," SCN, www.smooth-naturists.co.uk (accessed June 7, 2014).

中的陰毛終究會走向以部份或完全剃除為主流。」[61]

這種事為什麼會發生呢？有些人認為是因為巴西除毛傳入我們這個半球，再透過電視劇《慾望城市》（*Sex and the City*）的播送而變得熱門。這說法有可能是真的，但我自己是認為有個簡單的答案：情色網站。

A片明星將陰毛剃除的理由很容易理解，就是當他們在做動作的時候，陰部可以讓人看得很清楚，視線不會被擋住。說起來的話，在情色片市場上，刮乾淨的外陰就跟臉部一樣。我覺得這是為了讓比較注重細節的片迷，不會注意到僵硬動作和單調情節的手段。

陰部剃毛在歷史上是有先例的，起初是妓女們想控制陰蝨的感染；當然在那個時候，沒人會覺得長得像青春期前的陰部能挑起性慾，所以專業妓女就會戴一種叫做merkin的假陰毛。諷刺的是，當今的好萊塢女性——容我提醒一下，這邊指的是今日的年輕女性——為了演那個時代的片子，還得戴著merkin，比如《為愛朗讀》（*The Reader*）和電視影集《海濱帝國》（*Boardwalk Empire*）。想像如果《唐頓莊園》（*Downton Abbey*）有可以看得很清楚的性愛喬段，演員也會為了呈現史實而戴 兩片merkin。

或許好萊塢根本沒人有陰毛。老實說吧，這個產業不就是要讓女性看起來很幼齒嗎？但她們跟其他任何人一樣，都是時尚的奴隸，只想走在流行尖端，就像流行性感冒一樣，最終都要滾入時尚的洪流中。

看到男男女女們花那麼多時間和金錢，修飾一個他們不想讓別

---

61 Vanessa R. Schick, Brandi N. Rima, and Sarah K. Calabrese, "Evulvalution: The Portrayal of Women's External Genitalia and Physique across Time and the Current Barbie Doll Ideals," *Journal of Sex Research* 48, no. 1 (Jan. 2011): 74–81.

人看到的身體部位，真的是怪諷刺的。這毫無道理啊！除非果泥們講得沒錯，脫毛能讓整個人看起來更性感一點。但，不知道欸，因為搖擺不定的陰毛款式似乎又蕩回早期天然主義者的風格了。最近在《紐約時報雜誌》（*New York Times Magazine*）的一篇文章上，亞曼妲・荷斯（Amanda Hess）提到充滿野性、毛茸茸的陰毛再度復出：「最近興起一股重返自然的熱潮，復古、歡快的感覺令人耳目一新，展現出一種自信的成熟味。」[62]

看來我要來把除毛刀塞進倉庫裡了。

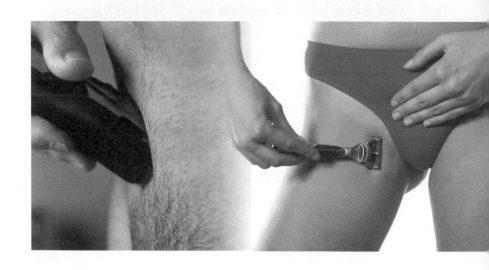

---

62 Amanda Hess, "On Beauty: For Women, a New Look Down Under," *New York Times Magazine*, Dec. 1, 2013

佛州似屎有其因

開著租來的Yaris*，行駛在佛羅里達州中部樹林的兩線道顛簸路上，抬頭正好看有架小型飛機拉出白色泡泡字體，上頭寫著「耶穌愛你」的空中標語，穿越清朗的藍天。我不禁想：難道有什麼特別的事？他們是每天都會在天空發送這種宗教信息，還是今天有什麼特別的活動？也許佛州就是個無奇不有的地方。那天稍早，我在卡申休息站看到一種叫「鱷魚鮑伯的煙燻鱷魚乾」的食品，包裝上面宣稱這是他們的獨家食譜，很明顯就是摻豬肉的意思，我沒吃過豬肉乾，不過我覺得豬肉跟鱷魚的組合應該蠻不錯的，這麼說不代表我有吃過。

＾ 這是Toyota給Kia Rio和Honda Fit的回答。

高速公路休息區有個告示，提醒機車族去盥洗室的路上要注意毒蛇，我們加州可沒這種東西。

離開位於美麗的墨西哥灣沿岸的坦帕（Tampa），朝著托霍普卡萊加湖（Lake Tohopekaliga）的大方向，也就是佛州的中心前進。道路在鄉村間蜿蜒，經過拖車公園，偶然看到一些農舍、教堂、沃爾瑪購物中心（Walmart Supercenter），還有許多看起來要價不斐的新建樓房。這些新潮的房子都有個往後院突出的奇怪建築，就像背著具有未來感的後背包。原來這是大型屏蔽式涼廊、防蚊蟲的大客

廳，證據顯示它能在燠熱的夜晚躲過聖經中的嗜血蚊子，也許當人們說這是個「敬畏上帝的國度」，指的其實是他們怕的是蚊子。

　　路旁有個告示牌寫說：「懷孕才過18天，嬰兒就開始有心跳」。聽起來很有趣，但不知道他們葫蘆裡賣的是什麼藥。

　　佛羅里達州被稱為「陽光之州」（Sunshine State）是有原因的。佛州2月份的天氣真是好到不行—不會太熱，也不會太潮濕—很能理解這邊何以有這麼多天體度假村。根據AANR的資訊，佛州至少有12座天體度假村，游移俱樂部可能更多。其中有些像是在洛克斯哈特克黑（Loxahatchee）的「日光運動花園」（Sunsport Gardens）和基西米（Kissimmee）的「柏樹灣」（Cypress Cove）都是設施齊全的度假村，吸引世界各地的候鳥遊客們前來。其中包括為數甚眾的加拿大人和歐洲人，冬季來到這個充滿陽光的地方，在自己的露營車或租屋處舒舒服服住上幾個月。

　　於是帕斯科郡現象（Pasco County phenomenon）出現了。位於墨西哥灣沿岸，坦帕的北方，帕斯科郡是美國唯一一處同時擁有五間穿脫自便度假村，且天體社區比比皆是的地方。此區的人之所以想把衣服脫掉，也許是因為這裡存在著某種能讓肌膚舒爽的漩渦、令人感到和諧的共鳴。無論如何，帕斯科郡的天體族整個就是多到不行。這些社區會取些名字，比如叫「火辣」（Caliente），號稱有「全球最火辣的派對」；「天堂湖度假村」（Paradise Lakes Resort），標榜「這裡可以讓你自我解放」；「伍茲露營車及移動小屋度假村」（Woods RV and Park Model Resort）則邀請你「來伍茲『光屁股』吧！」。有些像是「綠洲度假村」和「科莫湖度假村」這種比較低調點的就沒有標語。

　　所謂的「天體社區」，就是可以讓你一天24小時、一個禮拜7天、一年365天，天天裸體的地方。無論是除草、拿信、到俱樂部

餐廳吃飯、打網球，還是跟鄰居一起喝啤酒，都不用把衣服穿上，想像一下永遠不用再洗衣服的生活，這點應該要當宣傳標語的。假如在天體社區待得有那麼點無聊了，開車到海邊也只要一小段路，但基本上不大可能會無聊，例如像「火辣度假村」就有提供每日瑜伽、網球、水中有氧，以及一種叫作「cardio pump」（槓鈴有氧）的東西，指的可能是運動課程，也有可能是給年紀大一點的住戶使用的心肺復甦裝置（CPR refresher）。此外，還有西班牙文課、雞尾酒優惠時間（happy hour）、卡啦OK……等，不勝枚舉。這邊甚至還有房仲業者專門銷售住宅、公寓給天體族。佛羅里達的海岸線長度僅次於阿拉斯加，氣候溫暖、艷陽高照，這樣的無衣天堂根本就是天體族的菜，除了那一群群彷彿聖經提到的嗜血蚊蟲以外。

　　但我來佛州中部的目的，不是為了槓鈴有氧或是裸體看房子，而是因為佛州中央基西米的一座小城，有我想找的美國天體主義者研究圖書館（American Nudist Research Library）。

　　我轉向一條路名恰到好處的「歡樂山路」，不久就發現自己已經開進柏樹灣水療天體度假村的車道上，很多人將此地視為美國東岸最佳的天體度假村之一，圖書館也座落於此。

　　柏樹灣的格言是：「出走，但不遠離」（Away from it all, but not far from anything.），這樣的說法一點也不誇張；度假村離迪士尼樂園、環球影城和奧蘭多海洋世界都不遠。這裡就跟很多天體度假村一樣，是家庭場所，僅限攜伴出入，單身男性訪客若是想待在這，得經過特別申請。跟之前在泰拉考塔旅館的經驗一樣，我一開始打電話訂房時是被拒絕的，但隨後我跟柏樹灣的老闆泰德·哈德雷（Ted Hadley）告知來意，說是要造訪他們的圖書館。泰德人非常好，通情達理，他可能認為會上圖書館的作家，不至於是什麼危險的性開放者吧，於是就同意了。

　　我沿著「太陽小谷車道」中間畫的黃線走，經過熱鬧的露營車區，最終抵達「日曬大道」路口的總部。

　　辦理入房登記時，才知道度假村是成立於1964年，也就是說他們目前正在慶祝50週年紀念，他們給的限定款紀念別針證明了這件事。

　　年輕、和藹的「第三代天體族」——史帝夫，開著高爾夫球車帶我繞行度假村。他輕輕鬆鬆地駕駛著，經過草地時，車子輕快躍動；他向我介紹大湖的水上活動——獨木舟、腳踏船、游泳，還特別提醒我：「這時候游泳可能會很冷」。其中的某一區是平房和移動小屋，住滿了常年住戶，另一區則是設施完善的露營車營地，另外還有搭營帳的營地，以及我住的那種「旅館別墅」。想找點樂子的話，可以去馬蹄鐵投擲坑（horseshoe pit）、匹克球場（pickleball court）*、兩座游泳池、健身館、水療館，餐廳有兩間，一間是夾在兩座泳池中間的「奇克斯燒烤酒吧」，另一間則是「史柯多伯茲湖畔餐館」。

*國際匹克球聯盟（International Federation of Pickleball）對此運動的形容如下：
「一種簡單的球類運動，使用具特殊穿孔的慢速球，如羽球場大小的場地上掛有類似網球場的網子。」

　　柏樹灣泛著一股東拼西湊的趣味，移動房屋的主人們用串起的塑膠小飾物、花圃、園藝修剪和奇特的植物來妝點他們的小小園地，營造個人品味，到處都看得到鳥屋、復古街燈、巨型裸體雕像，偶爾也會看到花園小矮人。大多數居民都是開高爾夫球車，我還看過其中一輛外觀設計得很像賓士車。晚餐時段，往餐廳的路上，得小心避開越野卡丁車的交叉襲擊，碧水幽幽，綠樹芊芊。居住區相當熱鬧，可以想像現場有很多活動正在進行著，即使絕大多數人只是在那兒曬太陽、拿了本書在吊床上閱讀。

　　我房間才剛重新裝潢過，如果正對著前窗外，有個裸體澳洲佬正在野餐桌上喝啤酒這點不說，這間看起來就跟舊金山的精品旅館差不多。

　　圖書館平常是週一休館，但基本上我能去那邊的日子也只有禮拜一而已。不過我已經與那邊的圖書館志工之一的鮑伯·普羅柯特安排了特別會面，也跟他說我並不難認，只要看「有穿衣服的傢伙」就知道了。

　　圖書館本身是其中一座泳池旁的平房，我穿著卡其褲和T恤在原地等待，暗自期望鮑伯跟另一為名叫吉姆的志工停下高爾夫球車時，自己看起來不要太可笑。鮑伯只穿了件T恤，吉米除了助聽器跟褪色的刺青外，身上什麼都沒。難道我還要期待美國天體研究圖書館的館員穿著衣服嗎？

　　應該不用吧。

　　雖然圖書館不大，但館藏之豐，著實令人驚嘆。天體雜誌中就有包括像1950年代法國的《寰日天體》（*Solaire Universelle de Nudisme*），有些是德國身體解放文化「Freikörperkultur」延伸出來的刊物，另外也有西班牙文雜誌。自1930年起至今，絕大多數的天體出版物都是英文，從經典刊物如《日光與健康》、《美國日光浴人》（*American Sunbather*）、《健康與效率》、《日晷》和《陽光麥色》（*Suntan*），乃至五花八門的雜誌如澳洲的《焦糖》（*Tan*）、《紐西蘭天然人》（*New Zealand Naturist*）、《遊獵傻瓜》（*Jaybird Safari*），還有給荷蘭果泥們* 看的雜誌《至裸》（*Nudest*）。大多數的雜誌是按年度集結起來精裝，但比較晚近的雜誌則是擺在鬆散的紙板架上。

*請參考「陰毛修剪流變史」章節，以進一步了解果泥現象。

翻看這些老雜誌，裡面的內容讓我蠻驚訝的，比如瀏覽1945年3月號《日光與健康》雜誌的某篇文章，你就會在近代的《N雜誌》或其他當代天體刊物上看到一模一樣的主題。像是〈我為何成為天體族〈二〉〉、〈一起享受健康美食吧！〉、〈意淫天性剖析〉和〈裸體是罪嗎？〉之類的。

看來男女脫衣社交的觀念，一直是懸在社會中的老問題。

就這樣翻來翻去，看到最喜歡的部份，是1940年代《健康與效率》上讀者投書的照片。這些照片中多半是年輕男女在大自然裡賞花、在森林裡漫步，或在海邊凝視著不遠處。這些照片都會取標題，例如：「向恩典致敬」、「沐浴之後」、「百合池」。

圖書館收藏上百張天體族的老照片，有些溯及1932年的「天空農場」，以及1930年「美國身體文化聯盟」最早期的天體營，另外也有天體主義相關的紀實文學和少部份的虛構作品。

在我瀏覽這些館藏時，鮑伯坐在毛巾上使用筆電。他笑容可掬、態度親切，灰白的鬍子和那副眼鏡讓他感覺像個和善的歷史教授。曾是飛行員的他，目前在自家小院子種木瓜、給退休夥伴們上蘋果電腦課程。圖書館當志工和天體休閒以外的時間，都在保養他那上千瓶的啤酒瓶罐、在個人網站上提供70種不同的Jell-O果凍食譜。

鮑伯在柏樹灣至今只住了「6到7年」，老前輩吉姆則早在1964年就已經來到這裡了；他自稱因為「每次都帶不同的女孩前來」而搞得惡名昭彰。吉姆全身曬成古銅色、毛脫得乾乾淨淨，被風吹歪的頭髮，看起來就像是海灘男孩（Beach Boys）的創始成員之一。那頭瀏海、身上的刺青和不正經的笑容，無怪小姐們會喜歡。過去吉姆曾想跟女友在柏樹灣定居，但在他倆結婚前，雇主都不同意，因為我說過了，這是個家庭場所。

1984年，吉姆住下來了。

圖書館在1979年開張，並於1996年擴建。房間有一大塊區域被最先進的數位化裝置佔據，志工們在此做著單調乏味的作業，要把館藏中的每一本雜誌裡的每一頁掃描進去。這個計畫很有野心，也還有好一大段路要走，但他們是期望某天能將天體歷史的每一段篇章，都放在雲端供學者和歷史學家使用，甚至像我這種素人也能用到。

前面我提過鮑伯人很好；他聽說我一個人旅行，就邀我跟他、他太太，以及幾位朋友，在湖畔餐廳共進晚餐。

他說：「我看到別人獨自吃飯總是很不好受。」

我立刻表示贊同。

史柯多伯茲湖畔餐館就跟你想的一樣，位在湖畔。室內寬敞，樓中樓的空間以U字型環繞舞池；每晚在餐廳的中心位置，都會安排娛樂節目和小型舞台表演。當晚的活動是請歌手唱卡啦OK版的「50至60年代金曲」。

我和鮑伯、他老婆米琪以及他們的幾位朋友坐一桌。其中有一對夫婦，是來自「多倫多郊外小城」的候鳥遊客；當我說：「我很喜歡多倫多」時，兩位候鳥盯著我的模樣就好像我才剛從瘋人院放出來似的。坐在桌子最遠那一頭的另一對，男方的名字沒提到，女方暱稱「小蘿」，是個曬成小麥肌、笑點低的女人，他們跟我說小蘿知道度假村所有人的八卦。

那位加拿大先生把服務生叫過來，點了壺啤酒。他太太對著服務生說：「別忘了拿我的假陽具來。」聽她這麼說，我忽然覺得這段晚餐經歷變得很特別。

是說，這一桌除了我以外，都已經超過65歲，但他們都曬得焦黑、其樂融融，隨時準備開趴的模樣。這邊我也要澄清一下，他們

現在是有穿衣服的。酒壺送來之後，我才看到所謂的「假陽具」，實際上比較像個冰凍過的塑膠瓶，可以插入壺子裡保冰。聰明，實用，有點鹹溼味。

鮑伯夫婦推薦我義式奶酪茄子卷（eggplant rollatini），所以我就點這道菜外加一瓶鵝島啤酒（Goose Island）。

就在我開始啜飲啤酒的當下，晚間娛樂節目開始。演唱者是個大腹便便的男人，大概30出頭吧，穿著鬆垮垮的黑褲子和黑襯衫。小蘿望向舞台，熱烈鼓掌，回頭對同伴們說：「看他瘦了多少！」讓我不禁好奇，在他砍掉多到令人驚嘆的肥油之前到底有多胖。背景音樂響起，演唱者拿起麥克風，用一種排練已久的生動表情，含情脈脈地唱著。

聽到艾維斯・普利斯萊（Elvis Presley）、泰伯・杭特（Tab Hunter）和山姆・庫克（Sam Cooke）的名曲沒什麼好意外；看到數十對夫婦在舞池中轉圈也沒什麼好意外。讓我覺得比較特別的是：大多數的男人都沒穿褲子。

事實上也不是全光溜溜的，而是穿著夏威夷衫和涼鞋，少部份時尚點的還會穿鞋子跟襪子；但他們的老二外露，隨著微風輕舞。女生就沒那麼赤裸了，她們穿著洋裝、襯衫和短褲，連乳溝都不太顯眼。我大口吃奶酪茄子卷、大口喝啤酒，欣賞舞者隨著唱得尚可的「艾佛利兄弟二重唱」（Everly Brothers）〈凱西的小丑〉（Cathy's Clown）和德爾・香農（Del Shannon）〈逃跑〉（Runaway）迴旋起舞。男士們享受著腰部以下的反穿衣自由，老二像人肉節拍器一般搖擺晃動。

天體海灘

　　美國天體研究圖書館（American Nudist Research Library）內，有一座卡爾・馬克思（Karl Marx）的小型木雕人像，他是德國的哲學家兼經濟學家、社會主義革命家。雖然我找不到任何的史實或軼事，能證明馬克思是天體主義者，但這座塑像正赤裸裸地站著，髭鬚張狂、蓬散，大肚皮半掩著生殖器。一手捧著書，另一手握拳做出革命手勢。光溜溜的卡爾・馬克思，看起來不像是在開玩笑。

　　底座有個小牌子寫道：「李・巴克森道爾（Lee Baxandall）捐贈。」

　　李・巴克森道爾是個作家，作品涵蓋貝托爾特・布萊希特（Bertolt Brecht）的劇本翻譯、編輯威廉・賴希（Wilhelm Reich）的一系列著作、編纂《馬克思與恩格斯藝文觀點》（*Marx and Engels on Literature and Art*）及《激進藝術觀點》（*Radical Perspectives in the Arts*）文選。[63] 他的文章亦刊載於各大雜誌，包括《國家》（*The Nation*）、《黨派評論》（*Partisan Review*）、《解放》（*Liberation*）、《美學與藝術批評雜誌》（*The Journal of Aesthetics*

---

63 Baxandall *coedited Marx and Engels on Literature and Art* with the Polish philosopher Stefan Morawski (St. Louis, MO: Telos Press, 1973). See also *Radical Perspectives in the Arts* (Harmondsworth, UK: Penguin Books, 1972).

and Art Criticism)以及《紐約時報》。諷刺的是，雖然他總是曲高和寡地站在藝術與辯證唯物主義的交點，但他最暢銷的書卻是《李‧巴克森道爾的全球天體海灘及休閒指南》（*Lee Baxandall's World Guide to Nude Beaches and Recreation*）。

好端端的社會主義者，怎麼會變成天體主義者呢？想像假如菲德爾‧卡斯楚（Fidel Castro）滿腦子的革命想法忽然大轉彎，把古巴變成穿脫自便天堂；其實不難想像還是會有一些禁令，就像美國文化中對赤裸的人的恐懼感一樣。

1935年，巴克森道爾生於威斯康辛州的奧什科什（Oshkosh）。童年看起來再正常不過，但隨著年歲增長，他開始覺得「奧什科什很無聊，有種疏離感」[64]。他曾參加童軍、加入高中辯論隊的其中一員、當過班長，跟一般美國實業家的履歷差不了多少。然而，是童軍經驗讓他接觸裸泳，就這點坦白講的話，我是不知道男童軍會有這類活動，沒辦法想像天體還有勳章可拿。但如果真的有，會是什麼樣子呢？

巴克森道爾進入威斯康辛大學麥迪遜分校（University of Wisconsin at Madison），於1957年取得文學士學位，一年後取得碩士學位。這段時間，他似乎經歷了每個年輕、叛逆、聰明絕頂的青年都可能遭遇的所有麻煩。他加入激進組織；共同編劇並執導反軍國主義戲劇*；共同創建一本叫做《左派研究》（*Studies on the Left*）的左翼雜誌，還有吸一種「與眾不同的香煙」。

*《古巴童軍》（*The Boy Scouts in Cuba*），馬歇爾‧布里克曼（Marshall Brickman）與丹尼‧卡爾伯（Danny Kalb）合著。

在紐約，巴克森道爾過著一種波西米亞式知識份子的生活，

---

64 Lee Baxandall, "New York Meets Oshkosh," in *History and the New Left: Madison, Wisconsin, 1950–1970*, ed. Paul Buhle (Philadelphia: Temple University Press, 1990).

編輯有關性與左翼政治的書，寫戲劇跟文章，與古巴的切·格瓦拉（Che Guevara）會面、抗議越戰。為了避開城市的暑熱，他會帶著家人——第二任妻子蘿茲和兒子菲尼亞斯——在麻薩諸塞州的鱈魚角（Cape Cod）度過夏天、在該地的長頸海灘（Long Neck beach）和布魯什哈洛海灘（Brush Hollow beach）裸泳。

不難想像巴克森道爾跑去當劇評家或取得終身大學教職，但事業軌跡不會一直那麼平順。當鱈魚角的地方政府宣佈關閉裸泳的海灘時，巴克森道爾忽然發現與他的童軍情懷如此親近的緣由。

正如天體歷史學家賽克·辛德（Cec Cinder）所述：「天體日光浴和在海中裸泳，對他而言，便是他記憶之中天真、質樸的威斯康辛州年少時代的傳統及延伸。」[65]

這位前鷹級童子軍的新社會主義者（neosocialist）將自己的革命熱忱轉而投入比解放理論更實際的事情上；他想要裸泳，而為了能繼續這麼做，他必須起身對抗強權。

巴克森道爾成立了「解放天體海灘委員會」（Free the Free Beach Committee），邀集連署、寫信給編輯。當這些努力都無法說服當局之後，便向麻薩諸塞州美國公民自由聯盟提起訴訟。

他失敗了。

我不確定社會主義運動家轉而變成天然主義運動家奇不奇怪，但試想：馬克思對資本主義的批評，其實跟早期天然主義者對於過著裸體生活、從資產階級社會的需求中解放、在物質世界中拿回自主權的期望其實差不了太多。也許兩者不同，但他們都因相同的理念而有所連結，像是從資本主義的壓力和消費文化的制約下解放，以期得到更好的生活。

就像歷史上許多天體運動一樣，從1960年代晚期到1970年代

---

65 Cinder, *The Nudist Idea*, p. 624.

　　早期，天體族之間的演變都會有偶然的同步性，只不過這次是發生在美國。當巴克森道爾在麻薩諸塞州為了「解放天體海灘」起而對抗強權的同時，加州灣區的天體族也成立了「天體海灘委員會」（Committee for Free Beaches），其目標為「在太平洋沿岸建立數個海灘景點，並排除不合理的限制」。或像他們生動表明的：「我們的觀點是：享受游泳和日光浴，最合乎常理、有益健康的做法，就是裸體。」[66] 1967年，他們將舊金山南方的聖格雷戈里奧海灘（San Gregorio beach）變成非正式的裸體海灘，方法就只是幾個人上去脫光，享受天體樂趣。

　　有趣的是，巴克森道爾和這群海灘解放者都不是美國日光浴協會（AANR前身）的會員，也不隸屬於任何一個天體組織。他們是「自由玩家」，單純喜歡在海灘上自由奔放的感覺；除了享受衝浪、日光和脫衣之樂以外，並不想加入任何正式機構。我猜大多數的參與者是比較沒那麼激進的社會主義者，多半都只是一些當時候想追求刺激的年輕人。

　　1970年代帶起了天體市民的抗爭，主要是因為查德・梅瑞爾・史密斯（Chad Merrill Smith）在聖地牙哥附近的海灘裸躺遭逮捕而引發。史密斯被逮的原因是違反了《加州刑法典》第314條：「任何人故意行淫穢之事，包括以下任一項：1. 個人或部份軀體暴露於公共場合，或任何有其它人之地點，並因此造成冒犯與困擾。」[67]

　　史密斯被判有罪，罰款美金100元並緩刑。但他很快就發現這樣的判決，會迫使他「根據《刑法典》第290條登記為性犯罪者。」史密斯認為自己不是性犯罪；他沒有行淫穢之事、沒有要以裸體吸引

---

66 Cinder, *The Nudist Idea*, p. 593.

67 引自法院意見，作者為 Stanley Mosk 法官，*In re Smith*, 7 Cal. 3d 362, available at scocal.stanford.edu/opinion/re-smith-22890 (accessed June 7, 2014)

任何人注意，也沒有勃起。因此，他提出上訴，最後案子上訴到加州最高法院，並於1972年6月13日獲得勝訴。

加州高等法院表達全體一致的決定，對此，史丹利・莫斯科（Stanley Mosk）法官寫道：「我們有同樣的推論，認為不該讓人認為立法機關有以下意圖：未來為防範個人在孤立的海灘裸體進行日光浴，即『要求警方時時監控』以避免他們從事『危害社會的犯罪行為』。我們並無此意，因此本案不適用於第314條第1項。」

法院認定裸體不構成犯罪；想要行淫穢之事，你還得加把勁。

對於喜愛裸泳的人來說，這是個關鍵的決定，帶動更多人到海灘上。弔詭的是，史密斯的罪名不成立反倒助長警方到海灘上取締不雅暴露。這項決定也引發執法單位和地方當局的反彈，使得之前在馬里布（Malibu）、聖塔芭芭拉（Santa Barbara）及更遠沿岸的非正式裸體海灘，都面臨關閉的命運。

加州的天體族明白，除了高等法院的裁定外，他們也必須成立某個組織來維護自己光屁股游泳的權利。因此在1973年，這一群志同道合的人成立了「美國海灘陣線」（BeachFront USA），賽克・辛德出任代理執行長。

海灘解放者們初期的戰爭之一，就是跟洛杉磯市議會對槓，因為議會決議要關閉裸泳族的威尼斯海灘（Venice Beach）。就像美國多數被關閉的海灘一樣，市議會也是遭受一連串的壓力，包括：資金雄厚的房地產開發商；關切此議題的宗教性人物如卡爾迪諾・提莫西・曼寧（Cardinal Timothy Manning），此人是羅馬天主教洛杉磯教區的大主教；洛杉磯警察局局長艾德・戴維斯（Ed Davis）對公共道德的疑慮，以及那些握有投票權的牆頭草議員。教會團體組成寫信接力賽，對當局拼命施壓，輿論也逐漸沸騰。局長戴維斯在1975年8月20日投書《洛杉磯時報》的內容中，宣佈他取消該報社的

訂閱，因為「你們就是即將面對放蕩行為所帶來的崩壞的保羅·列維爾（Paul Revere）* 們。」[68] 他之所以這麼說，是因為不滿該報社「不斷挑戰人們的道德價值觀」，包括「社論強力支持同性戀、大麻，以及許許多多近期在我國被禁止的行為。」看來他對於保羅·列維爾真正在做的事，有著非常怪異的理解。

* 美國獨立戰爭時期的愛國者，午夜騎馬通報英軍來襲的消息。

當局連開放一小塊威尼斯海灘當作穿脫自便海灘，都不肯妥協。不久，洛杉磯監委會跟進，天體在洛杉磯也被禁了，其中包括「任何女性皆不許暴露以下任一部份：乳暈、乳暈以下或貼齊乳暈上方邊緣。」這麼一搞，變成公開哺乳也是輕罪了。

年復一年，已經數不清有多少為美國海灘裸泳權所進行的抗爭。在麥迪遜西北方的威斯康新河，有座相當受歡迎的馬佐海灘（Mazo Beach），是該州唯一的合法天體海灘。但在2013年3月，威斯康辛州自然資源部宣佈關閉平日的天體娛樂活動，意思是你週末還是可以去那邊裸體，只不過仍然會有潛藏的風險。後來之所以關閉，是因為民眾抱怨海灘和附近森林有人使用毒品、發生性行為；這部份還挺諷刺的，因為於此同時，天體族也在抱怨海灘和附近森林有人使用毒品及發生性行為。

另一個天體海灘被侵蝕的案例，就發生在加州聖塔克魯茲（Santa Cruz）的北部。2010年，公園巡守員在原本屬於穿脫自便海灘的「波尼杜恩海灘」（Bonny Doon Beach）掛上告示牌，寫著：「本公園禁止裸體。」倒也不是說當地天體族就都會穿上衣服了。正如灣區天然主義者李奇·帕斯柯（Rich Pasco）所言：「一項長達

68 Davis, Edward M. "Letters to Th Times: Chief Davis Cancels His Subscription," *Los Angeles Times*, Aug. 20, 1975.

55年的傳統，不可能只為了一個小小告示牌而就此滅絕。」[69]

就在2013年，紐約火燒島（Fire Island）燈塔海灘（Lighthouse Beach）也在長達數10年作為非正式穿脫自便海灘之後，禁止裸體泳客入場。

雖然天體族大多是以輸家收場，但並不是全部的案例都這樣，還是有一些成功的故事。

當旅遊頻道對全球最佳天體海灘作一系列介紹時，邁阿密的可樂華海灘（Haulover Beach）便與巴西、克羅埃西亞、澳洲、牙買加等國的海灘一同列名全球最佳天體海灘。大多數情況下，其他海灘都是很守舊的孤立區域。而可樂華海灘特別之處就在於，它是個都市公園，於1991年由地方政府許可作為公共穿脫自便海灘，由邁阿密戴德縣公園（Miami-Dade County Parks）娛樂公共空間部門管理。根據海洋救生服務處的統計，這座海灘每年吸引約140萬人次的觀光客。

為了一睹這傳說中的沙灘，我訂了飛往邁阿密的機票。

我得承認自己從來沒有真正在邁阿密好好待過。我到邁阿密通常是為了要轉機去多明尼加、拿索（Nassau）之類的地方，而我也對邁阿密蠻好奇的。我很想知道一般的邁阿密居民會不會去可樂華海灘，甚至有沒有聽過可樂華。所以我約了記者兼多年的邁阿密住戶璜·卡洛斯·佩雷茲—杜堤耶（Juan Carlos Pérez-Duthie）在「凡爾賽」餐廳（Versailles）一起吃午餐。這間餐廳自稱是「全世界最知名的古巴餐廳」；不管有沒有名，這間大概是全美最大的古巴餐廳。兩黨總統候選人前來此處，參訪邁阿密頗具影響力的古巴社區，已經成為一項傳統。餐廳內部遼闊通風，綠色絨毛布簾搭配裝飾華麗的鏡子，營造一種拉斯維加斯的風格，但馬賽克地板跟桌椅

---

69 Hanauer, Gary. "Nude Beaches 2012," *San Francisco Bay Guardian*, July, 7, 2012.

就和美國其他餐廳沒什麼兩樣。整體感很時髦，我馬上就愛上這地方了。

瑞·卡洛斯纖瘦高挑，相貌英俊，臉上的鬍子精心修過，戴了附紅色矩形框眼鏡。他看起來就像個文青，來自熱帶的知識份子，而我猜他應該就是這樣沒錯。古銅色的肌膚不是因為日曬，而是身為波多黎各──蘇格蘭後裔佔了便宜。我跟他搞不好有血緣關係喔。

我點了午夜麵包*、搗碎的炸芭蕉──我很愛吃芭蕉──和一杯刺果番荔枝奶昔，此時瑞·卡洛斯正在吃一種奇怪的食物，叫做「vaca frita de pollo」，翻譯過來就是「母牛炸雞」，他邊吃邊和我分享早期來到可樂華海灘的故事。

* 一般稱作「media noche」，這種古巴夾心捲是甜麵皮包著火腿、烤豬肉、瑞士硬乾酪、芥末醬和酸黃瓜。

「之前我有個好友就跟我住在那附近，去那邊很方便。我還記得可樂華分成兩邊，一邊給異性戀，另一邊給同性戀，中間只隔著救生員崗哨。旅客都在那走來走去。」

我有點懷疑他們是來這邊找砲友，他點點頭：「大家彼此打量，但跟一般得穿著褲子的海灘情況差不多。」

瑞·卡洛斯回憶這段的時候笑了出來，「但在太陽西下、救生員和家庭旅客走了之後……」他抬起眉道：「水裡可就熱鬧了。」

「異性戀那邊是怎樣的情況？」

「異性戀那邊喔……一開始讓我很震驚的是，看到為數不少的家庭成員和老人家全身赤裸跑進水裡，以不同的語言一起玩樂、做日光浴，很多人曬到皮膚都乾裂了。」

他邊說邊搖頭，好像來到熱帶地區最悲慘的事莫過於曬太多、把皮膚燒焦。

我在吃夾心捲時忽然發現他們忘了給我夾酸黃瓜；對於像我這種什麼醃黃瓜都愛吃的人來說，「media noche」裡頭的酸黃瓜就

是精華。只是在我要叫女服務生過來之前，瓊‧卡洛斯就繼續接話了。「同性戀那一邊嘛……奇怪的是，身材最讚的幾個沒把衣服脫掉，都穿緊身丁字褲（skimpy brief）。」

「你是當天體族呢，還是加入同性戀的場面？」

「雖然裸體游泳感覺真的很棒，但我通常都還是穿著泳衣。在我看來最好的解決方法就是去找群聚的人抬槓。」

可樂華海灘是出了名的友善、適合交際。我看著瓊‧卡洛斯咬了一口芭蕉，臉頰鼓起來。

「像是有兩個之前在古巴很有名的『俏皮康納俱樂部』（Tropicana club）當舞者的中年男人，他們還有照片可以佐證喔。他們每週會造訪一次，每次都會帶遮陽傘、椅子，還有行動冰箱，裡面裝很多吃的喝的，另外還帶了個裝滿食物的大鍋了。比起看到他們裸體更讓我驚訝的，是他們帶了多少食物……一大塊烤豬肉、黑豆、米、樹薯、麵包等等，他們每次都會分一些給我們吃。」他啜了一口可樂，笑說：「有次他們帶了一桶肯德基炸雞，我們應該有分到幾隻雞腿吧。」

在喝了「cortadito」（古巴咖啡）之後，我和瓊‧卡洛斯互道再見，然後我就朝著這座有天體族和帶烤豬肉的古巴帥哥的城市綠洲前進。

無論什麼時候，只要「邁阿密海灘」這幾個字出現在我腦海中，幾乎就會同時跟著「雜貨店合唱團」（Cornershop）的歌——〈從搖滾學校一到三集學到的東西〉（Lessons Learned from Rocky I to Rocky III）* 裡面的一句歌詞：「身上長屌的小姐們」。** 我正行駛於柯林斯大道上，經過裝潢豪華的酒店、人聲鼎沸的鬧區。主幹道被高聳、華美的大樓包圍，變成像峽谷一般，有點不真實感，這樣的場景讓小城充滿了魅力，但是路上並沒有看到任何公開變裝戀物癖的跡象。在經過北岸（North Shore）和衝浪道海

灘（Surfside）之後，過一座橋再左轉，就到了可樂華海灘公園停車場。

* 此歌的填詞比較屬意識流，『搖滾學校』是八〇年代BBC的一個節目。

* * 來自2002年的專輯《一個世代的護手霜》（*Handcream for a Generation*）。

可樂華海灘有1.5英哩長（約2.4公里），但只有最末端的那四分之一英哩被規劃成穿脫自便海灘。我把車停好，通過道路底下的隧道，往海灘的方向走去。

海灘藏在又高又密的海葡萄樹叢籬笆裡，每30至40碼會切出一個通道。沿著公園生長的海葡萄，扮演著將城市和繁忙的道路，與海灘本身的寧靜分隔開來的角色。我從圍籬中間的一個切口進入，走上海灘。我不想過度誇飾，但海灘真的非常美。是可以在明信片上看到的那種美。由貝殼碎成的億萬顆砂礫組成的潔白沙灘，伸向綠松石色的海水，在海平線前慢慢轉為深綠色，直到最後被更深的天空藍取代。往右邊看，保羅哈博（Bal Harbour）和北岸高聳的建築緊貼在一起，彷彿它們是擠在電梯裡面一樣。往左看，公寓大樓和旅館只有更多沒有更少。這些貪婪的房地產開發商掠奪土地的行徑便如鯊魚一般，而且離岸不遠。邁阿密市想將保住這片質樸的都市沙灘，不被開發商侵佔，在這個年頭還真的需要一點點奇蹟哩。

我在沙灘上嘎吱嘎吱地走，直到看到一個告示，上面寫著：「從此處開始將有可能遇到裸體泳客。」我是有遇到幾個啦，但他們沒在游泳，大多都是坐在陽傘底下享受微風吹拂。我看到有一家人在野餐，小孩子把足球踢來踢去，有個老人裸體站在水深及踝的海裡，望向海平面。

我坐在救生崗哨的陰影下──沒看到分成同性戀、異性戀，我也不是要坐在那考慮要選哪一邊。空氣涼爽清新，日頭暖暖，跟碎浪的聲音結合，讓我落入一種類似冥想的恍惚狀態。難怪有人要來

佛州脫光，不想離開，純粹的享樂主義快感已經把他們給催眠了。這樣美妙的空氣、陽光和海水，怎麼可能會不想讓每一吋肌膚都感受得到呢？為什麼邁阿密的居民需要開上百哩的車，或跑到幾個偏僻的地方，才能脫掉衣服游泳呢？

同樣美麗，但在親近感光譜上，處於完全相反位置的，是加州聖地牙哥附近的布列克海灘（Black's Beach）。

1979年5月31日，加州公園和休閒管理部主任羅素·卡希爾（Russell Cahill），寫了一份政策備忘錄，指出該部門的官方政策為「公園內有關天體日光浴的規範，僅在有一般市民提出抱怨的情況下行使。」甚至還寫道「本引文或拘捕，僅適用於強烈拒絕遵守規範之情況。」這份備忘錄使聖地牙哥北部、多瑞松州立公園（Torrey Pines State Park）的布列克海灘，成為美國最早準合法的天體海灘之一。這項法條有點類似阿姆斯特丹對大麻的包容；雖不完全合法，但也不完全非法，總歸是依當下情況而定。

我想造訪一趟布列克海灘，於是拿了條海灘大毛巾就上路了。

布列克海灘不大容易找，我把GPS定位在「布列克海灘裸體族」（Black's Beach Bares）網站所提供的位置。這是一個志工團體，主要是在推動海灘的穿脫自便休閒娛樂。開了幾小時直到心神麻木之後，終於經過聖地牙哥加州大學的校園，到了300英呎高（約91公尺）、可俯瞰太平洋的懸崖頂端，這裡就是多瑞松飛行傘跳台（Torrey Pines Gliderport）的所在地。

「飛行傘跳台」跟你想的差不多，強風從海洋和崖面吹來，造成一種抬升作用，可以防止玩飛行傘的人在海灘上搞出一個人體形狀的坑。我猜那個懸崖應該很適合跳下來，有數不清的人們身上綁著奇妙的飛行傘裝置在空中飛騰，跳台的外觀說不上好看，倒是有

間吃點心的酒吧、禮品店和辦公處——我猜啦——有提供裹屍袋和用來把掉在底下岩石的人刮下來的工具。現場部屬著風向袋和風速測量儀，讓「駕駛員」可以判斷從哪邊跳會比較安全。另外還有幾間行動廁所（Porta Pottis）* 站在那邊待命，隨時準備讓想到生死交關一瞬間而產生未預期腸躁現象的駕駛員們使用。

* 製造行動馬桶的品牌。

往海灘的路上出現好幾個警告標示。跟可樂華告訴你可能遇到天體泳客不一樣的是，這邊都是在警告你懸崖結構不穩定，不要太靠近崖邊。這可不是在開玩笑的，2010年有個57歲的男子，身體靠著懸崖脫鞋子的時候，被滾落的石塊砸中身亡。

衝浪雜誌《surfer》明確指出通往海灘的道路是「危險崎嶇的小道」，從搖搖欲墜的懸崖峭壁上走下來時，必須經過一連串不規則、忽高忽低、粗略鑿成的階梯。在我從滑滑的沙粒和鬆鬆的礫石上費盡苦心走下坡時，很難不注意到從我身旁經過的人，在上坡時喘息、爆汗，看來這32階返回崖頂的跋涉讓他們一點兒也開心不起來。這怪不得他們，去年我的一個朋友，明明看起來是在巔峰狀態，卻在爬坡的路上心臟病發。

好不容易到了底部，來到這片美不勝收的海灘。

布列克海灘很壯闊，且是對外開放的，有將近2英哩（約3.2公里）的柔軟沙灘；就在那個值得歡慶的星期六下午，加州成了為世人所妒之地。天空蔚藍，蕩漾的海波映射著日光的金黃，清新的海風吹拂著；有人正在遠方的海面衝浪，有人在懸崖上拖曳著飛行傘。海灘不遠處，有三位裸體女性——那種歌裡面會讚頌的金髮碧眼加州女孩——正在沙灘上玩翻筋斗。

一切都太美妙了。

我開始走上海灘，探查毛巾要往哪邊擺比較好。不像之前在天

體度假村那樣的焦慮，我在此地覺得很愉快。風光實在太美好，根本也不會想到要緊張。

雖然有蠻多人在沙灘上，但此處佔地廣大，一點兒也不覺得擁擠。我忽然停住，看著一個綁著雷鬼頭的年輕男生，拿著一支熄滅的火把不停打旋，像個國慶日遊行喝醉了酒的啦啦隊長一樣，他應該要慶幸那支火把沒點燃，不然他的頭髮就不會在原來的位置上了。他那位上空的女朋友就站在旁邊，練習呼拉圈舞，他們倆看起來都非常認真，專注於自己的練習上，一副想參加馬戲團卻因技巧不足被打槍，因而發憤圖強拼命練習似的。

放眼望去，到處都有裸體的人在活動：游泳、丟飛盤、投擲足球，現場還有人在打裸體排球。當然還是有少數年紀比較大的天體族坐在陽傘下或躺在毛巾上，但大多數都是相當年輕又「Naktiv」（裸體行動）。不僅多數的天體族都比較年輕，而且人群之中又混雜著多元種族，是你會在加州的任何公共場域看到的種族熔爐場面。布列克海灘之所以會出現這種不一樣的景象，可能是因為要到達這裡比較沒那麼容易，也不怎麼安全。

我坐在毛巾上，褲子脫掉，開始噴上厚厚的防曬劑。雖然已經比較適應在大眾面前裸體，卻仍舊很怕曬傷。完整隔離了太陽輻射線之後，我站起來走進浪花裡，冰涼的海水拍打到我光溜溜的身子上時，我忽然想到電視劇《歡樂單身派對》（*Seinfeld*）的其中一幕：傑里的好友喬治・康斯坦扎（George Costanza）一直在跟女友解釋陰莖看起來很小是因為剛下水游泳。在這冰冷的太平洋海水裡浸泡一下，相信我，你一定能同理喬治的心情。

我坐回我的大毛巾，讓太陽溫暖我的身體，就在此時，我發現有件事不大對勁。不像其它天體度假村會明訂不許在公開場合調情或從事性行為，在布列克海灘似乎沒有類似的規範。情侶在沙灘上

卿卿我我，在浪花裡相擁，在岸邊打情罵俏，到處都看得到裸體族放浪形骸的模樣。有個留著莫霍克頭（Mohawk）、巧妙搭配法老山羊鬍的男子，正跟他女友躺在毯子上，疑似在練習性愛姿勢。他們沒有真的在性交，金賽研究院的學者可能也不會將他們定義為性交，但我說真的啦，你一定要在海灘上排練狗狗式嗎？

現場也有為數不少的同性戀晃來晃去，在沙灘上光著身子四處找砲友的年輕男生，與另一個有同樣意圖的人聊著天。看到這些裸體的人毫不避諱地表現性慾，我沒有感到不自在；相反，我覺得鬆一口氣，我發覺非情色裸體度假村的人在互動上的極度緊繃感，多少會讓人感到精疲力竭。

也不是說這些浪漫嬉鬧都無傷大雅，布列克海灘官網有貼出警告，說是有幾個變態經常出入此區。根據官網，這些變態的犯案手法，是先把毛巾擺在一對年輕情侶旁邊，假裝在看書。法國人把這種變態稱之為「voyeur」（偷窺狂），也有幾個暴露狂，喜歡走來走去，讓人見識他們跨下的輝煌。這些大概還算是中度變態，假如真的有變態等級的話，但網站上還特別指出一個男的：「外觀長得像羅伯特‧顧雷特（Robert Goulet）」，顯然這個人「有用某種東西灌入陰莖使之漲起」，然後站在海浪裡擺盪著假陰莖。幸好他是只有星期六才會現身，在空中揮動著他的漲屌，雖然講實在話，他長得其實比較像埃利奧特‧古爾德（Elliott Gould）。

無論如何，海灘看起來還是很清新，沒有那些天體信條，而能自由自在地親吻老公、老婆、男朋友、女朋友，伴侶可以作愛做的事，變態可以把老二充飽，一切聽起來都很人性化。無怪巴克森道爾和他的同志們會這麼想要解放海灘，而不是去玩其他天體娛樂活動。

巴克森道爾返回奧什科什幫忙家裡的影印事業，把它當成

天體運動的基地。1980年，他出版了《李·巴克森道爾的全球天體海灘及休閒指南》（*Lee Baxandall's World Guide to Nede Beaches and Recreation*），創立「天然主義者社群」（the Naturist Society，TNS），歡迎全美所有對於維持天體休閒活動有興趣的人前來參與。多年來，AANR一直是天體族唯一發聲的組織，而巴克森道爾則將TNS視為AANR私人俱樂部在心態及保守政策上的反動。他發行了一本名字取得挺糟的雜誌《以太陽穿衣》（*Clothed with the Sun*），後來改名為《裸體與天然》（*Nude & Natural*）。*

* 現在改叫《N雜誌》。

改變世界的方法之一，就是改變人們對自己身體的觀點，也就是說要接受真實的自己。1977年，TNS將天然主義定義為：「更加忠實地過著天然的生活，基本上只要在可能及適當的情況下，都應在社交生活中完全裸體，包括露出外生殖器。我們的目標是讓人們對於自身、其他個體，以及整個生物界的接受及尊重度能有所提高。」

TNS在自己的官方宣言上不斷重複這樣的定義：「對天然主義者社群而言，最基本的自我接納，就是從事天體海灘休閒活動。透過這種休閒活動，參與者無論是個人、伴侶或家庭，都可以學習欣賞不同的體態，增進對自我身體的認知與接受度。」

一旦開始接受各種不同的體態，就能開始接受不同種族、性傾向，不久便能打破因循守舊、由資本主義設下的藩籬。巴克森道爾與法國人埃米勒·阿爾芒有許多相似之處；他們都相信脫衣具有改變世界的力量。

巴克森道爾認為天體族不能光只會坐以待斃，等著那些海灘一個個關掉，他們必須要主動，必須跟律師進行商議，取得用以作為天體休閒的公共土地。為了達到這個目標，他創立了TNS的分部

——天然主義者行動委員會（NAC），一個全部由志工運作的政治行動非營利組織。

NAC能在跟反裸法令對抗的情況下贏得九成的勝仗，真的令人嘆為觀止，尤其在他有那麼多敵手的情況下。

舉個例來說好了，2003年12月，有個在德克薩斯州沃爾頓縣（Wharton County）的案子。該縣縣長打算禁止「性產業」，包括脫衣舞俱樂部（Strip club）等。為了精心制定法條，地方政府經常轉向右翼提供的政策模板，像是「社區防衛委員會」（Community Defense Council）*和捍衛自由聯盟（Alliance Defending Freedom）**。沃爾頓縣的案例之中，可以看到律師將與下列情事有關的產業當作非法行為：「任何活動涉及一男一女和/或同性全裸、半裸或裸露的狀態。」這差不多就是天體族在度假村會做的事情。

* 之前是叫「全國家庭法律基金會」（National Family Legal Foundation）

* * 這個聯盟自稱「由神職人員建立的聯盟，希望藉由改造法律系統，打開福音廣佈之門」。它之前也爭取過亞利桑那那可憎的SB 1062法案；這條法案被形容為能「保護宗教自由」，但實際上是允許人躲在「宗教自由」的羽翼下，歧視同性戀與少數團體。所幸在這條法案變成律法之前，就已經先行被亞利桑那州政府否決了。捍衛自由聯盟的資深律師，道格‧納皮爾（Doug Napier）表示：「當恐懼壓倒事實、良善的法案遭否決，自由也就崩毀了。今天的否決，等於賦予信仰的仇敵權利，使之能更輕易壓制亞利桑那人的自由。」這點不消我多說，根本是屁話。

NAC出面干預，要求縣長修改法案，將之改為保障天然主義者的權益。

2002年，在佛蒙特州的威明頓（Wilmington），有個當地的房地產開發商——他們是不是每次都是故事裡的壞人啊？——打算在與哈里曼水庫（Harriman Reservoir.）比鄰處蓋一片高級住宅。不知何故，開發商不相信有錢的退休人士，會願意把昂貴的湖景與原本在水庫裸泳的人共享。起初開發商將反裸條款用在選票上；雖然NAC努力對抗，他們還是勝利了。但是當那些裸泳者被傳喚——而且還伴隨足足一年的禁令——的時候，當地人開始變得很不滿。

NAC趁機發起積極的民間運動，禁令最終遭到撤除。

的確，這些勝仗並不大，但就算你不是裸泳族，也應該要容許別人去做。跟這件事的對錯無關，而是法律之前人人平等，人人皆享有生命權、自由權和追求幸福的權利等有的沒的。那就是李・巴克森道爾在打的仗。令人遺憾的是，巴克森道爾得了帕金森氏症，並於2002年被迫退休。後來他被選為2004年美國天體名人堂[70]，並於2008年去世。

某次採訪當中，巴克森道爾表示：「少了天體海灘的國家不算是一個文明國家。」[71] 我也這麼認為。看看歐洲，西方文明的發祥地，所有海灘都開放上空，沿岸四處可見裸體海灘。在希臘群島裸泳幾乎是不成文的規定了，同時在西班牙、法國、義大利和其它人多數國家，都有允許天體主義的正式與非正式海灘。甚至在挪威，還有一個叫做烏爾什特威卡（Ursetvika）＊的天體海灘，就位在北極圈內。

＊從博多（Bodø）往東開一小時的距離，在鹽峽灣（Saltfjorden）附近。

但是看看天然主義社群提供的美國正式天體海灘一覽表，會發現總共還不到十個，那是因為美國公園部和地方政府還在拿裸泳族當打地鼠來玩。宗教團體把天體族跟戀童癖、性犯罪混為一談；開發商在天體海灘旁邊蓋大廈，把他們視為投資的一種威脅；性保守者和道德魔人施加政治壓力，企圖禁止天體主義。甚至偏僻難行的景點如布列克海灘，一直以來也無可避免地遭到保守者的攻擊。但是像這種對於不愛穿衣的人發自內心的恐懼，從查爾斯・克勞福爾德和1891年第一批脫衣的「天體互信結社」開始，便已對天體族造成極大困擾。

---

70 位於美國天體人研究圖書館，曾出現於 Jerome Pohlen, *Oddball Florida: A Guide to Some Really Strange Places* (Chicago: Chicago Review Press, 2004)。

71 引自 2000 年短片《慶祝自由》（*Celebrate the Freedom*），導演麥可・柯尼（Michael Cooney）。

莉莎・露茲的小祕密

　　在我開始寫這本書的時候，問了一些朋友是否有去過天體俱樂部、天體海灘之類非情色社交裸體的經驗。少數人承認他們有去過天體海灘，也有人在「燃燒人音樂節」（Burning Man）裸體過，某位朋友跟他老婆去天體海灘作燃燒人的排演。除了一個女性友人以外，後來才知道原來她算是半個天體人，其他大多數的人要嘛沒社交裸體的經驗，要嘛就是做過一次就不再嘗試了。我聽了很多人談及小時候在湖裡、砂石場池塘和後院泳池裸泳的經驗，還有少數提到在搖滾音樂節上空。其中我最喜歡的一個故事，是一位女性朋友在第二次約會時被帶到一個天體俱樂部，這也稱得上是打破冷場的一種方式啦。但大多數時候，可能就只是嘗試了某種形式的天體，然後又把衣服穿上，從此不再脫了。然而，其中一個朋友有著特別的故事。

　　莉莎・露茲是《斯貝爾曼》系列（Spellman）那六本小說的作者，從《斯貝爾曼檔案》（The Spellman Files）開始，以《臨別之語》（The Last Word）作收。她也是《正面你輸》（Heads You Lose）小說、童話繪本《談判小妙招》（How to Negotiate Everything）和《依沙伯・斯貝爾曼的禮貌手冊：你們這些人是怎麼回事啊？》（Isabel Spellman's Guide to Etiquette: What Is Wrong with You People）。

她是個非常有才華又有趣的作家，沒想到竟藏了個不可告人的童年小祕密。

　　她住在紐約，我住洛杉磯，所以我們就打開筆電用Skype視訊，聽她訴說往事。

　　「好了，跟我說說吧。是兒童性侵之類的嗎？發生什麼事了？」

　　「好吧。」莉莎長嘆了一口氣。「呃，也不是說……怎麼講……我媽跟她第二任丈夫在我大約6歲的時候結婚。此時他們非常投入70年代，我的意思是他們被當時的文化深深浸潤了。」

　　就我個人而言，70年代就代表著龐克搖滾、性手槍和臉部特寫樂團（Talking Heads）的誕生，以及德國新浪潮（New German Cinema）的崛起，包括導演韋納・荷索（Werner Herzog）、寧那・華納・法斯賓德（Rainer Werner Fassbinder）和文・溫德斯（Wim Wenders），這些都是我18、9歲跟20出頭最著迷的事物。但我的確還記得我老爸蠻融入當年主流的70年代生活，比如吃小火鍋、喝葡萄牙甜酒、跟他女友坐在長絨羊毛毯（flokati rug）上。她穿著條紋喇叭褲，農村風罩衫在那個年代非常流行。他們會聽詹姆士・泰勒（James Taylor）和清水合唱團（Creedence Clearwater Revival）的唱片，有時會開著那台外觀奇特的跑車到郊區與朋友們會面，也有可能是去迪斯可舞廳，這都很正常。

　　我很好奇莉莎有沒有度過類似的童年。

　　「我媽想要跳迪斯可，然後就有他們的朋友過來，還帶了一位指導老師，然後他們就在我們家上迪斯可課，這對我來說實在是……」她頓了一下，繼續說道：「我是個對周遭一切、對每個人都感到很困窘的小孩。這件事算是把尷尬帶到了最高點，我還記得大人說我們不准偷看他們，但我們可以聽到音樂和指導聲。」

「聽起來有點難為情耶。」

「就有很多有的沒的事啊……我不是說都他們兩個做的，但就我所了解的他們，的確很有可能是關鍵原因，其他人就只是跟著投入罷了。」

「天體也是其中的一部分嗎？」

「我媽常常在家裡裸體。沒多久之後，我繼父也開始很常裸體。然後他們會……他們會跟我勸說：『妳應該要對自己的身體感到自在才對』。我也記得自己從年紀小到誇張的時候，就已經知道有關性的一些基本的事情了。」

我跟她確認年紀「小到誇張」到底是指多小。

「我所謂的小到誇張就是……這也不是──我爸媽沒做什麼。只是有些書比較像成人書籍，例如《我從哪裡來？》（Where Did I Come From?），我媽的朋友會唸給我聽。那時候我連4歲都還不到，當下只覺得很羞恥。奇怪的是，我竟然還記得，那真的是我人生中最早的記憶之一，所以我就覺得……」

她的聲音在思考時減弱了。

「……我想他們應該是非常努力想要過著很摩登的生活吧，所以才會選擇在家裸體。」

「就這樣？只有在家裸體？」

莉莎抱怨起來：「他們有幾個朋友住在好萊塢山（Hollywood Hills），有個叫哈維的叔叔和他太太家裡有個泳池。所以我、我姊跟繼父三個人就會一起去他們那邊裸泳。」

「妳那時候是青少年嗎？」

「這些事情的發生應該都沒有超過9歲。那是我頭一遭看到其他人裸體，也是我第一次看到假奶。那時我還不知道那是假的，只在心裡想說：『哇！她的胸部好圓、好大喔！』」

　　我可以理解提乳手術是怎樣讓一個小女孩精神受創的，我是成人，那玩意兒也會讓我精神受創。

　　莉莎繼續說道：「我很喜歡這個女的，她對我非常好。她是那個醫生的第二任妻子，這整件事他們也有參一腳，我們常常那樣做。」

　　我原本想說這只是個單純的後院裸泳，沒想到後面還有一段故事。

　　「還記得我們一家子會一起去度假，去邁阿密找外婆，然後有一天，我們跑去海邊，但那裡是裸體海灘。是說外婆沒跟我們來，我也不知道有沒有人跟她講。這是我第一次站在到處都是赤身裸體的人們中間，我想說：『我們到底在幹嘛啊？』海灘這件事真的很困擾我。」

　　「為什麼會對妳造成這麼大的困擾？」

　　「我不知道，我想可能有些人就是愛當天體族，有些人就是無法。這麼講應該很公平吧？我在青少年時期有個朋友，外表看起來一點也不適合裸體，我就這麼說吧：她長得很胖，但隨時都是裸體狀態，你去她家要夠幸運才會看到她是有拿毛巾裹著的。到今天我都還認為那是她的個人自由。她不喜歡穿衣服的感覺，相對的，我就……很多人覺得我現在上床睡覺還要穿著睡衣很可笑，但我就是喜歡古早味的睡衣。假如睡到一半發生火災，我希望跑出去的時候有睡衣穿著，而且假如房子燒光的話，接下來的兩天到兩週就都有身上這件衣服可以穿。」

　　「是因為對自己的身體太敏感嗎？還是擔心別人會怎麼想？」

　　「這段期間我穿著泳衣絕對會覺得很自在，呃，不是說只有在那個時候而已，現在也是。我很喜歡游泳，喜歡那種運動，只是不了解為什麼需要給人家看我全裸，而且我發現爸媽的極端性開

放，有其中一點非常奇怪，就是他們不肯放過我。我是說……我想
她應該不會讀這本書吧……但你知道我爸媽就是喜歡跟我解釋一堆
有的沒的，完全不管我是不是想要聽他們解釋。有一次我經過客
廳，我爸正在看某種軟調色情片（soft-core porn）*。畫面上可能有
幾個，呃，上空的護士。然後我就想說：『好吧，假裝沒看到，就
這樣走過去吧。』然後他們就把我叫住，說：『莉莎，妳會覺得很
奇怪嗎？有沒有需要跟妳解釋一下？』我就說：『不用了，我OK
的。』然後看得出來螢幕上某個人高潮了，他們就要跟我解釋什麼
是高潮。然後我就覺得：『我根本不在乎好嗎！』對啊，我就是會
有類似這種想法說：『我還是個小孩子，不需要知道這些鳥東西好
嗎！』」

*口味比較淡的情色片。

　　我有點同情她爸媽，畢竟當時《性的愉悅》（*The Joy of Sex*）
變成暢銷書，大家都認為公開談論性和生殖是很健康的事。女性主
義革命正如火如荼展開；袖珍計算機取代邊規；顯微鏡被引進。這
個年代也正是「裸奔」蔚為風尚的時候，運動場、街道，到處都看
得到一群人在這麼做，校園尤其盛行──裸奔在當時就是「潮」。
到了1974年，裸奔氛圍達到了頂峰。3月7日，喬治亞大學創下1,574
人同時裸體的世界紀錄；4月2號，在奧斯卡金像獎上，發生了一
件很出名的事：有個男人衝上舞台，邊閃現和平標語邊遛鳥；同年
五月，雷‧史蒂芬斯（Ray Stevens）的經典新奇歌曲《裸奔》（The
Strenk），登上美國告示牌百大熱門歌曲第一名。1960年代的性革命
此時已融入主流文化，裸體、解放奔跑達到空前的熱門程度。

　　莉莎表示贊同：「我想他們是真的很想要開放點，我很確定
他們一定有在哪本書或報章雜誌上看到有文章建議，就是說，要
讓小孩子知道這些事情，幾歲都一樣。但這情況到我10歲就停止

了，整個很突然。我媽雖然還是裸體，但我爸不是。這就好像他們多少意識到孩子正要發展成青春期的時候，這麼做會怪怪的，所以就整個停止了。後來我發現我媽對性變得非常保守，可以說她很擔心我會不會跟人上床，雖然我沒有，但他們還是一直想說我會去做什麼事，有部份可能就只是因為他們在我小時候講太多相關的事情了。」

「妳長大後，他們對於自己的性慾反倒變得不安。」我提到。

「看來是啊，其實我不大知道到底發生了什麼事，是說，我知道像我媽和我那個喜歡裸體的朋友，都不在乎別人怎麼想。所以我就不知道是怎樣，就算是在女生試衣間也多少會覺得裸體很自在嘛。是吧？」

「至少男生試衣間是絕對這樣的啦，你爸媽有帶你去天體營啦、天體度假村啦，這類的地方嗎？」

「喔，那當然。呃，除了天體海灘以外，我們有一次還去一個地方渡假……詳情我不大記得了，好像是原訂計畫變了，所以我們就改公路旅行。現在提醒你一下哦，我媽沒來，所以就只有我、我哥，他是我繼父的兒子，還有繼父跟那個叫哈維的叔叔，我是唯一一個女生，然後我們開著開著就決定要去游泳。當時我還不大知道會怎樣，哈維和我爸聽說有個天體聚落型式的地方，可以在那邊玩一天，外加可以游泳，所以我忍不住就又想：『這在開玩笑吧？』然後呢，怎麼說，我們就走啦，然後我們就開到那邊了。我記得有對裸體的老夫妻……我接下來講的這一段有點誇張，記憶可能有因為時間過得太久而扭曲了。但我發誓當我們開到這邊的時候，這對老夫妻站在一起，男的拿了個三叉戟，就像那幅畫的裸體版本一樣。你知道我在講哪幅嗎？」

「《美國哥德式》（*American Gothic*）。」

「完全就像那幅畫一樣，只不過他們是裸體的。我就想說：『我的天啊。』然後我們就繼續走啦，去游泳啦，然後就覺得⋯⋯真是莫名其妙的一天。我們花了好幾個小時在那游泳。周遭的每一個人都是光溜溜的。然後我們就離開了。」

「當你在那些地方裸體的時候，感覺如何？」我為自己聽起來像個諮商師表示抱歉。

莉莎長嘆一聲：「可能某種程度上會習慣，但我就是不愛。我在想說，如果他們一直強迫，然後我下決心拒絕，這些事情就不會發生。但當時我才9歲、10歲，根本就不可能自己決定的啊，對啊。」

我問她，如果她在自己紐約上城區住處的池子看到有人裸泳，會不會覺得奇怪？

「其實我真的很想多了解一下這些人的想法。我不會覺得很困擾，就像我那裸體的朋友，我只是很好奇，想說：『哇，妳這樣一天到晚光著身子，到底為什麼能那麼自在呢？』我也想問：『這樣對妳來說感覺真的比叫好嗎？』因為我是不覺得啦。但不知道⋯⋯如果我變得喜歡裸體的話會怎樣，但我是覺得我爸媽真的不大正常，所以只要是他們喜歡的，我都會馬上質疑。」

「你有跟其他6、7歲的朋友們分享這件事嗎？」

「沒有，我的童年祕密有兩個，一個是我講的這個，另一個是我們帶狗狗去走秀，我覺得比這個糗多了。」

天體俱樂部的衰落

　　看看美國天體度假村的介紹手冊跟網站，會發現這些照片裡，都是一些興高采烈的年輕人在對著鏡頭微笑，或是顏值高的情侶手牽手，還有我認為最經典的天體主義宣傳攝影——外貌動人的年輕女子的背影，美臀對著鏡頭，往海灘或游泳池走去。這種無形的催促動力，推著你跟那女子走去，似乎是非情色社交裸體的最佳賣點。照片中的女模特兒影射了健康的生活、活力與年輕的情慾；當然還是得承認那些模特兒只是為了五斗米而不是為了你們這些天體族。「非裸不可」天體郵輪介紹手冊上，那些臉上掛著微笑、玩沙狐球（Shuffleboard）的男女、在花園中聊天的上空女人、健美的伴侶們像藝術品一樣圍繞著池畔而坐，這些影像在在使人相信去天體度假村一定超讚的：好玩、刺激，甚至有點性感。但在我自認有限的經驗中——我不能說自己已經跑遍全世界所有的天體度假村了嘛——在一般天體俱樂部做日光浴的人，都不是多年輕、多有活力的模特兒；跟著手冊上那個漂亮的屁股走，她只會把你帶到一個被太陽蹂躪的退休人員圍繞的池畔。這可不是什麼糟糕的事喔，別誤會我了。大部分的人都很親切、有趣，只不過不像手冊上介紹的天體族罷了。

　　天體廣告中燦爛耀眼的形象與現實中天體俱樂部之間的差距，

是造成組織性的非情色社交裸體如定點俱樂部，以及AANR這種靠行銷來營運的組織急遽下降的原因之一。根據AANR自己提供的統計數字，從2008年開始，會員人數就下降了30%，且在持續下降之中。不是說全球的天體族人口在下滑，這只是AANR和附屬俱樂部的現象罷了。

天然主義者社群的領導人尼基・霍夫曼（Nicky Hoffman）對此提出見解：「假如不能吸引年輕族群加入，這類的生活型態就會消失。問題是，大多數的度假村都不是把目標放在吸引年輕人。這些地方已經變成像養老院，有點僵化了。」[72]

或者就像同一篇文章引述的年輕天體族所講的話：「我不是想跟老年人作對，我只是不想跟他們一起待在泳池邊。」

不是只有美國才出現這種現象。「英國天然主義者」（British Naturism）的會員數，也從原本的18,500名之多，10年來暴跌至約10,000名上下。

有數種不同的理論，在探討組織性社交裸體數量戲劇性下滑的原因。有些人，像是「英國天然主義者」的發言人安德魯・威爾奇（Andrew Welch），就認為這是品牌的問題。「我有點懷疑21世紀的人還會很熱切地說：『我是什麼什麼主義者』，就像天然主義者這樣，這聽起來太理想化、太虛幻、太奇怪了。」[73] 有些人則是把問題指向臉書社團和特定天體社交網站，像是理查・佛雷的裸體行動網站「Nook」（Naked Online [is] OK，裸體上網很好），這些天體社群都能促進人際交流，而不用加入定期付費的會員組織。

其中的一項問題是能見度；就算是喜愛裸體的人，也不見得知道天然主義者社群或AANR之類的組織，正如馬克・史托雷所說：

---

72 Douglas Belkin, "Wearing Only a Smile, Nudists Seek Out the Young and the Naked," *Wall Street Journal*, May 2, 2011.

73 Patrick Barkham, "A Stitch in Time," *The Guardian*, May 31, 2007.

「如果你去北美的任何一個海灘——我已經做過不曉得多少次了——跟著我老婆一起，我們會隨便找人上前問說：『你有聽過天然主義者社群嗎？有聽過美國天體休閒協會嗎？』可能會有十分之一的人聽過AANR，但是沒半個人聽過TNS。」

有些問題是來自於這些俱樂部中的會員本身，消費者投訴網站RipoffReport.com有個無意間有點搞笑的抱怨文，是一對年輕人初次到天體俱樂部的故事。年輕人在文中表示感覺自己和女友被「監視」，而當他們在溫泉中親吻時，「有幾位老歐吉桑」訓斥他們。當然，有經驗的天體族都之到這幾位老歐吉桑只是在提醒菜鳥們注意規範——公開性行為是不被允許的。但接著布萊特發生了意想不到的事：勃起。「當我們起身要往休息室和泳池區走去時，出現7台高爾夫球車，車上的人與我們對峙，問我們剛剛為何待在那，又質問我們溫泉和勃起的事。真不敢相信！我們被要求立刻打包走人，去別間度假村。他們用高爾夫球車包圍我們的時候，我女友嚇都嚇死了，當眾哭了出來，他們以為自己是誰啊？憑什麼這樣跟我們講話？」

兩方的立場我都可以理解，布萊特和他女友還年輕，小情侶正在甜蜜旅行，他們也只不過是做了熱戀中的年輕人會做的事，比如一起裸體泡溫泉。同時，老一輩的天體族為了達到非情色已經努力很長一段時間，他們擔心即使只是單純地接吻也會引起當地媒體的騷動，以至於其他人對俱樂部的看法改觀，最終變成對他們與他們的生活方式改觀，他們只是在保護花了好幾年才建立的事物，而且這些人也都又老又偏執。

Ripoff Report網站上還有其它幾個故事，都是有關被天體度假村踢出去的抱怨文，而且都牽涉到意外的勃起。當然這個議題的另一面，還包括了很多年輕女性覺得去天體度假村讓她們感到很不舒

服，因為她們不想被一堆老男人瞧來瞧去。畢竟，講真的，誰想要眼前出現莫名其妙勃起的老頭兒啊！

或正如馬克·史托瑞所下的註解：「如果能去海邊玩徒手衝浪，我有什麼天大的理由需要花一年500美金，坐在含氯的池子前，旁邊還坐著個喝著品質差的淡啤酒、感覺很噁心的傢伙？」

「代溝」正是俱樂部與AANR的人數下滑的主要原因。但並不是說AANR都沒有嘗試吸引年輕族群。它們有個叫做「新一代」（Gen Next）的計畫，天體俱樂部及度假村提供「年輕成人」會員費和學生優惠，儘管AANR已經這麼做了，會員數仍在萎縮。

有個理論是年輕人被媒體圖像轟炸，影像軟體修過的藝人和模特兒展現的完美身材，讓他們甚至不敢去健身房淋浴間，以免讓人看到他們的不完美。雖然可能有部份是真的，但我還是不大相信廣告會使年輕人感到羞恥，進而扼殺想裸體的衝動——我在西班牙、法國和聖地牙哥布列克海灘的池邊和海灘，都看過為數不少的年輕人脫衣遊玩。也許新一代對於天體主義有他們自己的想法。

最近興起的天體族組織中，最有趣的莫過於「美國青年天然主義者」（Young Naturists America，YNA）該組織的任務是「以正向的態度影響世界！」，口號為「愛是一切！」[74] 跟其他典型的天體組織不同的是，YNA宣揚環保、社會責任、上空平等、接受自己的身體。當很多度假村都僅限夫妻又排外的時候，YNA提倡的包容態度讓人耳目一新。它跟其他社交天體設施一樣，對性行為有一些常見的規範，但同時也要求對於親密行為的尊重，以及公開衝突的解決辦法。言下之意就是會員不會乘著高爾夫球車威嚇勃起的年輕男生。除了這些規範以外，組織還有他們的一套「理想」，包括：助

---

74 "About Young Naturists America YNA," Young Naturists America, youngnaturistsamerica.com/about/ (accessed June 7, 2014).

人、回饋社區、與其他天體族的緊密合作關係，以及「只要沒有違反規則，不可歧視他人（無論何種性別、種族、性別/性傾向、人體藝術/穿孔、體態……等等）」。

YNA在紐約、奧勒崗、紐澤西、南加州和堪薩斯城都有地方分會，也跟整個國內散佈的附屬天體俱樂部有連結。

費莉西蒂·瓊絲（Felicity Jones）是YNA的創辦人之一。她是個25歲的運動家兼部落客，時代廣場上有她裸露身體的畫作，也曾因在華爾街從事裸體表演藝術遭逮捕。也就是說，她不會因為裸體而感到羞恥。賓州大學畢業的她，身材修長、外觀亮麗，現居紐約。因為這些任務的關係，她給自己取了個「裸名」（nom d'nue），也就是費莉西蒂·瓊絲。

「我的成長歷程，老實說跟其他小孩做的事情也差不多，只不過我沒穿衣服、也比較少煩惱跟身體有關的事。」瓊絲說。「童年每一次暑假的每一週，都有大部份時間，都會待在紐澤西一間叫做『岩石小屋』的天體俱樂部，這是離我原本的家很遠的另一個家。」

我很好奇她的家人有沒有在家裡從事天體。

「我比較普通的那個家是在郊區，父母不大會在家中裸體，所以我們也沒有一起裸體。再說，常常有鄰居家的小孩跑來我們家玩，但當然啦，在家裡面看到彼此裸體也沒什麼好大不了的。」

我回想起帕斯卡，那位我在奧地利時一起爬山的法國天然主義者，跟我提過他擔心自己在青少年階段的孩子變成了穿衣者。這並非不尋常的事，在維拉海灘的天體度假村，大多數的青少年都是能披上多少衣服就披上多少衣服。我問費莉西蒂她在青少年時期是否曾經歷一段時間，感覺想要放棄天體生活，以及她對於發生原因有何想法。

「我想至少有一部分是因為一般青春期的孩子都會有點彆扭，面對體態也是。有些人可能是被俱樂部以外的同輩影響，也有可能是不想再跟父母裸體到處走了；如果在他們的俱樂部沒有其他青少年，就絕對不願意再待在那兒，畢竟那個年齡層的都是朋友走到哪跟到哪；如果我成長的俱樂部沒有什麼摯友，很可能就不會再去了。我兄弟就是因為沒有什麼同年的男生，所以就沒再去了。不過現在他20幾歲，有來參加YNA的活動。他對裸體之類的事情還是一樣自在，只不過就自己不會去主動參與了。很多人20幾歲後沒有選擇回去，或許是因為仍遇不到同年齡的，或另一半沒有興趣（我覺得這應該很常見），也有可能是因為正在追求一些在當地天體俱樂部不能從事的活動。有些人有孩子之後會回去。」

我問費莉西蒂她為什麼會覺得天體俱樂部正在萎縮。

「這個嘛，是這樣的。我覺得天體俱樂部或度假村沒有順隨潮流，像我們都已經在用推特和電子郵件了，他們還在寫信。他們沒改變行銷策略，也看不出有在行銷。AANR也一樣啊，我覺得AANR跟自己的會員之間有一點隔閡，如果大家找不到一個成為會員的理由，就不會加入。AANR俱樂部和度假村也賣過許多會員資格，有些甚至需要AANR會員才能加入，所以如果這些俱樂部和度假村的會員流失，AANR也會跟著流失。」

「YNA的運作是類似AANR的年輕支系嗎？」

「不，我們沒跟任何大機構有附屬關係，我們只管做我們的。我們發現年輕族群中，對於天然主義的興趣並沒有比較少……媒體喜歡報導說，天然主義會衰落是因為沒有年輕人加入等等有的沒的，這不是事實。一直以來都有人對天然主義有興趣，只不過是如何吸引年輕人、有沒有正確形象和優秀的行銷手法的問題罷了。」

我想知道更多關於這個組織創始的故事，我是說，在現在這個

年代，當天體族受到折辱、人們必須使用假名的時候，為什麼還要成立這個組織？感覺很大膽、又很老派。

「『美國青年天然主義者』是由我和喬丹‧布倫在2010年成立的。實際上是喬丹的點子，然後他找我，問我要不要和他合作，就這樣成立了。他成長過程中也是跟著家人一起去天體場所的，也注意到這個運動少了剛開始建立的那種價值觀。我們認為天體應該建立在接納上，但今日卻已不復見。」

我得承認，讀了YNA的規範和理念，讓我有種早期天然主義者的感覺，像是德國天然主義先驅、健康飲食狂熱者：理查‧溫格維特——反猶太主義這點除外——還有法國迪維爾兄弟主張的潔淨生活。在環保人士出現以前，就已經先有這些愛好大自然的天然主義者來扮演環保人士；他們反菸、反酒精、反工業化。一般的美國天體俱樂部不大會談到回收或氣候異常，但YNA把這些議題當作核心任務。

「我們希望能持續成長、擴張，把天然主義帶入21世紀。有很多我們可以做也想做的事，但我們有財務問題，現在也面臨著破產危機。我們從一年前開始招募新會員，到現在一直都有穩定成長，目前可能有400多個會員。」

雖然我很喜歡YNA從環保和社會正義的角度彰顯天然主義，但我想真正引起年輕人共鳴的，可能還是他們所推廣的體態接納理念。

「這絕對對身體意象有正面影響，我發現，很多跟我同齡的女性不想嘗試天體主義，是因為身體意象的問題。但對於媒體所帶出的訊息，包括自己不夠好啦、太胖啦、皺紋太多啦、年紀太大啦……等等的，還有像大多數的人成長過程中，所習得的對身體的羞恥感，天然主義正是這些問題的解藥。我發現很多人對我們正向

的身體哲學和接納的訊息有共鳴；隨著身體意象的問題越來越猖獗，今天人們總算把它視為需要關注的社會議題。」

身為一個推展健康身體意象和環保意識的青年運動領導者，還需要使用化名，肯定教人很挫折。這不是本來我們希望大家可以投入的嗎？

「這是需要顧慮到的層面，尤其對教學這方面的專業更是如此。一直以來都有聽到教職員因為放在網絡上的舊模特兒照片，而被炒魷魚的，而且還不是裸體喔，只是比基尼或內衣而已！我也聽過特別因為本身是天體族而被辭退的。是也沒有很常發生啦。或許是怕被fire掉，所以大多數人會用假名來隱藏，即使只是多慮也一樣。就算不會發生好了，不願冒風險的想法也是可以理解的。」

我想起在歐洲天體健行之旅上，遇到的幾個德國和奧地利的登山客，他們因為怕喪失工作，而不敢告訴同仁和員工暑假做了什麼事。我問費莉西蒂，這種情況是否有改變。

「我認為可能之後需要有人為了這件事情被炒魷魚，他們明白了原因，而把僱主告上法院。 然後就可以修改法律，讓人不在能以同樣的理由來辭退別人。雖然聽起來真的是很蠢。我們在某些時候都會跟別人一起裸體；這都是跟形象與觀念有關。如果有更多人對天然主義抱持開放的態度，自然也會幫助不少。還有要教育大眾，越多人知道、了解會更好！在今天這個裸體自拍、色情簡訊還有社群媒體當道的時代，未來相信這些都不會是個問題。越來越多人把自己胸部的照片放到網路上，也許哪一天大家都覺得這沒什麼了，然後這也沒關係、那也沒關係，慢慢地變成去天體海灘也無所謂。

這變成是我第一次聽到有人用正面的角度，來看待裸體自拍和情色簡訊。但是，誰曉得呢？希望她說的是對的。

　　還有其他的天體組織，要把反穿衣的生活型態帶進年輕人的世界。「佛州青年天然主義者」（Florida Young Naturists）有大約200位會員，他們是區域組織的典範，藉由舉辦一系列的活動、邀集人們來遊玩，而把天體主義推廣到18到30歲的人口。但是跟AANR俱樂部不一樣的事，他們主要是設計海灘派對活動和瑜珈課。

　　這樣的活動理念跟一個叫做「赤裸生命」（Vita Nuda）的組織有所共鳴，他們的口號是：「加入裸體改革吧！」「赤裸生命」跟AANR的青年大使計劃有鬆散的附屬關係，他們避開社會意識訊息和政治議程，而用一些比較輕鬆愉快的方法，帶人認識天體有趣的一面。就像他們在網路上的邀請函所說的：「你不需要是個天體族，就能享受天體生活的樂趣。你可以來當一個禮拜的天體族，或是一大的天體族，甚至完全不必是天體族，純粹來天體派對玩一玩，我們都不會有什麼意見。」

　　「赤裸生命」推動的活動有：「呼啦圈、甩繩（Poi）、身體彩繪、舞蹈、排球、划船、泛舟、划獨木舟、游泳、太空球（Aquaball）*、圍成一圈的非洲鼓打擊樂（Drum Circles）……等。」我一直以為「Poi」是夏威夷宴會上常見的那種山芋根麵團，沒想到原來是一種毛利人表演藝術，綁著重物甩成幾何型的圈。那屬過20幾歲的年輕人不想要 站在圍成一圈的非洲股中間聽著原始的節奏在呼拉圈裡面甩著他的老二咧？

* 我也不知道太空球是什麼玩意兒。

　　赤裸生命東北分會，是這個組織裡面最大且活動最多的年輕人取向分會。他們是用紐約巴比倫附近的羅伯特摩西州立公園光屋海灘，來做為天體活動的主要場地，但是現在這個海灘已經不開放給天體族了。

　　赤裸生命跟YNA都有在支持AANR附屬天體俱樂部，有時也會在這些定點俱樂部舉辦活動。正如費莉西蒂・瓊斯在NBC新聞的訪談中所說的：「當越來越多地方關閉，對我們絕對都沒有半點好處。」[75]

　　但是對於天體度假村和AANR來說，就沒有那麼稱心如意了。年輕人不想要 被逼著加入組織、付會費或繳當日費用，也一定不想跟自己的祖父母光著屁股晃來晃去。他們比較想跟其他的年輕人一起裸體做活動，而且我們也可以輕易想像，這些坐在高爾夫球車上的退休人員，如果在烤肉架旁邊看到甩繩、呼拉圈、邊打鼓，老二邊振動的活動時，會有什麼反應，八成會去叫警察吧！

---

75 Bill Briggs, "Naked Truth: Aging nudists seek new skin in game as ranks dwindle," NBC News, Aug. 3, 2013.

大家一起來裸體

我剛在銀湖（Silver Lake）上完瑜伽課，正開上格倫代爾林陰大道（Glendale Boulevard）時，突然注意到有一群裸體騎著腳踏車的人，往我這邊渦來。這群肉色的自行車隊，有男有女，有的人穿著短袖上衣和比基尼上衣，有的人身上畫著漩渦狀的人體彩繪，也有幾個軀幹上潦草寫著「不要汽油」的字樣，但大多數人都是裸體的。在洛杉磯看到有人騎腳踏車就已經夠怪的，看到這麼多裸體的自行車騎士，讓整個交通大打結，人們停下車來，目不轉睛地盯著他們看。

看這些鐵馬族踩著踏板上山，他們一邊微笑，一邊揮手，響著鈴鐺，按著喇叭。有些汽車駕駛鳴按喇叭回應，對他們招手。我給了他們一個笑容，對他們比個讚，只不過我不大會忌妒這些騎腳踏車的男人。這樣做安全嗎？座椅上的蛋蛋不會扯壞嗎？

雖然各種體態的人都有，但是這些騎士們都有個共同特徵，就是他們多半都很年輕，差不多20到30幾歲，而且就洛杉磯來說比較不尋常的是，他們主要都是高加索人。

我不知道為什麼，但是我的第一印象是他們是在慶祝某個人的生日，可能是邀請朋友們環繞這個城市起一圈來慶祝。我心裡頭想像，他們在過一個值得紀念的生日，繞著銀湖水庫一圈之後，回家

吃蛋糕和義大利冰淇淋。

然後我又想到會不會是某種抗議形式，支持騎自行車、反對動物毛、鼓吹吃素，用一種集體的方式提出呼籲。像是豆類乳糖不耐症聯盟，或反對活體解剖素食義和團之類的。

然後他們就離開了。上坡，往右轉向銀湖大道，消失在眼前。

直到隔天，我才在報紙上讀到這是一種國際知名的現象，叫做「世界裸體自行車隊」（World Naked Bike Ride，WNBR）。

WNBR是來自加拿大人康雷德‧施密特（Conrad Schmidt）的點子，他是一位導演、作家兼社會運動者——英國哥倫比亞「減少勞動黨」黨員，減少勞動黨的箴言是：「減少勞動、減少消費、活得更好」。他們主張一週工作32小時，感覺可以當上大多數國家的執政黨。我也想投給他們。

WNBR一開始主張的是反石油依賴、歡慶生而為人所擁有的體膚。第一個WNBR是始於2004年，在十個國家的28個城市展開。而在世界各國的單車族和社會運動團體受到施密特的點子激勵之後，騎自行車的人數就增加了。到了2010年，這個盛會已有多達74個城市出現自行車隊，從阿姆斯特丹、墨西哥、希臘的塞薩洛尼基（Thessaloniki）、聖保羅還有墨爾本，總共17個國家共襄盛舉。[76]

正如該組織的人在他們的目標宣言上所說的，這個社群是「有個共同的目標，就是在WNBR日裸體騎自行車，以慶祝的方式，來將一個更乾淨、更安全、正向身體意象的世界的願景，傳遞給大眾。他們補充說道：「現在正是加入數百位裸體同胞，享受自由、非情色社交裸體又有趣的騎單車活動的好時機！」

又提到非情色了，到底是怎樣啊？難道騎腳踏車的同時還能夠

---

76 "About," World Naked Bike Ride, wiki.worldnakedbikeride.org/index.php?title=About (accessed June 7, 2014).

發生性行為嗎？

　　WNBR實際上跟非情色社交裸體沒什麼關係，並非正式的天體主義活動，但是只要任何時候，有人是沒穿衣服聚在一起的，都會吸引天體族加入。就如參與WNBR西雅圖分部的馬克・史托瑞所說的：「現在正上演的是天體族也參一腳了，原本興起這個組織的年輕人，現在也被一大群裸體的老傢伙們環繞。」

　　這個現象讓那些沒有真的在參與裸體主義的年輕人，感到相當不自在，也開始傳言WNBR的發起人將假的地點跟出發時間發給天體族，避免他們加入這場騎單車的活動。

　　2006年，WNBR的發起人特別強調了他們的活動目標：「雖然騎單車活動有包括人體圈的事物，也吸引到相關人士，但是我們的活動主要不是在推動社交裸體，而是在發揚騎乘單車。」

　　也就是說，它跟裸體無關，而是跟踩踏板有關，這我可以理解。他們在宣言裡面有提到，單車是「不折不扣的汽車革命」，透過裸體騎自行車，我們可以對外主張自己對個人體態的美和其獨一無二的特質具備信心。騎單車正是一種催化劑，可以為永續性、大眾運輸、社群和娛樂的未來帶來改變。WNBR的觀點是有邏輯的，他們要用天體來把單車的好處推廣給群眾，像是推動自給自足、在地消費、健康與健身的益處、開創社群、對環境友善；沒有任何一樣東西能比一對裸露的胸脯更能吸引美國大眾的注意。

　　在WNBR把較多的注意力放在騎單車，而較少放在裸體的同時，有另一個團體興起了。馬克・史托瑞表示：「我們想知道剛開始該怎麼做，在吸引人參與時，能盡量降低大家的支出、盡量避免坐牢、盡量不費力。」

　　史托瑞和朋友們做了一項調查，看看其他天體族最喜歡的天體活動是什麼。所有人都挑游泳；此外比較容易做到的就是走路和園

藝。不是每個人都有辦法走路,但是每個人都可以從事園藝。

所以他們就推動了「世界裸體園藝日」活動。

「第一年的時候,我們在一些公共公園裡面拍了幾張照,把東西清一清,除除草之類的,我們一大早就去公園,把衣服脫光,開始清理,有些人負責照照片,就這樣開始了。然後我們就等待,看會發生什麼事。」

這個概念超級簡單的。5月的第一個星期六,無論是住在哪個地方的誰,只要想裸體做園藝,都鼓勵這麼做。無論除草、修剪、種植、護根、刈草、收割還是鬆土,全都可以光著屁股來。要問為什麼?因為「我們的文化需要用更健康的態度,來面對自我身體接納,以及對整個自然環境的連結這兩個部份。

裸體不單單只是一種享受而已,它還提醒著我們:就算只有曬太陽的那幾分鐘,我們也是以作為一個人類的角色,來真誠對待自己,並且成為這個星球的一部分。」[77]

那一年是在2005年。

史托瑞繼續道:「已經10年了,但我還是會從廣播節目上,收到人們的call in,問說:『你們的團體是在做什麼的?』我就會說:『相信我,我們並不是一個團體。』」

因為世界裸體園藝日,是一個刻意要開放資源且非組織性的活動。大部分的人都是在自家的後院實行,很難說到底全世界有多少人參與,但是我很佩服這背後的理念。就如史托瑞所說:「我們發現,當人們從事裸體園藝,他們面帶微笑的。」[78]

這樣真的很好,在後院晃一晃,除除草,種點小花,覆蓋

---

77 引自世界裸體花園日網站(wngd.org)的裸體花園介紹。

78 Quoted in Laura T. Coffy, "Not Dirty to Play in Dirt on World Naked Gardening Day," NBC News, May 13, 2011.

幾個護根；只要開始不動用電動除草機和電鋸，感覺就會非常愉悅。但是因為我家的庭院基本上是 以堅硬的岩石覆蓋，上頭種有巨大的龍舌蘭、多刺的大戟屬植物，以及滿帶尖刺、一叢一叢的12卷屬植物，我不覺得自己有辦法裸體做園藝，否則會很像在豪豬群中放牧。

　　雖然在後院裡私下裸體，可能是介紹大眾認識天體主義的好方法，但是這樣做的人，並不會投身於像是世界裸體自行車隊，或其他為了政治和環境因素而用肉體來吸引的抗議活動。舉幾個例子，像是「要胸不要砲彈」（Breasts Not Bombs），就是一個反戰組織，由女演員雪莉・葛蕾莎（Sherry Glaser）創立。她們的理念是：「用女性天然的身體來喚醒人們，帶來騷動，讓人們從無意識的睡夢中甦醒過來。」[79] 攝影師史賓塞・圖尼克（Spencer Tunick）為大型裸體組織拍攝動人的藝術攝影，他後來將注意力放到氣候變遷上，請人在瑞士阿爾卑斯山的冰河上裸體擺姿勢。「大然靈魂」（AnimaNaturalis）組織於2013在巴塞隆納聖若梅廣場（Plaça Sant Jaume）抗議皮毛產業，他們的方法是在赤裸的身上佈滿血液，堆疊著躺下。世界上有數10種草根性的政治和社會運動組織，是利用赤裸人體來作為傳達的訊息、吸引注意力的手段。為什麼呢？因為非常有效啊！套用一句老話：「性就是賣點」，即使沒有刻意要表現得很性感。

　　我們可以把戈黛娃夫人（Lady Godiva）視作第一位在公眾面前裸露身體的社會運動者。這位17世紀的傳奇人物，因為可憐考文垂（Coventry）的窮人，而請求她的丈夫、同時也是梅爾希雅（Mercia）的公爵利奧弗里克（Leofric）降低稅賦。就像很多結了

---

79 引自 www.sherryglaser.net/bnb.html，「要胸不要砲彈」任務介紹。

婚的夫妻一樣，他們也為這件事情吵架，而最後，她先生決定要她做一件她絕對不會同意的事：如果她肯裸體騎在馬上繞行城鎮，就答應減稅，結果怎麼樣我們都知道；作家飛利浦·卡爾高姆（Philip Carr-Gomm）對此下了註解：「這個故事裡面有一種如煉金術般的特性，將可能成為屈辱的一件事，轉化為尊嚴的時刻，同時也是全城的驕傲。」[80]

有兩個實行裸體抗議並轉化為某種藝術形式的組織，分別是善待動物組織（PETA）和革命性團體FEMEN，理念為「極端性權主義、無神論和女權主義」。

PETA的廣告做得很成功，他們找了像是艾莉西亞·席薇史東（Alicia Silverston）之類的女演員一起推動素食主義。他們也有請情色片女星珍娜·潔米森（Jenna Jameson），用誘惑性的手法，來行銷一種叫做「仿皮」的多孔性面料，藉以傳達穿上後觸感的歡愉，這個團體不怕將性與其所欲傳達的訊息混合在一起。廣播公司NBC曾經做過一件出名的事，就是拒絕在超級盃比賽期間播放PETA的「素食之愛」廣告。根據NBC環球廣告標準執行長維多利亞·摩根（Victoria Morgan）表示，這支廣告「對於情色的描寫已經超過標準」[81]。我看過這支廣告，的確蠻教人熱血沸騰的，它是在推動火辣辣的素食女孩性行為，並且赤裸裸地宣稱「吃素可以促進性生活」。

我猜大概是該廣播網認為，數百萬葷食足球迷無法接受這個事實吧。

但PETA最有名的，其實是裸體上街頭抗議。該組織成員曾裸

---

80 From Carr-Gomm's excellent book *A Brief History of Nakedness* (London: Reaktion Books, 2010), p. 95.

81 Page Six, *New York Post*, Jan. 27, 2009.

體待在囚牢裡，用以描繪畜牧業下的動物困境，抗議肥鵝肝醬的販賣，全員裸體來推動素食主義，裸體抗議肯德基對家禽的不人道對待。他們在西班牙的潘普洛納發起「裸奔節」，要向市政府證明這樣做也是非常有趣、對旅客友善的活動，而不是殘忍地對待動物。裸奔節確實廣受歡迎，但還是沒有辦法阻止潘普洛納舉辦奔牛節──眾人在街頭狂亂衝刺，讓酒醉的旅客跑在公牛旁邊，盡量確保自己的酒袋不被牛角撞壞。

但PETA並不是一個纖體組織，就像世界裸體自行車隊一樣，他們是以天體來作為吸引注意力的手段，來達到社會和政治目的。

FEMEN有更遠大的目標，它是在烏克蘭創立的，目前總部在巴黎。他們將社會看作是由男性所主導的架構：「我們活在一個由男性來支配經濟、文化和意識形態的世界。在這個世界裡，女人是奴隸，財產所有權被剝奪，但最重要的，是連自己身體的自主權都被剝奪。」

FEMEN在官網上的宣言寫得非常棒，清楚表達了自己的目標。（記住，英文並不是作者的母語。）上面寫說，FEMEN就是：

 • 從意識形態上，逐漸削弱父權的基礎機構，如獨裁國家、性產業和教會。顛覆這些機構，迫使他們戰略性地投降。
 • 推動革命性的女性情色形式，以對抗重男輕女的情色作品。
 • 灌輸現代女性文化、積極反對邪惡事物，並為正義發聲。
 • 建立全世界最有影響力且最具有戰鬥力的女性同盟。

前幾項我都蠻支持的，直到看到最後一項。我是個鬥爭無用論者，就覺得想辦法溝通不是比較好嗎？

為了要把這個議題帶到大眾眼前，FEMEN的社運家透過裸露胸部、在身上畫標語等方式，經常性地就阻撓政治、宗教和文化。他們揮舞標語、大聲吶喊。就像蜜糖會招惹蒼蠅一樣，裸胸總是會吸

引攝影師和記者，FEMEN因此達到很好的宣傳效果。他們把這樣的運動稱作「極端性權主義」（Sextremism），並將其定義為「女性對父權制的反叛，體現最極端的政治導向社運活動。」極端性權主義的活動通常會伴隨著聳動的主題，像是「從我的陰道滾開！」這是2013年10月9日在西班牙馬德里議會上，會員們大喊的口號。還有當普京在2014年8月於漢諾威與德國總理梅克爾會面時，他們對普京喊：「去你媽的普京！」

你很有可能在新聞上看到FEMEN抗議者的照片，通常是被警方銬上手銬，低著頭的畫面。

FEMEN的終極目標是「對抗父權主義完勝」，我祝福他們。

世界裸體自行車隊和世界裸體園藝日用的是相對比較溫和的方式來改變世界，他們有些目標跟FEMEN和PETA是一樣的，但利用的手法是裸體大過於革命。馬克・史托瑞對於裸體抗議有不同的見解：「比起可能會對多少人造成困擾，我還寧可採取溫和對抗的方式，例如我們可以讓多少人的臉上掛著微笑。」

馬歇爾・麥克魯漢（Marshall McLuhan）提出一個很有真知灼見的觀點，他說：「媒介即是訊息」，而對於裸體抗議者來說，他們的媒介似乎正是赤裸的胸部。胸部可以吸引大眾和新聞媒體的注意，而訊息——動物權與女權等——則是深植於這些運動家的裸體行動中。我想，除了我們文化對於裸體的狂熱以外，還有更重要的：這些行動並不是只有搔搔癢而已。沒有穿衣服的抗議者是很脆弱的，上空女人們被壓倒在鵝卵石地面的圖像，會激起我們天生的同情心。她們似乎就是要藉由脫掉衣服豁出去、承受風險，並將「潛藏的羞辱轉化為尊嚴的一刻。」

但是那些比較沒有政治意圖的年輕天然主義者呢？那些純粹喜歡裸體待在戶外，但並沒有特別想要大叫「去你媽的普京」的那些

人呢？自從他們沒有加入天體俱樂部和度假村成為會員之後，到底都去哪兒了？為了得到答案，我再度參加2013年奧地利的「歐洲天體健行之旅」。

這是在7月中旬，我們花了一整個上午的時間，爬到奧地利的山巔，俯瞰上陶恩（Obertauern）滑雪勝地。我們在爬的時候沒有穿衣服，畢竟這是歐洲天體健行之旅。但現在，當我們坐在山頂吃著起司三明治的時候，天氣變了，冷風襲來，黑雲籠罩，從山谷往我們這邊移動，天空看起來很像在威脅著要下一些什麼不舒服的東西到我們頭上，可能是要來場大雨、下雪、下霜之類的。大多數人都穿起外套，或是那種山友喜歡穿的絨毛衣，我還把毛帽戴上了，然後我們就開始趕在天氣變得更壞以前，在山路上跋涉。

在我要繞過幾塊雪堆，正感覺到第一滴冰冷的雨擊中我的時候，卡菈——30歲的英國的天然主義者——從我旁邊跑過去。她身上除了一雙靴了之外，就沒別的東西了。她停下來看著山上的一個小池塘，然後轉向我問說：「那是冰嗎？」

我隨著她的眼光看過去，小池塘中的水確實是被一層薄薄的冰給覆蓋，就轉向她說：「對，沒錯。」

她點點頭，說：「我也這麼想。」然後就一路蹦蹦跳跳地跑下去了。

卡菈和史都華*是「自由馳騁天然主義」（Free Range Naturism）網站的幕後推手。之前他們曾經有個網站，叫做「裸體芒羅」（Naked Munros），記載著他們裸體爬蘇格蘭282個芒羅的神勇事蹟。在蘇格蘭，「芒羅」是指超過3000公尺海拔的高山，這個親切的暱稱是來自於蘇格蘭登山家休·芒羅（Hugh Munro），他是為這些山巔編目的人。對於蘇格蘭的山友來說，就是要「攻佔芒羅」，把它們全部爬完。而要蘇格蘭的登山客光屁股把芒羅爬完，又是另

外一回事了，事實上，這樣做是違法的，但這並不能阻止卡菈跟史都華攻佔超過25座山峰。他們藉由拍攝極為美麗的裸體配風景照，來記錄自己的戰績。夫婦倆都外貌出眾、身材勻稱，這麼做並不會對誰造成傷害。

* 他們要我寫這本書的時候把姓氏刪掉。

「烏什布恩埃姆死亡行旅」的隔天，我跟他們在奧地利的曼陀林小茅屋裡一起坐著用茶，請他們談談野外裸體計畫。

我把腳伸直放在另一張椅子上，想讓自己腫大的膝蓋休息休息，「你們兩個感覺怎樣？」

史都華看看自己的腳：「我有種快死掉的感覺。」的確，NEWT的團隊在走了這麼久的山路之後，一定會覺得走起路來很僵硬，關節吱嘎作響，就連維多里奧的那條狗都累了。

「是什麼原因讓你決定接下芒羅這項挑戰？我的意思是，即使穿著衣服爬，就已經夠了不起的了。」

英國人卡菈看著史都華的神情，好像有什麼蘇格蘭人的部份，特別需要用蘇格蘭語來解釋。史都華聳聳肩：「我在蘇格蘭長大，那邊到處都是山，所以等年紀夠大的時候，很多人就會開始去爬山。就是類似這樣的原因。」

這麼說是可以理解，但是為什麼要從一個普通的登山客，變成裸體登山呢？

「我常常都自己走，然後嘛，一整天下來很熱，就這樣子下山，旁邊也沒有其他人。然後看到有著岩池的美麗小溪，就想說：『好啊，那就跳下去吧。』接著就把衣服脫光，跳進去，然後想：「哇！還不錯嘛。」然後就這麼開始啦，對啊，偶爾會裸體走一下下，但我想自己真的開始脫衣，是在遇見卡菈之後。」

史都華有一種怪誕的幽默感，讓我有點懷疑這會不會是某種雙

關語。卡菈是天體族？是史都華把她拉進來的嗎？

史都華繼續道：「我們第一次一起爬山的時候，是跟其他夫妻檔朋友同行，但是他們走得很慢，所以我們兩個就一起快步上山。卡菈有個非常好的點子，她要在我們登上山巔的時候脫掉衣服，拍幾張照，然後把衣服穿回來。後來這些朋友出現，沒人想出更有趣的點子了，結果這些照片拍得真的非常好。」

卡菈看著史都華說：「我們立下規定了，對吧？」

史都華點點頭：「我們立下規定，就是不管天氣如何，至少要在山頂上拍張裸照，藉此鼓勵自己多裸體久一點。值得一提的是，在蘇格蘭文化中，完成芒羅的爬山考驗是一件大事，我從20歲早期就已經開始在攻佔芒羅了，所以每次去的時候，都會嘗試爬另一座芒羅，但你知道，每年都有數以千計的人想要完成芒羅這項任務。」

我向他指出，很少人會裸體爬山，因為別的不說，至少風超級大、天氣非常濕冷。

卡菈大笑：「有的時候，這種狀況會讓我們在登頂之前就先回頭了。」

史都華喝了口茶，「我是認為我們兩個都想要、或刻意使自己走進大自然，然後把衣物脫掉，但這些帶有藝術色彩的攝影照，其實會產生一種紀律，因為我們會特地跑去有趣的地方脫衣。」

「都不怕被抓嗎？」

「通常已經爬到很晚才下山，所以就想說，嗯，應該只剩我們在這了吧，所以就會裸體下山。在蘇格蘭還是要小心一點，不然的話會給自己帶來不少麻煩。」

卡拉跟著說：「後來就變成我們會跑到野外找個可以裸體行走的地方，然後拍幾張有趣的照片。」

史都華表示贊同：「我就是覺得純粹拍風景照變得很無聊，理想上，前景應該要有點東西，比如拍個岩石。但是，怎麼講，最好還是拍張裸體照吧，因為很多風景照的用意，就是要有身歷其境的感覺。如果有某個人在照片裡的話，你更可以想像自己身歷其境。」

卡菈把他的想法繼續講完：「但是如果某個人在這張照片上是穿著衣服的，看起來會不大協調。然而若不穿衣服，那麼就比較像是要表達什麼立場。」

史都華跟卡菈兩人都頗具政治敏銳性，我在想他們這樣子做是不是有什麼政治目的，或者他們只想要做到藝術歸藝術？

史都華把茶杯放下：「我想我個人特別關注的是，現代社會是怎樣把我們帶離天然環境的。我們有健身房、矗立的高牆和邊界之類的，而人們在各方面都有想要返回大自然的想法，無論是喝有機啤酒，或是坐在車子裡面看海等等。好的藝術總能夠激發人們強烈的情感，而大自然就是深植於人類心中的東西，因為我們就是來自大自然，你知道，就是天然環境。這是我個人的立場。」

我看著他，然後想說：他應該要來寫一份宣言的。

卡菈補充道：「我相信人的腦袋有很多不同的層面，必須要讓各個不同的部位都活動到，包括藝術、工程、數學、科學、文學等等。整體都用到，比只有部分用到來得好。」

史都華繼續說道：「我們把登上芒羅當作是……」他猶豫了一下，卡菈幫他接話。

「當作是一個天然藝術之美的計畫。」她看看史都華，「而這個計畫是到了我們跟媒體出現一些問題的時候終止了。」

他們說的問題是指，某一天早上，史都華的兄弟打電話來，然後說：「我在《世界新聞報》（*News of the World*）上看到你裸體的

照片耶。」

史都華的反應是：「你怎麼會去讀《世界新聞報》？」

《世界新聞報》是現在已經停刊的英國小報，屬於魯伯·梅鐸（Rupert Murdoch）媒體集團旗下的一支，就像梅鐸其他的報紙一樣，他的專長就是腥、羶、色及名人的八卦。最後會停刊是因為有證據指出他們電話竊聽、編輯跟記者的非法活動被揭發。

《世界新聞報》的編輯群對卡菈和史都華所做的行為，正是這家出版商最常做的事，某個人看到他們的「裸體芒羅」網站，該報社就在未經許可的情況下，把照片抓下來刊登在報紙上。史都華看到自己很屈辱的照片，他的跨下被一張剪貼畫的便當盒遮著——便當盒在英國俗語中是男性生殖器的意思——而卡菈的照片則是被影像修圖軟體刻意地用雛菊裝飾在身上。

之後媒體就對他們火力全開，就連葛雷漢·諾頓（Graham Norton），主持知名BBC電視節目的愛爾蘭喜劇演員，都曾經請他們當來賓，但正如卡菈說的：「我們覺得不堪負荷。」

史都華點點頭：「對啊，他們對我們大肆批評，然後，怎麼說呢，當這些黃色報刊說他們想要多認識你一點的時候，就逃跑吧。」他身子動了一下，喝了口茶。接著繼續道：「我們不想跟媒體說什麼，也不上節目，連網站也撤下來了。」

這跟一般美國夫婦忽然發現自己可能有15分鐘的時間可以出名的反應正好相反*。但是對史都華和卡菈來說，他們有現實世界的問題，是不想要處理的，正如史都華指出的：「她在教育界，而我在社會福利機構；我們都認為躲起來會比較能持續做想做的。」

*請參照：金·卡達夏（Kim Kardashian）、芭黎絲·希爾頓（Paris Hilton）、管道工喬（Joe the Plumber）。

當身為電腦科學家卡菈在慕尼黑找到工作之後，他們就逮到機

會，跳脫英國的媒體圈。

「你會覺得把網站撤下這件事情心裡很不好受嗎？」

史都華搖搖頭：「我們把理念稍微改了一下，這樣也好。」他指的是他們現在的新官網「自由馳騁天然主義」，「舊網站的連結已經重新導向這裡了。」

「那麼新的網站還有招到什麼問題嗎？」

卡菈聳聳肩：「我們還是遇到像之前一樣的反應：『真不敢相信你居然在那邊裸體。』」

「是已經少了點新奇感了，不過這樣也好。」史都華補充道。

當天體俱樂部的會員數下滑之後，越來越多年輕的天然主義者，仿照卡菈和史都華的「自由馳騁」理念，開始在自己以前不會裸體的地方脫下衣服。而那些地方，都有可能讓他們為了裸體而遭到逮捕，除了一般的海灘景點和森林裡面的「天體登山」路線以外，現在還有城市夜間騎單車、城市公園天體游擊戰，還有一個可能稱得上是年輕天體主義者的朝拜之地：「燃燒人音樂節」的「PLAYA」（海灘）。[82]

NEWT的創辦人理查・佛雷在他的書《行動派裸體主義者：居家與公眾場合的裸體生活》中編列了許多天體活動，包括：在海灘上做體操、划獨木舟及橡皮艇、騎馬、騎單車、園藝，當然還會提到登山。裡面講到裸體釣魚者、裸體划船者、裸體的潛水員、裸體的跳傘員，以及沒穿衣服的爬樹的人等等。基本上所有你想得到的可以穿著衣服的運動，也都可以裸體來做，紐西蘭甚至有一個在海灘上玩橄欖球的傳統活動。

---

82 威爾斯・陶爾（Wells Tower）在他的文章〈燃燒人中的老人〉（The Old Man at Burning Man，刊於 2013 年 2 月 GQ）中描述了節慶中不停歇的裸體，和他參加「清洗人類屍體」活動是希望能洗個澡的個人感覺，「直到現在，如果有選擇的話，我寧願在腳底鑽個大洞，也不要和陌生人袒裎相見。但我在這裡很努力了，朋友，除了脫衣服也無事可做了，我有點生氣地直接脫掉衣服。」

雖然「祕密游泳」（Secret Swimming）在定義上並不是天體主義，但「這是一個熱愛游泳和發現祕密地點的國際泳族社群」。它的運作有點類似游泳社群裡的快閃族，會安排在最瘋狂的地方，在河裡、小溪、池塘、冰河、不為人知的海邊和水庫游泳。」「祕密游泳」的會員會在游泳的前一周，收到「祕密地圖」上的游泳地點和時間。如果官網的攝影照片給的線索沒錯，很多祕密游泳實際上都是秘密裸永，但是這並不是說祕密游泳的重點是在裸體──秘密地游泳才是。

ActiveNaturists.net是一個由三個男生成立的網站，其中一個是住在柏林，另外兩個住在紐約。毫不意外地，他們全都是歐洲人。克爾理（Kirill）和喬（Joe）是德國人，而璜（Juan）是西班牙人。網站上他們編寫了自己在紐約上城登山的冒險經驗、在珊帝虎克（Sandy Hook）的海灘表演卡波耶拉舞（capoeira）、在賓州的步道上跑步、到火焰人音樂節旅行。官網列出裸體旅遊地點，也推廣各種不同的活動，從裸體泥漿摔角，到在夏威夷的裸體攀瀑都有。

但是ActiveNaturists.net並不算特別的，還有數10個網站都是由喜愛登山、騎自行車和其他鄉間裸體玩樂的人投入。但是對於那些不肯離開城市的天體族怎麼辦呢？在德國，天氣晴朗的日子，公園內就可以看到有人在裸體做日光浴，這並不是什麼稀奇的事，但在紐約這類的城市就很少見了。

紐約市有一個「戶外男女混合上空低俗小說鑑賞社」（Outdoor Co-ed Topless Pulp Fiction Appreciation Society）[83] 帶起了一股城市裸體文學風潮。紐約有一條進步的法律，明確指出：想上空的男女將獲得平等的保護，而他們剛好佔了這條法律的便宜。他們聚集在像是

---

83 See coedtoplesspulpfition.wordpress.com.

中央公園之類的公眾場合,脫掉上衣讀書,而且只讀低俗小說。我也不知道這算不算是一種解放運動、一種文青讀書會,或是全世界最棒的圖書行銷點子,但是他們的戰績讓人讀起來覺得很有趣,而且那些苗條的都會年輕女性照片也確實吸睛。

裸體行動者理查‧佛雷發現這些這項活動相當鼓舞人心,「基本上我覺得,這世界上有越來越多人在參與裸體行動,他們也從像是自由馳騁天然主義這類的網站得到鼓舞,而且又同時有越來越多這類的網站出現,對啊,就敘述這些簡單的活動有多麼好玩。就是說,在經濟上可以獲利,對環境友善,有趣,又不會造成傷害。真的都很棒。」

史都華做了一件更奇特的事,就是寫了一本以天然主義者為背景的小說,叫做《天然主義者、紅牙與爪》(*Naturist, Red in Tooth and Claw*),使用的作者名是史都華‧皮茲里哥(Stuart Pitsligo)。聽起來很像一本恐怖小說,嗯,的確算得上是啦。

我在想「戶外男女混合上空低俗小說鑑賞社」會不會把這本書放進他們開的閱讀清單。

「天然主義者小說可能會讓人家想:『喔,我很懷疑能有什麼關於天然主義的小說。在你看看之後,就會發現通常有分三種,一種是純粹的喜劇故事,可能在描述某個人第一次參與天然主義的經驗;或是在某個天然主義者的環境中發生了兇殺案;或者是整個很無趣的愛情故事。所以我在想,那我來寫點不一樣的好了。於是我就想到了有關殭屍的恐怖故事。』

「是裸體殭屍嗎?」我問。

「主角們才是天然主義者,他們也必須是天然主義者才能進入故事的情境中。故事是設定在蘇格蘭高地,那邊有很多我個人的經驗,我是想說要在小說裡推廣自由馳騁天然主義,同時又能嘗試全

新的天然主義小說類型。

現在這本書在Kindle上已經可以買到，正如一位讀者在亞馬遜網站上寫的：「如果你喜歡天體主義也愛殭屍的話，這本就恰好適合你！」

儘管這本《天然主義者、紅牙與爪》並沒有到史蒂芬‧金的等級，但是也非常有趣，而且最後拯救大家的結局，也寫得很好、很聰明。而且誰知道會有這種殭屍恐怖天然主義類別的書呢？就像史都華說的：「這就是個經驗。」

現在正在發生的事情很有啟發性。就在過時的天體俱樂部開始慢慢衰微之後，年輕天體族找到自己的娛樂活動，不需要顧忌大眾的眼光，這在精神上剛好與那些封閉的天體度假村相反。

而且也難說自由馳騁天然主義什麼時候會結束。史都華解釋道：「我們在蘇格蘭玩過滑翔傘，但是明年打算去阿爾卑斯山上些進修課程，在這裡學怎樣飛，然後……裸體玩滑翔傘。」

我無法想像不穿衣服玩滑翔傘，但隨後我又變得無法想像在滑翔傘上穿著衣服，卡菈笑道：「我們可以一整天都在你頭上飛來飛去，然後『哈哈』大笑喔。」

掃興大王

　　欽科提格國家野生動物保護區（The Chincoteague National Wildlife Refuge）位於維吉尼亞海岸外，名為阿沙提格島（Assateague Island）的一片長長的土地上。這座島有點像個屏障，是把乞沙比克灣（Chesapeake Bay）和大西洋分隔開來的半地峽的一部份。它的名聲來自於一群野生矮種馬，以及列於國家史蹟名錄上的一座燈塔，而且據說是個挖掘蛤蠣的好地方。那兒有一長溜美麗的海灘；可想而知，偶爾總會看見有人在裸泳，或做天體日光浴，顯然之前海灘北端對裸體是採半容忍作法。但是，到了1985年，「禁止裸體」的告示出現了。美國水生與野生動物部門的公園 查員開始執行這些新的規定。[84]

　　1989年一個溫暖的六月天，名叫珍妮・碧兒西（Jeanine Biocic）的年輕女孩，和一名男性同伴沿著欽科提格海灘漫步。不確定是什麼原因促使她決定脫掉上半身比基尼——也許是因為風和日麗，也許是海灘，抑或是受朋友影響——無論理由是啥，她決定要來「享受多點兒日光」[85]。她的乳房落入一個公園巡查員眼裡，而依據聯

---

84 根據「ThongBoard」論壇中的某些貼文，有個線上社群專在討論「丁字褲」（穿著帶子的比基尼小內褲），公園士兵以前曾偷偷靠近天體人，而且「好幾年都非常下流」。

85 *United States v. Biocic*, 928 F.2d 112 (4th Cir. 1991).

邦法典第50條第27.83款的規定，珍妮遭到法院傳喚。這則條文很詭異，因為基本上它等於把司法管轄權丟回給地方當局，其理由是「在任何國家野生動物保護區，皆禁止做出在任何一州和地方法律界定下屬猥褻或不當之行為。」

珍妮在庭訊時，法官諭示她違反了艾科麥克郡（Accomack County）的反裸條例。她還真有種，並不否認自己在海灘的上空行為，這項條例是「為確保並促進居民的健康、安全與福祉」而規定女性上空屬於猥褻。大家可以來琢磨一下，珍妮的乳房是如何危害居民的健康、安全與福祉的。呃，我還沒找到珍妮乳房的圖片，所以也只能靠想像。反正也不過就是一對年輕女人的乳房，又不是什麼危險的海怪。

她為了這項「猥褻行為」，被處以25元美金罰鍰。對此她提出上訴。

1990年10月4號，美國對珍妮碧兒西案在美國第四巡迴庭上訴法院審理。 珍妮與他的律師約翰派翠克麥吉翰（John Patrick McGeehan）認為公園與郡的法規模糊不清，並且妨害了她的憲法權利。

她的主張之一是，那些對她的控訴，妨害了她「受保障的人身自由權」。而這被法官以「沒有人會認為憲法第一修正案容許在公共場合裸體」予以駁回。這是對憲法第一修正案非常狹隘的一種見解。何以裸體不能是一種自由表現呢？我的意思是說——不開玩笑——這也是一種表現啊。

不過最有意思的論點，是她主張對等的保護。也就是說，如果男人在海灘可以上空，那麼女人也應該可以，否則就是性別歧視。珍妮輸了，法庭判決性別「區分在此是很大程度上關乎於重要政府利益的事項。」 這聽起來感覺好像她的乳房是國家安全的一大威脅

似的。法庭說明什麼是重大的政府利益，乃是因為「它保護社會上相當一部分人所廣泛認可的道德觀感，他們不想要某些同胞任意地將社會傳統上所視為情色的身體部位公開展示出來。」

所以基本上，如果隨便有一個花花公子，比如說吧，一個公園巡查員，發現你的乳房有那麼點會撩起他的慾望，那麼你就該把它們遮起來。這已經不是你自己，而是一個心思不正的陌生人，可以決定你是否有不當的暴露。我委實不明白，法庭為什麼不把這個荒謬的邏輯延用到男人的乳頭上。如果有個男同志認為另外一個男人的乳頭很性感，那麼，看在老天份上，千萬不要任意的暴露在大庭廣眾之下喔。

但是在維吉尼亞可能構成一宗法律判決的事件呢，到了紐約州就有完全不同的一個說法了。紐約法庭在一個類似案例的討論上，論證道，「對等保護條例所要達到的最重要目標之一是，能確保立基於偏見以未經檢驗的刻板印像上的『大眾觀感』，不會成為政府官方政策不可動搖的鐵板一塊。」

紐約法庭對第四上訴巡迴庭做出一個180度不同的判決，這就是為什麼你在紐約市可以上空，你只要別把下半身也脫光了。[86]

法學教授璐珊羅柏森（Ruthann Robson），在其著作《合憲衣著》（*Dressing constitutionally*）中，討論到碧兒西判決與另一宗在紐約羅澈斯特（Rochester）的裸胸抗議的類似案例。[87] 該案最後在紐約最高法庭終結，審理法官薇托蒂彤（Vito Titone）主張「這個歸根究底，在公開場合看到女人的裸胸會冒犯一般人，而看到男人的裸

---

86 這會違反刑法第 245 條第 1 項（曝露身體），如果在公共場合裸露身體私處則有罪。
People v. Santorelli, 600 N.E. 2d 232 (N.Y. 1992)。

87 Ruthann Robson, *Dressing Constitutionally: Hierarchy, Sexuality, and Democracy from Our Hairstyles to Our Shoes* (Cambridge, UK: Cambridge University Press, 2013), p. 58.

胸則不會的立法假設，其實是一個複製性別偏見，而非對抗及根除性別不平等的假設。」[88] 依照羅伯森所說：「蒂彤此一見解，可做為反對非合憲性地以法強制衣著做性別區分，最具支持性的司法論述之一。」

全國各地有為數眾多的類似案例，天體族可能以為他們在一處隱蔽的地點，於是脫光光來享受個日光浴，而下一刻他們才知有個公園查員正窺視著他們。我們身處警察社會；每個人窺視著別的每個人，這也就是何以一個男人在喬治亞自家後廊裸身日光浴，會因猥褻而被傳訊，而一個小伙子在自家有圍籬的後院裸身晃盪，會因為公開裸體現身而被逮捕。[89]

有時天體族贏，有時像碧兒西的案子，他們輸。但我著實不明瞭這有啥大代誌。何以公開裸身會違法？我和馬克史脫芮（Mark Storey）會談時，他說：「憲法並未賦予你不被冒犯的權利。」這在我心中對任何反公開裸身的法律論述，像投下了一顆氫彈。看看西班牙，裸體並不違法，然而你不會看到天體族從巴塞隆納的聖家贖罪大教堂（Sagrade Familia）晃出來，你也不會看到日光浴者或裸泳者，被指控為猥褻或被貼上性犯罪者的標籤。是因為西班牙人對社會生活採取一種更負責且成熟的態度嗎？如果你還在想，那麼答案是：沒錯。而且他們的酒也很棒。

所以如果憲法並未賦予你不被冒犯的權利，何以在美國天體並非到處合法？如果一個假正經在海邊看到了幾個光屁股游泳的人而大大不以為然，那又如何呢？我們不是應該對生命採取一種活、也讓人活的取向嗎？自由者土地及所有諸如此類的。為何我們有權擁有並攜帶武器，而卻不准露出我們的屁股呢？而且就統計上來說，

---

88 Ibid.

89 *Weideman v. State*, 890 N.E. 2d 28, 31 (Ind. Ct. App. 2008).

相較於手槍的致命性，看到一個雞巴或一只乳房而死翹翹的事是極稀罕的。

就像許多洛杉磯人一樣，我不喜歡粗魯的駕駛，我不想被切入、被按喇叭、被比中指、或被堵在某個以最低速限開在快車道的人後面。我對那種行為很感冒並認為具有危險性。但我們該把他們丟入大牢嗎？還有那些在餐桌上不放鹽巴及胡椒的餐廳呢？那些穿超短褲及又臭又醜靴子的女人呢？那個假古銅色肌膚並穿著緊身牛仔褲、看起來十足是個機車男的傢伙呢？某種程度上，我們都能找到一些讓我們感冒的事情。惡劣用餐禮儀令人冒火。電梯裡有人放屁，那更是令人火冒三丈。我們要把這些人解送司法體系嗎？甚至於到底什麼是被冒犯呢？

美國法律哲學家喬爾芬恩伯格（Joel Feinberg）在他的《刑法的道德限制》（*The Moral Limits of the Criminal Law*）中，定義冒犯道，「冒犯通常是不想要的情緒狀態，且可有巨大的岐異性。冒犯包括了對感官的各種侵犯情狀（例如，醜惡的景象，刺鼻的氣味，磨擦的聲音）；噁心；嫌憎；道德震撼；宗教或愛國感；羞恥；難堪；焦慮；惱火；厭煩：挫折；恐懼；憤懣；屈辱以及發怒。」[90]

儘管冒犯可能令人不快，但會造成傷害嗎？

1859年英國哲學家約翰密爾（John Stuart Mill）在其《論自由》（*On Liberty*）中說，「對文明社會中任何一個人，只有在避免他去傷害別人的目的之下，才能違反他的意願，正當地對他行使權力。」

換句話說，只要人們並沒有去傷害別人，社會不該有權去告訴他們該做什麼。人們應當被允許在海中裸泳，玩裸體沙灘排球，或

---

90 Joel Feinberg, *The Moral Limits of the Criminal Law,* vol. 2, *Offnse to Others* (New York and Oxford: Oxford University Press, 1988).

林中裸體健行甚或裸體在家中庭園除草。儘管可能讓一些人感冒，但並不會造成傷害。看起來就是這麼簡單明了，對吧？傷害很容易定義：你損害了某個個人或其資產，我想大家都會同意，造成傷害應受刑事處分，這是社會給自己制訂的規約以維護公共秩序。卡斯特羅（Castro）那些裸身傢伙，只要不造成交通意外，應該可以隨他們高興在車子裡甩動雞巴，因為叫人光火各有不同。造成某人情緒上的不快並不容易加以界定，而且因為那是主觀性的——令某些人火大卻也可能令某些人高興且覺得有趣——科以刑則並不公平，說它是憲法所保障的權利也甚有可議。

案子結束了。

就像裸體行動者宣言：「任何情況下的裸體都是沒有問題的」讓自由之聲大鳴大放，你想光屁股去洋基球場看場棒球？請自備毛巾。

當然事情沒那麼簡單，一直有些訟案待審，最近　宗是想推翻舊金山對公開裸身的禁令，理由是裸體主義乃憲法第一修正案所保障的表達自由。此案敗訴，因為美國地區法官艾德華‧陳（Edward Chen）說，裸體並非受保障的言論自由，因為「不是與生俱來非表現不可的」。公然脫褲蹓躂之類的行為都要給抓起來。

因為似乎歷來對裸體感冒的人，都一定會引用某些宗教理由來支持他們的主張，所以我想知道聖經對裸體會有什麼說法。於是我去找聖經問題解答部（Got Questions Ministries），有一位 虔誠且經驗老道的自願聖工[91]，他回答來自形形色色基督徒的問題，諸如「夫妻應多久行房一次？」* 以及「基督徒能當天體族嗎？」他的答案應該不出你所預料：「除了少數例外，聖經視裸體為可恥又不體面。」他們引用幾段經文來證明，如以賽亞書47：3：「你的赤身露

---

91 "About GotQuestions.org," Got Questions Ministries, www.gotquestions.org/about. html (accessed June 7, 2014).

體行為當被揭發，你丟人現眼無可遮掩。」或像啟示錄16：15中的金玉良言，「有福的是那不脫下袍罩保持警醒的人，他不會裸身晃盪讓人看光光！」

＊顯然，一週兩次。

至少可蘭經把時尚當作一個穿衣的理由：「噢亞當的孩子們，我們賜予你們遮蓋私處並可作為裝飾的衣服。」[92]

聖經問題解答部的聖經志工學者[93] 結論道：「裸體主義哲學忽略了人類墮落的後果。即使在『無性』的狀況下，公然赤身露體也是以假裝一種不再存在的天真無知來羞辱上帝。基督徒絕不該做天體族或參與天體活動。」

但試試看把這些告訴亞倫派克牧師（Pastor Alan Parker），以及維吉尼亞州南安普頓的白尾巴教堂的會眾吧，派克牧師赤身裸體布道，也主持婚禮及其他種種儀典，聲稱大多數教會的著衣要求乃「矯揉做作」。[94]另外還有在奧克拉荷馬、田納西及維吉尼亞的天體渡假勝地，由基督徒天體集會所主辦的週末禮拜及聖經研究班。

最近封聖的天主教教宗約翰保祿二世可能會同意這位裸體牧師。在他的《愛與責任》（Love and Responsibility）一書中，他說：在某些情況下，赤裸並不猥褻。如果某人把裸體的人當作享樂的對象——即使只是動了壞念頭——那只有他自己才犯了猥褻罪。」[95]這讓我們回到給珍妮‧碧兒西開罰單的公園 查員，這個處分並非因為

---

92 Sahih International 翻譯。

93 聖經問題解答部的宗旨是「聖經問題解答部致力於榮耀耶穌基督，透過網路，對靈性相關問題提供聖經的、可適用的、適時的答案。」

94 John Hall, "'And They Were Naked—and Not Ashamed': Church Allows Nude Worship," *Daily Mail*, Feb. 11 2014.

95 Pope John Paul II, *Love and Responsibility*, trans. H. T. Willetts (New York: Farrar, Straus and Giroux, 1981).

珍妮做了什麼猥褻的事，而是因為他對珍妮的乳房起了色心，他的色心使她的行為變成猥褻。

事情總是回到性，通常人們在光屁股時作愛，相對來說，如果有人脫光光，那他們就是在作愛，即使他們只是自己在林中漫步，那可嚇壞人了。

馬克・史托瑞不否認：「很多人認為如果我想自己坐在這兒，那必定會有什麼性變態或性事件。他們就是不明白。他們不明白他們認為我所置身的情慾世界。」

在《裸體與自然》（Nude & Natural）一書中，名為「公然裸體的罪行」的篇章中，史托瑞寫道，「看到光溜溜的人類身體就有負面反應乃習得的行為。我們並非天生自然就對裸體帶著惡感，而是經由文化制約而得來的。」[96]

我們是怎麼被約制到負面看待我們自己的身體的？何以我們如此懼怕人類的情慾？這些從何而來呢？

為瞭解一些歷史觀點，我去找了維吉尼亞林曲伯格倫道夫大學（Randolph College in Lynchburg, Virginia）英文系主任瑪拉・愛姆斯特（Mara Amster）。愛姆斯特對歷史上女性的角色及情慾做了很多研究，現下正在寫一本書，探討17世紀娼妓及其與享樂、色情和謀利的關係。她同時也很有幽默感，還有滿頭超捲毛髮，以及一個博士學位。

我說明我的研究，說我正在努力搞懂我們社會何以會有視裸體為犯罪這個概念。

「你一開始問的時候，我很顯然想到的是文藝復興，還有英國相對於義大利，因為，哦，我想義大利的文藝復興都是有關於人體的，特別是男體，而當然，在英國則完全相反。我是說，就我所

---

96 Mark Storey, "The Offnse of Public Nudity," *Nude & Natural*, Winter 2002.

知，同時間英國藝術並沒同樣的裸體。不過我得承認，我不確定那一定是從何而來。何以義大利人會對人體有如此不同的觀感？到處都是裸體男女。我的感覺是，對英國人而言，人體一直讓人充滿了恐懼。」

義大利藝術家創作了歷史上最偉大的一些裸體作品。想想米開朗基羅的大衛雕像——那大概是空前絕後最出名的裸體男像——或他在西斯汀教堂天花板上的《創造亞當》（The Creation of Adam）濕壁畫。波提切利（Botticelli）的《維納斯的誕生》（The Birth of Venus）是一幅經典裸體畫作，而提香的《酒神祭》（The Bacchanal of the Andrians）是我想的喧鬧的夏日野餐。不過還有更多的，從達文西淫誨的《麗達與天鵝》（Leda and the Swan）的描畫到吉奧喬尼（Giogione）正面全裸的《沉睡維納斯》（Sleeping Venus）以及稍後，像卡拉瓦喬（Caravaggio）及伯爾尼尼（Bernini）等藝術家都創作出頂頂大名的裸體畫。英國要花200年才趕上，在義大利大師們的影響之下，威廉艾提（William Etty）創作出了一些裸體畫，然而儘管他畫中的男女似乎總是以背面示人，艾提還是被認為帶有爭議性。

英國畫家到底在怕什麼？

「害怕女性的肉體是很明顯的，女體帶著什麼、或它沒表現出來的什麼惡疾，」瑪拉說道：「女體真的和花柳病有著有意思的聯結；你知道，你要當心女人，因為她們可能看起來好好的，但其實是有病。」

這讓我想到長牙陰道（vagina dentata），傳說中令人垂涎卻致命的女性生殖器官。

瑪拉笑起來：「人們從未提過這本身，但其實——背景應該就像這樣。我的直覺是，對人體強烈的反感一定跟著移民者及清教徒一起飄洋過海來了。」

很難想像清教徒解開他們的鞋子，甩掉他們的馬甲與馬褲，在海岬邊裸泳，更別說他們對闖入鱈魚角海灘的李伯森德爾（Lee Baxandall）及其家人會怎麼想了。

瑪拉繼續說：「在《仙后》（*The Faerie Queene*）* 一書中有一很棒的段落，其中一位女性角色被扒光衣服，並以可怕的方式形容她的身體。我是說，她是個女巫，我想就某方面來說，這很重要。她有條豬尾巴、有偶蹄、有副老女人的身子。我想史賓塞（Spenser）大概是這麼說的，『這比我即使用想像的還要可怕。』那種對脫下衣服、對衣服下會有什麼的恐懼，總是讓我心驚。」

* *The Faerie Queene* 乃 1590 年英國詩人艾德蒙史賓塞出版的一部史詩。這是一部寓言式的作品，有騎士、貴族，咸認是以英文寫作的最長的詩篇之一，這或許也可說明我何以從未讀過它。

瑪拉進一步說道，「就是有這股強大的驅動力讓女人包得緊緊的。還有就是有這偉人的 16 世紀早期的手冊，指導如何做個好女人，而基本上是說如果你要外出，你就得全身包得只剩下一隻眼能讓人看到。怪異的是，人體被誇示若此而又同時被遮掩若此，真的，真的很怪異。」

我請她對這點加以引伸。

「我回想小時候以及我們常去的海灘，那兒有段算是相連的天體灘岸，我們總會在那看到一個慢跑的傢伙，我們總是覺得他很明目張膽而且很霸氣。然後，當然，我們把問題丟回你身上，你穿得好好的，你中規中矩並且，你知道的，那種種之類的，或可能就只是有穿衣服的人那樣感覺……我是說，以一個穿衣服的人來說的話。」

「那迫使穿衣服的人思考他們何以穿衣服，他們何以必須穿衣服以及衣服有何意義。」我說道。

「這讓我們回到清教徒，你知道，我想感覺良好不知道為何似

乎有錯。任何確實讓人覺得美好的事物似乎都要被上帝拿走。我想我們仍然對感覺喜樂有罪惡感。」

這讓我想到孟肯（H.L. Mencken）對清教徒主義的有名定義：「那揮之不去的憂懼，唯恐某人，或某處會有歡快。」

我問瑪拉她是否認為在我們文化中，潛藏有某種清教徒主義，以致人們在公開場合看到裸體的人，就會覺得尷尬或羞　或甚至於光火及生氣。她思考一會兒說：「我今早正想著，我女兒在外頭到處跑還脫掉她的上衣，她只穿小短褲到處跑，我想著小孩子光著身子所得到的快樂。然後到了某個時點就不能了，因為你就是不能再這麼做了，到了某個年齡，如果她沒穿上衣到處跑我就會不安。」

我說道：「妳的社會制約開始起了作用，她的裸體變成帶有性意味了，或至少如果別人在看她，妳就懷疑他們心存淫念。」

瑪拉同意。「是的，一點都沒錯。我不想讓別人那樣看她。不過我認為整個概念是，因為你是個孩子所以你可以那麼做。對天體族也是這樣，有個想法是，他們還沒有長大。他們仍然帶有這種原始的樂趣。」

我們的社會制約是──樣奇怪的恐懼雞尾酒──恐懼失控、恐懼藏在身體裡的可怕細菌、恐懼被別人意淫、恐懼一個光屁股的人在做什麼變態的性行為──還摻混著對天體族的控訴，指稱他們是幼稚而叛經離道的嬉皮怪咖，他們可能是、也可能不是心神不穩，透過一個染上清教徒色彩而更糟的不合理的司法體系，他們被擺弄也被束縛。所有這些就是害怕有人想裸泳或光屁股在林子裡健走嗎？我們真有好好想一想嗎？

瑪拉說道，「回到那個被認為霸氣的裸體慢跑者……你在強迫別人去思考他們的選擇。而沒人喜歡那樣。」

時尚達人

1951年7月23日，澳洲的辛格敦阿爾格斯報（Singleton Argus），登載紐約市舉辦的一個天體時尚秀。這宗被稱為天體時尚秀的代誌讓我覺得頗為矛盾，不過接下來有天體珠寶秀，裸體模特兒展示肚皮鍊以及陰莖夾，所以，好吧，紐約有場天體時尚秀，報導說衣服上「有最最少的鈕扣、拉鍊、以及暗扣。」聽起來像是黛安‧馮‧佛絲登寶格（Diane Von Furstenberg）的那種一片式洋裝，或是像件浴袍。報紙引述「摩登、古銅色肌膚的諾兒娃泰可伍德夫人」也就是「日光浴協會」的執行長夫人說的話：「衣服的設計全是為讓穿著的人，一安全地進入天體營裡，就能輕鬆快速地脫下來。」更棒的是，「在10秒內就能脫下。」因為一旦你安全地置身天體營，何必浪費寶貴的一秒鐘在忙著解扣子上？

秀場的亮點之一是用來奉茶的圍裙，正如泰可伍德夫人所說：「如果一個女性天體族辦一場茶會，她當然要穿一件圍裙來待客。」

那麼衣服與時尚到底有什麼讓天體族想要展示一些風格，即使當他們應該光溜溜的時候？好好梳理陰毛還不夠嗎？

我開始思索時尚設計師對天體主義會有什麼想法，畢竟他們是靠創造與製作給我們做衣服的衣服營生的。有一家在加拿大蒙特婁的時裝設計公司名叫反裸體（Against Nudity），他們的

網址宣稱設計師路易斯莫羅（Louis Moreau）及蒂埃里沙勒布瓦
（Thierry Charlebois）「看待時尚彷彿其從未存在過。」我不確定
那是什麼意思，不過他們的衣服顯然「在他們生猛活潑的家鄉蒙
特婁很得歡迎。」為保持其實性，蒙特婁是一個你大部份時間都
想穿得暖和一點的城市，我可以瞭解他們為什麼選擇那個名字：
他們要避免長凍瘡。

　　我安排與奠基於洛杉磯的時尚設計師愛芮卡・戴維斯（Erica
Davies）會面，以便詢問她對裸體的想法以及我們為何要穿衣。她曾
共事於李察・泰勒（Richard Tyler）、尚恩・約翰（Sean John）、麥
克斯・馬拉（Max Mara）以及BCBG等，而她也有自己的品牌。

　　愛芮卡和我在銀湖的一個小咖啡館碰面，她嬌小美麗，淺棕的
秀髮因剛從瑜伽課出來而顯得凌亂。她穿著一件運動衫及緊身褲外
罩圍巾，雖然才剛做了一個半小時的下犬式及拜日式，她看起來還
是很有型。愛芮卡說她餓死了，以她威爾斯摻雜倫敦的清脆口音，
點了一份卡布奇諾及可頌。

　　我本來想吃些午餐，現在看這個苗條的瑜伽修行女就吃這麼一
點可頌，忽然覺得自己點三明治就像個饞鬼，然後你看，他們就是
這麼做的，我們甚至還沒有開始談衣服，時尚設計師已經讓我擔心
自己太肥了。侍者對我的嗯嗯啊啊不怎麼高興，壓低嗓音咕噥著轉
身離開餐桌去張羅愛芮卡的菜單。

　　我轉頭向愛芮卡提出一個自以為聰明的問題：「所以當時尚
設計師看到一具裸體的時候會想到什麼？」我很確定她的答案應該
是，光溜溜的身體應當穿上衣服，嬉鬧及做園藝的時候穿輕便點，
上班時也許穿些有型的套裝，還有那些讓人一看就知道是你的服
飾，方便你從辦公室轉到夜店——換句話說，有個櫥櫃裝滿了流行
的高級成衣等那一類的東西，但那並非她的答案。

　　「你知道好笑的是，每次我設計的時候，最先想到的總是光溜溜的身體，因為你好像非得想想怎麼去適合那個身體。我是從理察・泰勒那兒開始這麼做的，但是在聖馬汀斯（Saint Martins）＊，他們的主要概念是，你永遠要從女體開始。」

＊英國倫敦中央聖馬汀斯藝術與設計大學（Central Saint Martins College of Art and Design in London, England）。

　　她的咖啡來了，我有點低聲下氣地向侍者點一樣的東西，而他對我終於做了決定似乎毫無表情。

　　愛芮卡先抿一口她的卡布奇諾，然後繼續說：「好玩的是，他們好像總是會讓你以全然不同的方式，來看待女體或男體。甚至於在你想到衣服之前，你就總是會先想衣服下面會是什麼。」

　　這不無道理，但令我驚訝的是，她以建築師設計一棟房屋一樣的方式，來設計衣服：也就是研究地形結構。我懷疑這是不是通例。

　　愛芮卡點頭道：「李察・泰勒這麼做。他總是好像……研究著客戶的身體，好像他讓客戶從他們的內衣中走出來。他就是要從這樣子開始，因為他從不……他並不真正的使用人體模型，他就直接拿起剪裁刀。他要瞭解女人，她身體是怎麼構造的，然後他就一剪下到織物上。我只能說，他是個天才。」

　　泰勒是一個長髮的澳洲人，住在洛杉磯，為一些名流如艾爾頓・強（Elton John）以及雪兒（Cher）等設計過衣服，但更出名的是他為男男女女設計的優雅套裝，還有為女星茱莉亞・羅勃茲（Julia Roberts）、安婕莉卡・休斯頓（Anjelica Huston）以及其他許多人設計的紅地毯禮服。2006年他為達美航空的空服員及客服代表重新設計制服，我很難想像泰勒看了每一個空服員的裸體，來做出那些衣服。不過，他本著光裸的身子來裁製衣服的這件事，仍然讓我大為

吃驚。「一個天體族可能會說，只有在人們未著寸縷的情況下，你才會真的只見其人，真的看出他們是何種人。他是因此而這樣做的嗎？」

愛芮卡撕下可頌的一角丟進她的嘴裡，「我並不盡然確知他為何如此。不過他認為如果他看了他們光著身子，然後把所得的想法用在平攤的紙面上，那永遠也無法如實轉譯。他可以了解一個女人的身體，但他非得看到不可。他不持量器，他的工具是剪刀。只有他和他的剪刀，因為他的剪也要打量那個女人。很難相信吧。」她啜一口咖啡又說：「他最可愛了。是個充滿魅力的人。」

「時尚界通常是這樣嗎？」

「多數的人做衣服都加皺摺（drape），你瞭解我的意思嗎？好像他們都照一個模子來做皺摺，但還是有所不同。」

我對皺摺和時尚設計很有限的瞭解來自電視的「決戰時裝伸展台」（Project Runway）節目，看那些設計師對著丟在半身人形狀針插上的布料撓耳皺眉，而設計指導教授提姆岡恩（Tim Gunn）把指頭放臉頰上，瞇起眼睛，吐一口大氣，蹦出他的那句口頭禪：「把它做出來吧。」所以對我而言，在衣服被縫好，模特兒來試穿之前，這就是設計師最接近人體的時間了。而顯然，李察泰勒整個省去了所有那些對著填充半身人形的撓耳皺眉。

「妳也是那樣子設計的嗎？」

「任何時候我一開始，就好像我總是先……我會先開始畫身體，對，然後衣服就好像會套在上面了。聖馬汀斯學院對女體教一些非常有趣的事，就好像如果你不研究人體，你就無法真正為它穿上衣服。你明白我的意思嗎？當你做一件衣服的時候，你知道，無論比例、輪廓還是剪法，如果你在裁製之前沒先研究身體，就會變成像個布袋，所以區別就是，如果你研究身體...」，她頓了頓，把一絡頭髮塞到耳後，「然後你才真正地提昇了形體，而非只是遮蓋住

它。試著在其中帶出一些體態（body-ness）」。

　　用衣物提昇『體態』的點子讓我著迷，我想，這也與大部份時尚買家在購衣時所想的相反。一次又一次，我聽到人們尋找能掩蓋他們自以為的腰圍、胸線、鬆弛的三頭肌或脂肪豐滿的大腿等等身體缺陷的衣服，這是否比較少觀照個別的身體而比較多觀照某個理想化的版本？然後，李察泰勒在為特定的身體設計，這是他獨有的天賦。

　　我的咖啡終於來了，我看看周遭，注意到咖啡館客人並不多。侍者看到我環顧四周，就向我點了點頭，肯定我只是因為猶豫不決而受到懲罰，這相當公平。

　　愛芮卡在沙烏地阿拉伯渡過部份童年歲月，那個國家知道很多有關蓋住女人的身子的事，但並不盡然知道任何帶來「體態」的事；很多方面還是「反身體」（anti-body）的，但她不同意。

　　「對我來說，那是我第一次對人們如何給自己穿衣服真正的發生興趣，因為你知道在衣服底下有完全不同的東西。」

　　「妳是指？」

　　「有一天我和四個女人在更衣室，而我看著。我好像說『噢天哪！』她們穿著令人驚豔的高根鞋及最美麗的貼身衣物，所以在那裡長大，我總是對衣服底下有什麼著迷。」

　　而當然，皮膚是衣服底下的東西。

　　「對我而言，少就多，我不露太多，所以對我來說，又正好相反。我玩真正性感的布料，像真的非常柔軟的織物，但我會盡量讓它遮蓋身體，就像當我看到太多皮肉會讓我噁心一樣，那不會讓我覺得性感。」

　　這很好玩，因為通常你會認為穿得露出很多皮肉是性感。這讓我想到義大利哲學家馬里歐・波尼奧拉的在穿與裸之間的「過渡」理論，並相信在這之中激起情色衝動。會沒有一個時尚設計師想玩

玩那種過渡？你會不想讓人們穿你的衣服來展露一些皮肉？

「我認為新世代的人對裸體變得不那麼自在。我不知道，我認為那有點悲哀。嗯，我喜歡去做韓國水療（Korean spa），當你看到各種不同形狀與構造的人體，那是一種美。並不是我非要看人體，只是那讓你覺得更……我要的是生鮮性（rawness）。我會帶一票朋友到那兒，而他們卻非常不自在。有意思的是，看到一個世代的女人不想在其他女人面前光身子，這讓我很駭異。」她越來越激昂，繼續說：「女人變了。這很有意思。她們變得有點太正經八百了。」

這個說法我已聽過一遍又一遍了，中學小孩體育課後不沖澡，公共泳池的人不使用更衣室，健身房的人在私人按摩浴缸穿著泳裝，沒人想再光身子。

我問愛芮卡對這個在人們互動上的改變有何想法。

她點點頭，把一絡頭髮撥到耳後，「我想告訴人們採用某種方式的廣告太多了，而我認為那是個大大的問題。」

我曾期待她閃過這個問題，期待她說這股新興的文化性裸體恐懼症牽涉的因素很多。因為那不正是時尚要做的？時尚製造出一種恐懼，使得人們害怕他們看起來就像他們真正看起的樣子，而讓他們努力去看起來像從時尚設計師腦袋裡蹦出來的某個理想模範。這不正是讓我們因此而全變成神經兮兮、對身體斤斤計較以致飲食失調的偏執狂？這不全都是她的過錯？

愛芮卡聳聳肩，「對我來說，看身體很自由，如果你想給它穿上衣服，你就給它穿上，如果你想開放或讓它趴趴走，那就那麼做。當我到了海灘，我討厭身著衣縷，我是說，到了加州而你不能上空，那真是瘋了。」

美麗裸世界

　　非情色社交裸體主義有一個豐富的過往，可以一路回溯到最早的人類文明；但以當前變動中的反紡織物（anti-textileness）狀況，天體主體與天然主義未來會是怎麼樣？

　　我猜那要看你問的是誰，佛羅里達作家及天然主義部落客尼克‧阿里莫諾斯（Nick Alimonos）在他的網站，以歡欣而樂觀的語調寫道：「不久的未來，不晚於2040年，你到海灘會看到不少人沒穿泳裝或任何東西。人們可以光著身子去拿郵件，在自己後院光屁股日光浴，或在自己的泳池裸泳，不用害怕被控騷擾或坐牢，或冒犯除了死硬派宗教狂之外的任何人，而前者到那時只代表了很少部份的一群人。」[97]

　　阿里莫諾斯是如何想到這個轉變會發生？「對性與天體的態度已向左傾斜了好幾百年了，而像電腦效能加速的摩爾定律* 一樣，這些變異也在加速。我提出電腦效能是因為歷史一而再顯示，科技是變異最大的催化劑。」

* 摩爾定律以英特爾創辦者之一高登‧摩爾（Gordon Moore）命名，他觀察到電晶體以一種加速度增強效能。

---

97 Nick Alimonos, "Nudity Is the Future," *Writers' Disease,* blog, Apr. 23, 2013, writersdisease.blogspot.com/2013/04/nudity-is-future.html.

總之透過這些超級強大的電腦，或可能透過某種新的身體意象提升的手機應用程式，他相信「到了2100年，泳裝看起來將像1800年代的海灘裝那樣可笑。」

如果你需要提醒的話，就讓我們說，1800年代的泳裝，非常像舞會禮服加上長襪。

馬克・史托瑞並沒有這種科技樂觀性的看法，他有不同的觀點。「加州已越來越像西班牙，這會帶來文化價值的衝擊，對天然主義將帶來挑戰，因那並非拉美文化的一部份。」

我可以瞭解他的觀點。就歷史而言，宗教團體以及具有較多傳統價值的團體，一向是天體族的反對者，而這些價值經常反映在法律體系上。我想對今日天體族所面對的法律挑戰獲得一個更寬廣的角度，所以我就去找天然主義行動委員會主席和執行長鮑伯・莫頓（Bob Morton），來瞭解他對當前以及未來美國天體主義狀況的看法。

莫頓是個魁偉粗壯的德州人，有灰色的大鬍子，帶著無法忍受笨蛋的表情。他有一種人們說的份量感，當州立法委員會及市議會想對天體主義的辯論帶進一些理性思考的時候，天然主義行動委員會就派他去作證。他一直在他家鄉州忙碌，因為德州製訂一項「家規」，容許各郡通過他們自己的禁裸法律。

我問莫頓他是否一直是天體族。

他說：「我生在一個絕不會被稱作『天體族』的家庭。但不像其他許多孩子，我從沒被灌輸對身體的羞恥感。年輕時我曾隱約聽說人們稱的天體族，儘管對他們應強迫住進「特定群落」有疑惑，但我青春的心很感好奇。」

就像我所遇到的幾乎每一個天體族的，是裸泳把他拉進到非情

色社交天體主義的世界。或是如他說的，「當我讀大學時，我經常到一條當地的河底，那兒非正式的可穿脫自便，雖然我那時也還不知道那個名詞。我是在那兒得知社交裸體的社交部份。」

我問莫頓對於海灘封閉與天體禁令，有沒有遍及全國的代表性或一致性的理由。他回答：「在封閉及禁令的各樣說辭中，雖然幾乎都還不具備可冠以『理由』一詞的深刻思考性，但普遍存在威脅性。過份簡化的說法沒有好處，但在最近的許多案例中，相反於一直以來的概念，認為是『公眾壓力』迫使穿脫自便海灘被封閉，其實問題是來自於某個公地管理人，在法令執行及政策發展與管理上，試圖強加他或她個人的岐視與成見。事實上，一般大眾經常是站在我們這一邊。例如，一項2009年由天然主義教育基金會（Naturist Education Foundation）委辦，並由著具聲望的佐格比民調機構（Zogby polling organization）所執行，對加州成年人做的意見調查，顯示百分之62的加州人認為，加州公園與休閒管理署（California Department of Parks and Recreation, DPR）應行使其固有的合法權威，在州立公園指定穿脫自便區域。然而，該署營運副主管湯尼培瑞茲（Tony Perez），卻下令全州都關閉穿脫自便區域，聲稱他一開始就針對來發布天體禁令的州立公園單位，也就是聖奧諾弗雷州立海灘（San Onofre State Beach），有大量對天體的申訴。當依法要求他提供那些申訴時，DPR只能提出一件。而這單單的一件是來自於一個女人，她寫的是如果當局能好好立一個勸告標示，她在海灘目睹天體的驚嚇就可以避免。」

鑒於天體族被社會污名化，對如何保持海灘可穿脫自便的自由，莫頓有一個有趣的想法。「或許我們該把我們試圖加諸其上的活動標籤和活動本身區分開來。穿脫自便海灘較諸從前普遍許多，

但那些在海灘上的人鮮少自稱天然主義者或天體族。2006年一項由天然主義教育基金會所委託的洛普民意調查顯示，百分之74的美國成年人，贊成人們應該可以不受地方當局的干預，在專為其目的而保留的海灘，享受裸泳或裸體日光浴。百分之74吔！我們選總統也沒得到那樣的百分比！」

莫頓相信天體族的部份「問題」被為了巴結選民的政客誇大了，他對舊金山的裸體禁令有尖銳的批評。

「任何人檢視舊金山最近對天體的管制，都將看出來那是一個野心勃勃的地方政客在玩權弄法。」莫頓指出，史考特威納（Scott Wiener），「利用他的身份來鞏固個人權力，並且已運用其權力強勢說服其他的區域立法委員。」

但相對於此地的美國，政客與民眾脫節，在歐洲則事情並非盡然如此。2014年4月，德國慕尼黑地方當局核准了六個指定供天體日光浴的「都會裸體區」。這些對天體友善的圈地，坐落在穿越市中心的伊薩耳河（Isar River）沿岸的幾個公園內。雖然裸體區多少有被隔離開來，但畢竟還是位居市中心，並非遠離居民，更非險僻小徑引至的化外之地。這是開明之見，確實，當你想到自從李察溫格維特寫的書之後，德國天體族享有的普及性，這些並不真令人驚訝。我比較奇怪的是要過這麼久的時間。

我請莫頓比較慕尼黑的新法與舊金山的禁裸令，他毫不保留地說，「史考特溫納是一個機會主義者，可以很持平地說，他的成功並非全然是他自己努力得來的。太多反對他粗暴打壓公開裸體的人，也同樣不同意對公共場合的猥褻行為加以約束，而這個天上掉下來的禮物，讓溫納在此一議題上可以借力使力。也許在慕尼黑對天體持正反不同看法的兩邊人，比較不可能把天體和淫蕩兩者混

淆。當然，我這並非說德國就不會有藉打壓少數，來往上爬的野心
家及梟雄式領袖。」

　　如果莫頓提供的民調數字是正確的話，那麼就有相當多的一
部份美國公民認為，在適當及指定的一些地點，裸泳應該可以容
許。也許無法像慕尼黑一樣在市中心有都會裸體區，但我們應該能
夠在某些地方，為裸泳闢出一方土地。這讓我想起針對大麻立法的
論辨。全部美國人中有超過一半的，希望大麻能在休閒用途上合法
化，而不令人意外地，政客們也沒能趕上這股潮流。大麻法律與針
對大麻的公共政策正逐漸改變中，但對天體的公共觀點會改變嗎？
問題很複雜，並且在很多方面更深層地關聯著我們自己的不安全
感、我們身體意象的議題、以及我們對享樂與情慾的恐懼。我們對
待自己的裸體是很私人性的。

加勒比海天體假期

　　一位看似80歲的老太太光溜溜地晃過歐姆蛋攤位，好像身無寸縷去吃早餐一向就是她的行事風格。如果在任何其他情境下，你可能會認為，這是一間高級療養院，一個阿茲海默病人，忘了穿衣服去用早餐，不過，哈，這可不是任何其他情境，這是大裸船（Big Nude Boat），一艘滿載天體族的豪華遊輪。一如遊輪主任在我們離港時說的，歡迎我們享受一種無牽無掛的氛圍。不過儘管那位未著寸縷的小老太太可能覺得無牽無掛，但我卻感到困惑。我有點搞不清怎麼回事，也許是因為還沒喝夠咖啡。

　　光屁股老婦拿著一杯咖啡及一個丹麥麵包又走過歐姆蛋攤位──很顯然她正要帶著早餐到外頭的游泳池──而那位料理歐姆蛋的年輕印尼女廚抬眼看，忍不住笑了出來。那是個自然而然的反應，那位老奶奶看來也不在意，她根本就沒注意別人的目光，我也笑了，而我老婆──她被我說服來的，我保證她如果不想、就無須在大庭廣眾下脫光光──用手肘推了推我，「我們有一天全都會像那樣。」她說。

　　當然，這很煞風景，但她沒錯；我們都會變老與變垂，但我不認我們都會又老又垂卻趾高氣揚地排在用餐隊伍中。而在露天泳池甲板上，正有很多這麼著的人們，讓那些船員──多半是菲律賓及

尼印男女——需要花點時間來理解週遭的狀況。對他們來說，氣氛丕變，這並非像平常一樣的遊旅業務，你到處看到通常沒有光屁股人的地方有光屁股的人，除了脖子上掛房卡的短繩，以及偶爾有的太陽眼鏡或鞋子，他們全身都光溜溜的。圖書館有光屁股的人，分散在泳池、迷你購物場、吧台的，都是光屁股的人。常常你進入電梯會發現，你和6、7、8個一絲不掛的人擠在一起，我承認那會讓我一時之間有點和現實脫節。

我啜飲著咖啡，看著我老婆舀好幾團超辣的印尼參巴醬到她的炒蛋上。她嗜辣，看她把幾種莎莎醬混一起，試圖在辣與極辣之間，找出饒富餘韻的諧和點，並非不尋常的事。當我把一湯匙燕麥塞進嘴巴時，偷聽到鄰桌的兩個隨船樂師交談，其中之一，一個渾身肌肉的鼓手說，「我沒法專心，真不知要往哪兒看，這是我上過的最怪的遊輪了。」

另一個樂師，鋼琴師兼歌手笑著說，他倒覺得躍躍欲試。「我想我內心是一個天體族，真希望我能一絲不掛地上台表演。」這可不是他能做的一件事，因為船公司有明文規定，防止工作人員加入歡慶「無牽無掛的氛圍」。我認為這有道理，不為旁的，單為了保護他們自身，我也希望廚房員工身上能有件衣服，但樂師脫褲與否則與我何干，其他每個人不都這樣。

在我老婆一開始時對參加天體活動說「想都別想」，到我把她弄了來，是對她的勇氣、還有可能是對她瑜伽塑出來的體格的一個證明。我向她保證，即使所有其他人都脫光光，除非她自己想，否則她並不需要也脫光光—而且我為了以防萬一，先給她買了兩件紗龍——所以何不搭乘一艘豪華遊輪到加勒比海到處逛逛？

她考慮了一兩個禮拜，最後才終於決定跟來。她的說法是，因為我被要求買雙人客艙，她覺得不來白不來。

「你花了兩個人的錢,讓我覺得就白白浪費掉太可惜。」她說。

我很高興她來了,以新人來說,她比我更好相處更放得開。她真心喜歡人們,人們也同樣喜歡她,這也許是因為她出身德州。

像我自己一樣,史密斯*太太並非天體族,這並不是說她為人拘謹;她只是對看光屁股的人、與被他們看沒興趣。我想她說服自己說穿一件紗龍還可以忍受,甚至於必要,因為她得臥底做我的研究助理**。

*這當然非她本姓。

**我並沒指派她做這個工作。

在我們登上大裸船之前,我已經去過一些天體渡假區,並且認為對於我們在這艘船上會碰到什麼,已有了相當的概念,但是對於整個遊程當中,普遍隨處隨時充斥眼前的大量生殖器,我卻忽略了先讓我的研究助理做好心理準備。這裡極目所見,有各種形狀與尺寸的老二、鬆垮垂盪的蛋蛋、以及多到嚇人的修毛陰戶。

當她到船上逛圈子時,她看到這一切,並且說,「哇噻,真是的,哇。」

而之後,她笑了。

這趟旅遊要花7天的時間,繞加勒比海一圈,在勞德岱堡上下船,停泊巴哈馬、牙買加、大開曼島等港口,以及一個宏都拉斯海岸外叫羅阿坦的小島。

這艘船叫做「新阿姆斯特丹號」(Nieuw Amsterdam),2010年由義大利的Fincantieri-Cantieri Navali Italiani S.P.A.造船公司製造,在荷蘭註冊,是相當新面孔的遠洋船舶,被視為荷蘭美國航線的旗艦船之一。可以看得出來為什麼,它還真的很有看頭。

船上有11層甲板,每層都供應含酒精飲料。還有一間電影院、演奏廳、賭場、圖書館、水療室、健身房、烹飪藝術中心、購物商

場、一些珠寶店、兩個游泳池、一處籃球場，還有以自稱『光之畫師』的已故湯馬斯金凱德（Thomas Kinkade）的作品為號召的藝廊。

對侷困船上一個禮拜的人來說，也許那無限供應的食物夠美味是最重要的，雖然他們應該像系統性地列出的酒類一樣，實實在在的指派一個侍酒師。船上有多樣性的餐廳，從游泳池甲板寬敞的自助餐區，到披薩亭、壽司枱、雙層用餐室、漢堡吧台、義式餐廳，以及紐約法式餐廳Le Cirque的一家分店。*

新阿姆斯特丹號並不算超級巨艦，船長936公尺，可說是中型遊輪。吃水26公尺，艉推進器（bow thrust）的說明是「三個單位，3400bhp」。** 除了載客2000人之外，船上的工作人員有929個，如果我們的公立學校能提供像這樣的師生比就好了。

*專家提示：我參觀船上的廚房，和行政主廚聊了一下工作人員在哪吃飯。他告訴我，他們有自己的廚房和自己的印尼廚師。我問他我可否在主要的用餐人廳吃到工作人員食物，承蒙他的安排，我們享用了一頓美味的印尼人餐。謝謝囉，馬汀大廚！

**我對艉推進器毫無概念，但因為在所有報導這艘船的媒體上，都提到這個東西，所以它必定很重要。

除了都一絲不掛之外，我們最先注意到同船遊客的，是他們都是遊輪常客。我們是少數幾對之前沒上過遊輪的夫婦之一，我們通常碰到的開場白大概都是，「你上次是搭船去那裡？」或者「你下次要搭船去那裡？」或者「這艘船和你之前搭的船比起來怎樣？」出人意料之外的是，這裡很多人參加「著衣遊輪行」的次數，就和他們參加天體遊輪行的次數一樣多。真正的重點在搭乘遊輪旅行，他們還真投入，包括閱覽遊輪旅行部落格、線上遊輪行論壇、以及遊輪雜誌。你可以瞭解他們何以如此熱衷。這是一艘漂浮的豪華飯店，有全天候客房服務，以及你可能想到的幾乎所有娛樂設施。就像我的研究助理說的，「解開行李，而你的房間還全程跟著你的，

還有那個地方呢？」

一些經驗老道的遊客用照片、留言板以及氣球，來裝飾他們的客艙門，跟你們可能在大一新生宿舍看到的沒什麼不一樣。我不確定這樣花俏的布置是一種個人聲明——在一個標準化的通道，宣示他們獨一無二的人格——或只是在大吞加勒比海冷飲及鳳梨得奇利酒一整個下午後，能幫他們找到自己的房間。

包船的遊覽公司「非裸不可」以及荷美航線，兩者都提供密集的娛樂節目表及豐富的活動。通常一天的開始可能是先來一個天體攝影工作坊，或一堂投資管理課程，或糕點製作班，或叫作「黃翡翠研討會」的活動，接下來有水療講習課，牌友會，籃球賽，冰雕工作坊，伴侶譚催式按摩（tantric massage）課，瑜伽，乒乓球比賽，客座藝術家＊演講，身體彩繪，品酒會，雞尾酒調製演示，以及如何極大化Windows 8效能的課程。

＊攝影家傑克・葛修特（Jack Gescheidt）談論他的樹靈計畫（TreeSpirit project），並且展出他拍的一些天體族攀樹的美麗照片。

在做認識船上環境的介紹時，導遊建議我們把活動表摺起來放進口袋，在後方的一個稍有年紀的婦人笑謔地說，「什麼口袋呀？」

天體族哄然大笑，不自覺地開心起來，而那個導遊看著自己的鞋子，脹紅了臉。也許他覺得自己失言了，也許那些他大力吹捧的課程及節目，看得出來只是些包裝粗糙的行銷，讓他感到困窘。我覺得這讓人心情不太好，雖然我確實很樂於偷瞄一眼「以微軟視窗驅動的數位工作坊」實驗室，來看看「科技專家」（techspert）如何盜取微軟產品，給一屋子坐在毛巾上的天體族用。企業的聯合行銷無所不在，大家下船進入一個國外的停泊港前，幾乎不可能不先經過諸如禮品店、免稅行、珠寶鋪、接著又是禮品店，一間又一間多

到令人反胃。奇怪的是，遊輪本身就是一個漂浮的促銷抬價秀，有精品行、時裝店、銀樓、藝廊、相片間，各種小東西小擺飾商場，全都挑動起人們無休無止的消費慾望。我承認我也受到影響。發現自己不由自主地吞下了大量的酒精，我就要喝掛了，如果能停下來不喝，我就要買一些首飾，不過，卻只灌下更多。

傍晚時分，船上各處的酒吧及休息間，零散著有現場舞台秀及各種音樂表演。看你喜歡什麼，你可以欣賞一場鋼琴小提琴古典音樂雙重奏，聽聽鄉村女歌手撥彈她的吉他，看一個DJ盯著筆電，隨節拍搖頭晃腦，或者是跟著休閒室的樂隊嗚嗚演奏的曲子舞上一段，從「你今晚的樣子」，到近日頻道上有的什麼的流行樂曲，可能就是羅賓西克（Robin Thicke）的歌。不出意料的，有些穿著夏威夷衫及鞋子的男人，下身赤裸地和他們的老婆在地板上搖搖擺擺地的跳著。

有時舉辦名稱諸如「英雄與惡棍」及「一流愛人」的主題之夜派對。儘管我得承認，有一些出現在會場的人，他們的服裝及身體彩繪極富創意，令人驚艷而且有趣——我要特別給一對穿成波波鹿與飛天鼠（Rocky and Bullwinkle）的夫妻喝采——但主題之夜真的像是給旅客一個做情趣裝扮到處展示的機會。看著一個退休女士扶著助行器，穿著透視法國女僕裝，努力越過舞廳地板，我得說，真是帥斃了！要是有誰說年長市民不能搞怪，我就對他比中指。那位女士是我個人的英雄。不過話說回來，那個看起來像《拿破崙炸藥》（Napoleon Dynamite）中的基普（Kip）的傢伙，真的需要穿一長條皮布，還在上面剪一個洞，讓他的老二在那裡晃悠嗎？

第一個停泊港是位在巴哈馬，叫做半月礁（Half Moon Cay）的一小片沙地。遊輪離岸下錨，我們搭小渡輪上岸，依規定我們要著衣上下船，多數的遊客穿短褲與T袖，這些東西讓他們到海灘時可以

輕鬆脫掉。

雖然只是早上9點半，坐在我們前面的男子已經爛醉如泥了。他怎麼能醉茫茫而又能把鬍子修出從一耳到另一耳的精準線條，讓他看似某種河船賭徒，還真是顯示出了不得的專家功夫。他的海灘裝包括一條黑短褲及一件船上的浴袍，在這一身簡單自在的休閒裝之上的，是一頂扁塌而布滿灰塵的黑皮牛仔帽。他登上渡輪，漫不經心地倚著欄杆而站，全身每一吋都像是渡假中的老油條酒鬼。當渡輪脫離大船時，他一時失去平衡，在欄杆和整排板凳之間甩來甩去，他揮舞雙臂，試圖抓住什麼東西來站穩，他老婆看著他喝叱道：「艾爾！坐下！」

他頹然落入一個座位，動手摸出一管電子菸。他吸了一口發出哼聲，這是從他酩酊的身心深處，透過船的廻蕩而向外發出的呻吟。

我猜電子菸的尼古丁成分太低，因為他又從口袋掏出另外2管，一次把3根全塞進嘴裡，深深地吸著。

他老婆怒瞪著他。

當引擎聲大作，渡輪開始移動時，他向後仰頭，朝天空看著。他似乎陷入沉思，也許在琢磨某種存在問題，之後他喊道，「噢，去他的！」並且又從那三管菸吸了一口。

加勒比海有些一流的美景，但巴哈馬有一種很難加以量化的特質，也許是因為它像一座理想化的熱帶島嶼，也許那個地帶真正的就是美極了。沙質潔白柔軟，海水晶藍清透，香風薰人，即使陽光也看起來如夢似幻地純淨。

然而，儘管周遭自然美景環繞，當渡輪駛入港口時，我開始隱隱感到不安。島上旗杆飛揚的是荷美航線公司的旗幟嗎？當我意識到整座島是荷美航線的母公司，嘉年華公司所擁有，或是當我看到

在沙灘中央，名叫做摩根船長加冰塊酒吧（Captain Morgan on the Rocks Bar）的人造海難大帆船，我身上是不是開始起雞皮疙瘩了？當我告訴你，他們提供以摩根船長為特色的加料蘭姆雞尾酒，你會感到驚訝嗎？沒人告訴你熱帶天堂像一個他媽的巨型置入行銷廣告看板。

企業掌控運作之微妙，在酒精中消失，男人開始對他妻子大吼：「太美了！我要住在這兒！我要住在這兒！我要住在這兒！」

她轉向他說道：「閉嘴，艾爾。」

她的注意看來只讓他更來勁，他繼續醉言醉語像唸咒一樣說著，直到船停好，眾人開始魚貫下船，留他在渡輪上咕噥著要搬到島上。而說真的，我又是誰可以做論斷呢？也許住在一個廣告成真的地方還真的帥呆了！

從遊輪上天體族的角度來看，企業掌控小島意味著遊客可以隨自己高興，到處光溜溜開心地自由蹦跳，而半月礁在人們迫不及待地掙脫衣服後，立刻被極目所見的人肉爆滿了。

在我們下船之前，我的研究助理已開始往身上了一層又層的防曬乳，因為她超怕被曬傷的。她這麼做是好事，因為早鳥們已佔光了所有的大傘及海灘上的迷你小屋，所以我們決定到可能是為了號稱他們確實有、而被命名為「自然小徑」的一條服務人員走的路去晃晃。

雖然島上幾乎其他每個人都脫光了，當我們在熱帶炙人的太陽下，辛苦地走過那條到處都是灰塵的小路時，我們還是穿著衣服。那條環形步道穿過不足以遮蔭的矮小灌木植物，其實走起來一點都不像我說得那麼輕鬆有趣。我們只走了大概一哩，小路突然到了盡頭的海灘上，距大多數天體族狂歡嬉鬧的地點不遠。我們在一棵加勒比海松的樹蔭下找到兩張海灘椅，於是坐了下來。

看來並不是只有我們兩個人，周遭有幾個天體族，包括一個在我們前面的沙子上伸展四肢的傢伙，之後他開始做瑜伽姿勢——我不是專家，但是他做的戰士第二式看來真不錯——還有幾個光溜溜的人在沙灘上來回走著。我喝著瓶裝水，想把走小路時飛進我喉嚨裡的灰塵沖出來，然後向我的研究助理指出眼前所見，「海水看來真棒！」我說。

她望向湛藍的海灣，遠處遊輪若隱若現，她曲腿彎向胸口，「我不會阻止你。」

所以我脫下衣服，走向海裡。到達水深及腰的地方，我轉身向她招手。

她也向我揮手。

看得出來要在這麼多陌生人面前褪盡衣衫，讓她很緊張，但我試著鼓勵她。我劈里啪啦到處潑著海水——相信我，這是我游過的最棒的水了——並向她喊叫，「妳非得試試不可！」

她再揮揮手，還照了一張相。

「不騙妳，」我說，「真的太棒了！」

我知道她在衣服下面穿一件泳衣，我以為她可能至少會穿著那件泳衣下水，所以看到她脫掉上衣和短褲，接著掙脫她的泳衣時，著實讓我吃了一驚，她停了一下下，在她裸露的乳房上又噴了一層防曬霜。

我本來要歡呼一下來迎接她，但想想她可能不想要引人注目，所以我就只是在海灣中一副無所謂樣子地漂浮著，一面看著她把防曬霜丟到椅子上，裸身走下沙灘，進入水中。

當我問天體族與天然主義者，他們是怎麼開始的，答案幾乎都是，裸泳是他們步向天體的第一步。如果真是如此，如果裸泳是一劑導入的藥物，那麼一個風和日麗海水正藍的的好日子，在巴哈馬

的私人海灣中裸泳，想必是服下了世上最好的藥劑了。

我可以看出我的研究助理瞬間體悟了不著寸縷游泳的樂趣了。她不能自己地笑著。

我們游了一會兒，之後上岸坐回我們的海灘椅。我們任由透過樹葉斑駁灑下的陽光，烘乾我們光裸的身體，而其他的一些天體族在我們周遭坐著，還有一些裸身夫妻在海沙上漫步著。一陣暖風輕拂而過，我剎那間明白這一切確實太完美了。一個天體烏托邦。早期雕刻中，巴哈馬原住民赤身裸體，只在脖子上圍了一圈貝殼有其理由，天候如此之宜人，你真的不需要衣服。

然而卻又不是真的，這是個多國企業擁有與營運的旅遊工業幻境，所有的酒保與廚子都來自遊輪，食物與飲品也一樣。島上沒住人，維修團隊全住在伊琉瑟拉（Eleuthera），一個大約30分鐘船程、人口較多的小島。在有遊輪到港的日子，他們就會被送來。我強烈懷疑，這種企業策劃的渡假經驗，就要成為遊旅工業的未來了。我的研究助理提醒我：「這不是未來，這就是當下。」

但對天體族而言，私人擁有的島嶼，讓他們能做他們來此要做的，就此來說，這是美事一樁。即便我的研究助理也承認，在海灘上脫光真的感覺美妙至極。不過這並非意味她準備在沙拉吧也光溜溜的。

回到船上，依規定吃晚餐要著衣，雖然對很多人來說，那表示男人要穿襯衫與休閒褲，女人要穿洋裝，但對另一些人來說，晚裝是讓一些男人可以脫下花花綠綠的巴哈馬襯衫，而女士可以穿得像拉斯維加斯廉價妓女一樣的機會。緊身迷你裙與超低胸上衣，還有一種像是用螢光網子做的迷你洋裝，在船上就像在阿格德角一樣普遍。我必須說，一開始的時候，讓我有點混淆，白天的時候，阿公們會戴著流蘇肩環，在泳池邊休息，而阿媽們通常至少會有一段時

間，披一件紗龍或圍布，但到了晚上，一切都變了，男人們會穿上休閒服與夏威夷襯衫，而變成女人們在招搖。我要聲明，這並非是為了某個主題之夜派對，這就是一般的餐廳穿著。

我明白我們住在一個年長者在公眾意識中，被邊緣化的世界。就以麥迪遜大道、好萊塢及矽谷來說，老人與胖子是不存在的。他們確實不性感，他們很噁心，但此處他們在這艘船上，一堆阿公阿媽戴著陰莖環、穿著半透的衣服，像是才剛從十足怪異的碧昂絲影片中走出來一樣。在我從開始時的震撼中恢復過來後——我想……好極了！就讓老的和肥的好好的耍酷吧。為何不呢？那就是非情色社交天體主義讓他們做的。他們不需有性慾就覺得性感，他們可以暴露天生肉體，但非情色社交天體不容他們公開滿足性慾，這就不會有風險。壓力消除了，性接觸與性影射是禁止的，所以你可以打扮起來，大大方方假裝你是個拉斯維加斯妓女。你可以穿得像個性虐待狂，或者穿上肩吊帶式的怪異皮屑巾，還有纏著帶鉚釘的子彈帶，在下垂乳房上交叉打結。這些全沒關係，因為只是幻境夢土，並且絕對比耶誕節兒孫到訪時穿的雪花毛衣性感多了。

那些船上工作團隊對這一切怎麼想，我沒法子說。荷美航線拒絕讓我訪問船長或他們的員工，少數一些我確實與談過的，都只是笑著說，「沒什麼問題」，並且希望我能享受遊程。

一晚在某個雞尾酒吧間，我問一位年輕菲律賓女侍，她對這些赤條條的人有何想法，她笑著說：「每個人都非常友善。」但她的笑容裡帶有一絲狡繪，讓我看出來她覺得這整個經驗極為有趣。我啜飲一口曼哈頓雞尾酒說道，「妳以前在天體遊輪上工作過嗎？」

她笑起來，「不，這是第一次。」之後她真的開始大笑，轉身並走開。

我要說，工作人員不論對一艘滿載天體族的船有什麼想法，他

們工作起來永遠都很專業。如果他們看得目瞪口呆，他們也很小心地裝作沒事，絕大多數時候，他們都表現得好像沒什麼不尋常的。即便就是在他們努力避免被呼嘯而過的、上面是天體族的電動滑板車輾過時，也還是一樣。

遊輪主任在某一次夜間娛樂節目開始前的致辭時，漂亮地總結道，「在大部份的遊輪上，人們叉著雙臂，坐著等我們提供娛樂。但是你們呢？你們這些傢伙，是來這兒享受好時光的！我愛你們！」

他也說道，他曾經刻意避免不說其他的遊輪是「正常的」遊輪，因為他不想讓天體族覺得，他認為他們是不正常的，但他沒把握正確的用語該是什麼，一個在後頭的男人喊道：「穿衣的！」

如果賭場或夜店或各種音樂表演都不是你的菜，那麼船上每晚還提供劇場秀。大約有一半的人會出席這些秀，光溜溜的坐在毛巾上，還有一些從餐廳的用餐中過來。節目形形色色，我看了一個相當有趣的喜劇演員，一場藍人劇團（Bule Man Group）與破銅爛鐵（Stomp）混和的表演，一齣我看過最糟的魔術鬧劇，一場「向紐約致敬」的音樂大雜燴，它的開幕曲是由芝加哥樂團唱紅的一首歌；而最棒的是遊客才藝秀，高潮是一位裸體的口琴吹奏者，還有一個只穿一件T恤，吹高音號的男人。我懷疑他是用那小小的喇叭，來讓自己的老二看起來比較大。

不過迄至目前為止，最有意思的節目，是由一群業餘加拿大女演員所表演，作為船上娛樂一部份的「陰道獨白」（The Vagina Monologues）。這是伊芙恩思樂（Eve Ensler）所創作的劇本，有各種女性角色，對她們的陰道做獨白。此劇有時是單獨一個人表演，有時有多個演員；而船上的這齣是由6個女人，做6個不同的獨白。我不是劇評家，所以我並不真正想對演出做評論。這些演員採用的是老式學院派方式，而有時這樣也就夠了。不過我要說的是，坐在

一群大部份都一絲不掛的觀眾當中，看著一絲不掛的女人談論她們的陰道，而你可以清楚明白地看著她們的陰道，還真是怪！演員因為裸身站在舞台上，而顯得特別脆弱，觀眾因她們的努力而特別激賞。而我發現到有關天體族的一件事，那就是他們對任何強化他們選擇做一個天體族的活動，都非常激賞。既然我這麼想，多數人就變得像這麼樣。

不知道是由於四周都有天體族，或是感受到某種同儕壓力，抑或者可能只是想接受挑戰，我的研究助理開始試探性地，展開她自己的非情色社交天體經驗。每每晚餐後，我們帶著酒回到房間，裸身坐在我們的私人陽台上，讓晚風在我們周身輕拂，仰觀星座，傾聽遊輪緩緩駛過加勒比海時，波浪掠過船身的低沉音聲。以此為始，她嘗試單獨一個人不穿衣服，在我們艙房外的走道散步，然後，明白並沒有人真正在看，而說真的，他們又是誰可以評斷呢？她開始到船上四處做快速出擊。一次去搭電梯，一次蹦下樓梯，一次上空到咖啡吧，我們也會脫光坐在有遮蔭的散步甲板，閱讀或者是遠望大海。

你越是多花時間，裸體和其他的天體族在一起，你就越不會覺得不自在。以我之見，在沙拉吧——或賭場或圖書館——光屁股走動，並不是正常的事。但那是此時此地正在發生的。裸體變成一種模式了。

奠基在德州奧斯汀，承包這次旅遊的非裸不可公司說：「我們的任務是提供舒壓、娛樂、及健康導向的渡假機會，讓你擁有友善又自然的環境，從而能對大自然感恩、驚艷並融入其中，且引導出真樸的人類原型。」而它說到做到，這裡差不多就是如此。我們正和我們的天體渡假伙伴在天體渡假。

自湯姆與南西・帝曼（Tom and Nancy Tiemann）在1990年創辦

非裸不可公司以來，這是該公司承辦的第54次天體遊輪旅行。他們每年都提供好幾次天體遊輪旅行，諸如像這次的加勒比海大裸船之遊，或是在地中海搭乘快速大帆船，從義大利到克羅埃西亞到希臘各小島的豪華歐洲遊，以及到南太平洋的斐濟、萬那杜等地方的航行。他們在公司的網址上宣稱，他們有百分之70的客人是老客戶，我不懷疑他們說的。幾乎我們講話過的所有遊客，都在之前曾參加過該公司的天體遊輪旅行，並且打算之後再參加。這是非常有力的一點，因為公司設法創造出一個社群，或至少是一處讓人覺得像是一個社群的地方，這些忠實的客戶們，很多人都是照著這些遊輪旅行，安排他們每年的旅遊計畫。當公司說他們保證，「你會和一些你認識的人一起渡假」時，他們可不是在開玩笑。旅客們會重逢互相擁抱，並重拾前次旅遊時的種種。這並非說我們夫妻會像外來者。如果是單獨的一個男人來，你可能會受到漠視或明顯的敵意，但是你挽著一個美麗的金髮研究助出現，那些天體族們就再友善不過了。

某晚我們在餐廳和兩對退休夫妻共用一張桌子，就叫他們賴瑞與唐娜以及蓋瑞與布蘭達吧，他們最先在科羅拉多的一個天體營相遇，之後變成親密朋友，他們已一起參加過大概6次遊輪旅行，這次他們豪氣地在泳池邊租用一個禮拜的私人小屋。我們受邀隨時可以到訪，並享受用這間昂貴的小屋，正如唐娜說的，「你可以透過看賴瑞的屌環來認他。」

她說的並非玩笑，一天下午我閒步去咖啡吧，走過泳池邊小屋，賴瑞與蓋瑞正四仰八叉地歪在屋外休閒椅上，吃著草莓沾巧克力，啜飲著香檳，戴著他們的手工織屌環，享受著好時光。很顯然，一個手工蕾絲屌環，在製作時需要做些錯誤嘗試，才能達到合適的尺寸；或者如他們的一個女性朋友說的，「當我給他套上時，

法蘭克開始勃了起來，所以他必須把它脫下。」

光溜溜和其他天體族混在一起，會創造出一種同志情誼，一種非情色親密感，這是你在一般的社交場合或著衣假期時，所不會發現的。這是一種不尋常的經驗。

我曾安排在遊輪上和南西‧帝曼會面，但不幸的是，結果變成像你在另類週刊背面看到的、錯失聯繫的廣告一樣，我們一直沒能碰上面。我相信她說的，幕後事情變得「又忙又亂」。不過，旅行結束之後，我設法問了她幾個問題。

南西是一個健美而有吸引力的60歲德州人，她做瑜伽，並且參與奧斯汀的地方農民市場。因為她所從事的——經營一家提供天體旅遊全世界的公司——不同尋常，我很好奇她是怎麼開始的。她一直都是天體族嗎？

「那是1989年，我和我先生預定到貝里斯，參加一艘住宿潛水船的水肺潛水旅行。對一個工作過重、報酬過低、又有高血壓的銀行職員來說，那是我期待已久的一趟旅行。我先生也備感壓力，我們兩人都非常需要出走一下。在我們預定要出發旅行的那一天，地方法院法官傳話，他的一個客戶要在那天出庭，他立刻打電話給船公司，對方回答我們仍然可以在下個禮拜，趕上在貝里斯的船，不過，那是一群天體族包下的活動。」

這個消息令人難以接受。

「他居然會講出這樣子的事，讓我怒不可遏，我把他拿給我的文件丟進垃圾桶裡。當天晚上我在清洗碗盤時，看到垃圾桶裡的小冊子，我把那小小的宣傳冊子拿出來，我被封面上的女人吸引住。這不是一個沙灘芭比美女，而是一個40多歲的女人，分享社交天體如何改變了她的生活。她談到對身體的接受，談到她如何揚棄了對公開裸體的先入為主觀念，以及我們社會對美與完美

的不切實際概念。我的好奇心被激起，於是翻過一頁又一頁，看到更多不同年紀的『真正的』女人……在我讀著她們的故事時，我感到自己放鬆了一些。」我想知道在她拿到這本冊子之前，是否曾嘗試過裸泳。

「我13歲時第一次大著膽子裸泳。那是在珍妮麥克法倫家後院的澈夜狂歡派對上。我還記得那種感覺多美妙！裸泳是我偶爾會享受一下的事情……在天黑以後……在我們住家後院泳池的隱秘空間。」

所以他們夫妻決定放手一搏，訂下那個旅行。

「『管它的，』我想，『如果那些人太怪，脫光光到令人難以忍受，我們就自己浮潛然後退回我們的艙房看書。』」

這次意外的假期，讓她頓然有了改變生活的想法。

「接下來的7天，退盡衣衫渡假的經驗，是如此之正面，而那些天體族是如此之友善，讓我感覺我將再也不同以往了。我們和船上的人聊越多，越明白像這樣的旅行是少之又少。主流旅遊的機會，是天體族可望而不可及的。」

於是一個天體企業產生了。其餘的，正如他們所說，只是歷史。

「事情並非一夜之間發生，要有一些計畫及很多運氣，但此處基本上是，我快樂且公開地辭掉我的日間工作，著手開辦一個滿足天體族想尋求主流旅遊機會的旅行社。1990年9月非裸不可旅遊股份有限公司成立了，並有正式註冊文件。從此以後，我一直過著最好的生活，做著我最喜歡做的事情，和與我有同樣觀念的人一起旅遊，並且建立起一個社群。」

在非裸不可的經驗當中，最讓我驚訝的，是社群感的部份。對此我只能稱之為一種遊客間的友誼共鳴，就好像你是一個秘密組織的一份子，我問南西她對創造這種經驗有何感想。

「你知道，我感到極大的滿足。這並非我自己一個人刻意做出來的，可以說它是有機性地生成的。我的故事儘管顯得非比尋常，但若非一路上我所遇到的人，事情就不會如此。天體族，或者說那些選擇旅遊時，著衣並非優先或必要的人，似乎都較輕鬆，自我感覺較好，而且更友善、更同理、更容易交心。身無寸縷是真正的平等。你很難區分一個家庭主婦與500大企業的執行長……其實誰在乎呢！那不就是旅遊的目的所在？出走一下，享受與人為伴，回家得到了放鬆，沒有了壓力，而且高高興興的。」

不管怎麼看，非裸不可是成功的。我必須承認，我很佩服一個年輕女子全然進取的精神，她不只決定要做天體族——如果你想一下，這樣會帶領一些人向她看齊——而且真的辭掉工作並賦予行動。我問南西是否有成功的秘訣，以便我有一天頓然發現自己想改變生活。她的答案顯示出典型德州人帶著實實在在的謙虛。「沒有什麼秘訣，真的。如果你在一個接待／服務的行業，那你就好好地接待客人並提供服務。」

大洋上提供天體遊輪行的，並非只有非裸不可一家。航行海上的還有其他公司的，像是夢幻歡樂之旅（Dream Pleasure Tours）、漂流旅遊（Castaways Travel）、裸體旅遊（Travel Buff）等。要是滿船天體族還不夠刺激或太過平常，還有一些旅遊提供交換伴侶，吹噓你可以找到比一般天體遊輪更「火辣的」環境。不過很顯然，交換伴侶並非全無規範與條件，漂流旅遊公司就在其網站上刊登警告道：「公開性行為是不被容許也不可寬待的。」

所有以上的自由、友誼以及食物，得來並不便宜。我的艙房是各種選擇中最基本款的，七天要價超過3000美元，或大約一天500美元，如果再算上酒類的開銷，那就更多了。比起著衣但同樣的旅遊，你只不過多付了200元而已。

　　遊輪也到過其他的停泊港，我們乘坐了一種叫做牙買加大雪橇（Jamaican Bobsled）的玩意兒，並且在奧丘里奧（Ocho Rios）喝紅條啤酒；造訪了開曼群島的公立圖書館——讓你證明我就是個怪咖——又在喬治城喝了開曼窖藏啤酒；在宏都拉斯海岸外的小島上，漫步於森林小徑，然後灌下薩爾瓦維達啤酒來解渴，也許你可以看出有一個模式出現了。以上所有的活動，都和天體無涉，而且，如果要我老實說，穿上衣服前進世界，還真讓人鬆一口氣。但是對於那些堅持反著衣的人，每個停泊站也都有讓願者付費、而可以天體出遊的機會。雖然在宏都拉斯的海灘，儘管違反當地法律，但船上下來的天體客脫光光裸泳，也並沒有人會置一喙。我想對當地人來說，現實主義打敗了他們可能會有的道德疑慮，遊客高興地來到他們的海灘吃吃喝喝，比只因為他們光屁股，就把他們攆走，來得有賺頭多了。

　　我尤其為我的研究助理感到驕傲，她設法把她起初對公開裸體的排斥與不安，丟到一邊去了。最後我想她很訝異地發現，她還真正能自得其樂。她在船上試探性的突襲行動，變得越來越大膽，她開始抓到當一個天體族的竅門，到旅程結束時，她可以上空只披一條紗龍，跟其他幾百個裸體男女，參加一場繞著甲板5公里的癌症慈善競走馬拉松。

　　由於她非常會交朋友，開始有人問我們，是否要為第2年的大裸船旅遊放一筆訂金，或者我們要去之後，在瓜帝洛普（Guadeloupe）慶祝馬蒂格拉斯狂歡節（Mardi Gras）的加勒比海嘉年華遊輪旅行。令人訝異的，或至少讓我訝異的是，我們談過話的大部份人，已為接下來的這些旅遊下了訂金。當時我覺得我們好像已被天體遊輪族視為一夥的了，但事後想來，很可能是他們喜歡有我老婆作伴。

當晚稍後，我的研究助理轉身拿起酒杯跟我輕輕乾杯。她看著我說：「真的很棒。」

我們坐在我們特等艙外的私人陽台上，喝著紅酒。當船劃破黑夜中的海面，我們望著古巴南方海岸在黑暗中閃耀的燈光。氣溫涼爽，微風徐徐，不覺得冷。我們裸體坐在毛巾上，感覺空氣在我們身上拂動。這種感覺真是不可思議的舒爽，幾乎就像是在巴哈馬的水中游泳一樣地棒。我已經習慣到處都看得到裸體人士，而且說起來，我也已經習慣跟那些人一起裸體了。不能否認，清涼的桑塞爾酒（Sancerre）、加勒比海的香風、清澈而繁星點點的夜空、古巴的海岸，還有我那誘人的裸體研究助理，不是影響我想法的情境因素的話，我算是個天體主義者嗎？我已經達到了某種享樂主義的臨界點嗎？

裸體吃午餐

　　我在奧地利阿爾卑斯山，一座小湖旁的樹下坐著。這湖坐落於一個小山谷中，離曼德靈的小鎮不是很遠。環繞這裡的山丘上，佈滿了交錯縱橫的路線，這是冬天用來跨國滑雪、夏天用來登山的步道。小溪從山上汩汩流下，注入湖泊。日光閃耀，鳥兒在樹上鳴叫，蜻蜓在水面上蜿蜒低飛而過。湖岸佈滿了曬著太陽的天體族，湖水中也有人安靜地游泳。眼前的場景整個就很田園風，裸體的人類與大自然和諧共榮，被鄉村氣氛給包圍，這就是法國天然主義者迪維爾兄弟所說的景象，健康食物狂熱者斯圖加特以及李察·溫格維特，將此視作機器時代的人類救贖。這是逃離城市的紐約客庫爾特·巴特爾所嚮往的，是無政府主義者埃米勒·阿爾芒的享樂個人主義，是左翼海灘玩家李·巴克森道爾所挺身奮鬥的簡單快樂，它是沒有壓力的、絕妙的田園牧歌式天堂。

　　我打開背包，拿出被烘焙紙包著的起司三明治和幾顆新鮮杏仁。理查·佛雷，非凡的登山客，同時也是天體歐洲健行之旅的領隊，就坐在我的旁邊。理查的狗，波莉，咬著一根棍子小跑步著，最後停在我們的腳邊，我們仨就這樣子靜靜地坐了一段時間。

　　我終於打破沉默，謝謝理查安排這項登山行程，讓我跟團分享

這一段具有挑戰性而且非常愉悅的經驗。

理查把三明治打開，剝一小塊肉給波莉，然後轉向我說：「這本書完成之後，你覺得你會成為天然主義者嗎？」

真是個好問題，當下我也還沒有一個答案。只是聳聳肩說：「我也不知道。」

當我回顧我寫這本書的期間所遇過的人還有經驗到的事物，才赫然發現，這個社會就是搞不懂這些。我遇見的天體族，都不是什麼怪胎、變態，既不是暴露狂，也不是偷窺狂，更不是戀童癖者。大部分的人都很友善，他們只是想要為生活找到一點感官樂趣。就像吃美食、品嘗美酒，或是去做水療、聽音樂會、參加運動盛會、甚至停下來欣賞玫瑰的芬芳一樣——基本上就是跟任何人為了得到一點純粹的歡愉所做的事情，沒什麼差別。天體族喜歡太陽、微風和水在身體上輕拂的感覺，而且我也要說，除非是皮膚的敏感度有什麼問題，不然應該每個人都會很喜歡這種感覺。天體族非常勇敢而真實地去擁抱自己所愛的事物，所以問題來了，這個社會會懲罰和羞辱天體主義者，是因為他們害怕這些人所享受的樂趣嗎？是因為我們的心智中含有清教徒的豐厚血脈，相信享樂是不好的嗎？如果是真的，那大家都應該要去看一下精神科醫師。

這就像是某種奇怪的隔閡感。看看八卦網站上的明星或超市裡的雜誌，你就會發現，美國社會真的很著迷於名人衣著暴露的模樣：不小心露出乳頭、裙底曝光。紅毯上穿著暴露的名人，讓我們在露與不露間看得入神，卻不讓人家裸泳，儘管不會冒犯到任何人。或許是因為我們色瞇瞇地看著名人，產生罪惡感，而啟動了某種自我羞恥的機制。我們有這麼不成熟嗎？

如果是，那我們真的應該他媽的長大一點啊！接受人類是感官

動物，接受我們與生俱來的軀體，接受我們基本上看起來都一樣。即便是布列克海灘上最火辣的帥哥，也跟大裸船上正在做日光浴的75歲老頭有同樣的軀體。唯一的差別，也許就是時間，還有為了久坐不動的生活形態和攝取炸物所付出的代價。

社會必須面對現實，了解我們有些人就是想要追尋快樂。一個喜歡裸體的人，不該比一個品嘗成熟桃子的人，更需要覺得罪惡和羞恥。那麼，如果是某個想要去海灘裸泳的人呢？假如真的會困擾你的話，你應該好好看看自己，然後了解為什麼有這樣的困擾。只因為你自己覺得被冒犯，不代表你有權利去阻止他人享受自己的身體和整個環境。這兩樣都是我們所共有的、都是不用任何花費的。

而如果在長期的心靈探索和團體治療課程之後，還是沒有辦法讓腦袋接受「裸體在任何情況下都沒有問題」的想法，那是不是至少該留出一點空間，給想要裸體的人？讓一些海灘、湖泊和登山路線，能夠設置成穿脫自便的娛樂空間，使法律能在這些地方給天體族享有同等的保護。事實上就是這些地方的天體族，必須要受到保護，以避免被一般攝影師和網路情色攝影師上傳「素人」裸體男女照片。這樣會不會要求太多了呢？我是不這樣認為啦。

寫完這本書之後，我就變成天體族了嗎？

不。

我還沒有打算加入AANR，然後把時間放在玩匹克球上。不管怎麼說，至少現在還沒。而且我也沒辦法想像自己跟那些老人家一起，什麼都不穿，只穿著T恤、襪子跟涼鞋跳舞。

開始這場旅途的時候，我並不是一個天體族，而且要老實說的話，即便是現在，我也不是一個裸體主義者、天然主義者或是反穿衣的人，並不是說我反對貼標籤，我只能說我對那些比較不

感興趣。

我對於在阿格德角的那些老二上穿珠寶的浪子和他們的換妻俱樂部，想法也一樣。我覺得他們這麼投入很棒，甚至可以在滿是泡泡的迪斯可舞廳看到陌生人享受隨機性愛的肉體歡愉，但這就不是我的菜，至少現在不是。我甚至也不確定自己還會不會再去搭郵輪、會不會再成為天體族，即使在大裸船上，我是真心感到快樂。

儘管如此，我還是有所改變。以前我可能會覺得看到海灘上和登山步道上有裸體的人，會有一點不舒服。我可能會認為他們是某種古怪的性崇拜人士，最起碼這些人會讓我覺得很緊張，當然也不覺得自己有辦法自在地脫掉衣服加入他們。但是現在，只要他們答應不要圍成一圈打鼓，那麼，誰知道呢？有何不可？就算不是去異化，但這樣做也真的能給你力量，不需鳥人家怎麼看你。這代表了你對自己感到很OK，你就是自己的主人。

我會自己去開發天體經驗嗎？可能不會。

我知道的是，如果哪天在某個僻靜的海灘，只有我獨自一人，或是爬到一個沒有其他人在場的山上，或是我老婆想要光著身體，跟我在戶外的黑夜中坐著，共享一瓶紅酒，而且天氣還不錯，那麼管他去的，我就是要把我的衣服脫掉。

∽ 致謝 ∾

　　我要對天體歷史學家致上謝意，包括：賽克・辛德、馬克・史托瑞，還有查德・羅斯、丹尼爾・佛羅因德、布萊恩・霍夫曼、羅斯・維爾頓和妮娜・雅布隆斯基，謝謝他們提供這些卓越、資訊豐富的書籍與文章。

　　我也要感謝那些極為友善，願意為這本書表達想法的人，包括：舊金山市議員史考特・威納、娜・喬・葛雷妮爾醫師、鮑伯・塔爾、莉莎・露茲、理查・佛雷、孔西姐・佛爾妮里絲、帕斯卡・豪瑟、羅伯托・迪・馬泰、維托里奧、沃皮、荷西・布蘭柯市長、碧拉・葛內拉、瑪拉・愛姆斯特、史都華和卡菈、哈利・迪・文帝、馬爾騰・范・德・茲瓦德、奧古斯都・史蒂芬、愛芮卡・戴維斯、莎倫・希摩爾、費莉西蒂・瓊絲、璜・卡洛斯・佩雷茲-杜堤耶、羅伯特・普羅克特、南西・帝曼和鮑伯・莫頓。

　　非常感謝我的編輯傑米森・史托爾茲，他很有自己的風格、很睿智，保有熱情；感謝摩根・安特勒金、茱蒂・霍登森、戴伯・席格、杰絲蒂娜・貝奇勒、愛莉森・梅樂佳、艾美・沃里蘭德、查爾斯・盧・伍茲、葛雷錢・摩珍泰勒，以及所有Grove/Atlantic的好同事，感謝他們的努力與不斷地支持；感謝楠西・譚幫我編

修文字，讓我的文筆變得靈巧；感謝湯姆‧查爾文的精準校對；謝謝瑪莉‧伊凡絲、茱莉亞‧卡爾登和布萊恩‧利普森協助順稿(representing)。特別感謝席蒙娜‧蘇珮卡預讀初稿(early reads of the manuscript)、感謝傑夫‧戴爾的友誼、道格和波妮、克萊兒‧豪沃絲的merkins，謝謝平杜　波扎杭特及吉里夫一家在我待在法國時把我灌醉，也感謝奧莉維亞‧史密斯和朱莉絲‧史密斯能忍受這一切。對一個作家所能擁有的最棒、最勇敢的助理研究員，戴安娜‧佛絲特，我要向她致上12萬分的謝意，她讓每一天都有趣無比。

參考書目

Barcan, Ruth. *Nudity: A Cultural Anatomy*. Oxford and New York: Berg,2004.

Brook, Daniel. *A History of Future Cities*. New York: W. W. Norton, 2013.

Carr-Gomm, Philip. *A Brief History of Nakedness*. London: Reaktion Books, 2010.

Cinder, Cec. *The Nudist Idea*. Riverside, CA: Ultraviolet Press, 1998.

Crane, Diana. *Fashion and Its Social Agendas: Class, Gender, and Identity in Clothing*. Chicago: University of Chicago Press, 2000.

Darter, Larry. *American Nudist Culture*. N.p.: s.p., 2011. Smashwords e-book.

Egger, Liz, and James Egger. *The Complete Guide to Nudism and Naturism*. 2d ed. Hereford, UK: Wicked, 2009.

Foley, Richard. *Active Nudists: Living Naked at Home and in Public*. Aschaffnburg, Germany: Ed. Reuss, 2009.

————. *The World Naked Bike Ride*. Addlestone, UK: RFI Technical Services, 2012.

Freund, Daniel. *American Sunshine: Diseases of Darkness and the Quest for Natural Light*. Chicago and London: University of Chicago Press, 2012.

Fussell, Paul. *Thank God for the Atom Bomb and Other Essays*. New York: Summit Books, 1988.

Gay, Jan. *On Going Naked*. Garden City, NY: Garden City Pub. Co., 1932.

Hanson, Dian. *Naked as a Jaybird*. Cologne and London: Taschen, 2003.

Hoffan, Brian. "Challenging the Look: Nudist Magazines, Sexual Rep resentation, and the Second World War," in *Sexing the Look in Popular Visual Culture*. Ed. Kathy Justice Gentile. Newcastle upon Tyne, UK: Cambridge Scholars, 2010.

Ingebretsen, Ed. "Wigglesworth, Mather, Starr: Witch-Hunts and General Wickedness in Public," in *The Puritan Origins of American Sex: Religion, Sexuality, and National Identity in American Literature*. Ed. Tracy

Fessenden, Nicholas F. Radel, and Magdalena J. Zabrowski. New York: Routledge, 2001.

Jablonski, Nina G. Skin: A Natural History. Berkeley: University of California Press, 2006.

Lange, Ed, and Stan Sohler. *Nudist Magazines of the 50s and 60s*. Los Angeles: Elysium Growth Press, 1992.

Lippman, Matthew. *Essential Criminal Law*. Los Angeles: Sage, 2013.

Robson, Ruthann. *Dressing Constitutionally: Hierarchy, Sexuality, and Democracy from Our Hairstyles to Our Shoes*. Cambridge, UK: Cambridge University Press, 2013.

Ross, Chad. *Naked Germany: Health, Race and the Nation*. Oxford: Berg, 2005.

Royer, Louis-Charles. *Au Pays des Hommes Nus*. Paris: Les Éditions de France, 1929.

Singer, Mark. *Somewhere in America: Under the Radar with Chicken Warriors, Left-Wing Patriots, Angry Nudists, and Others*. Boston: Houghton Miffl, 2004.

Storey, Mark. *Cinema au Naturel: A History of Nudist Film*. Oshkosh, WI: Naturist Education Foundation, 2003.

Surén, Hans. *Die Mensch und die Sonne*; rev. ed. *Mensch und Sonne: Arisch Olympischer Geist* [Humans and the Sun: Aryan Olympic Spirit]. Stuttgart, Germany: Dieck, 1924; Berlin: Scherl, 1936.

Swaddling, Judith. *The Ancient Olympic Games*. Austin: University of Texas Press, 1980.

van Driel, Mels. *Manhood: The Rise and Fall of the Penis*. London: Reaktion Books, 2008.

Velton, Ross. *The Naked Truth about Cap d'Agde*. Villa Park, IL: Scarlett, Oh!, 2003.

Webster, Nesta H. *The Socialist Network*. London: Boswell, 1926.

國家圖書館出版品預行編目 (CIP) 資料

裸體吃午餐 / Mark Haskell Smith 著；張裴喬譯 . -- 一
版 . -- 臺北市 : 沐風文化 , 2017.07
　面；　公分 . -- (Living ; 1)
譯自 : Naked at lunch
ISBN 978-986-94109-4-6(平裝)

1. 裸體　2. 社會倫理

538.167   106010062

Living 01
裸體吃午餐：進擊的天體人冒險之旅
Naked at Lunch: The Adventures of a Reluctant Nudist

作　　　者	Mark Haskell Smith (馬克・哈斯凱爾・史密斯)
譯　　　者	張裴喬
責 任 編 輯	陳薇帆
封 面 設 計	劉秋筑
內 文 排 版	劉秋筑
行 銷 企 劃	顧克琹

發 行 人　　顧忠華

出　　版　　沐風文化出版有限公司
　　　　　　地址：100 臺北市中正區泉州街 9 號 3 樓
　　　　　　電話：(02) 2301-6364 ／傳真：(02) 2301-9641
　　　　　　讀者信箱：mufonebook@gmail.com

總 經 銷　　紅螞蟻圖書有限公司
　　　　　　地址：114 臺北市內湖區舊宗路 2 段 121 巷 19 號
　　　　　　電話：(02) 2795-3656 ／傳真：(02) 2795-4100
　　　　　　服務信箱：red0511@ms51.hinet.net

排 版 印 製　　龍虎電腦排版股份有限公司
初 版 一 刷　　2017 年 7 月
定　　價　　350 元
書　　號　　ML001
Ｉ Ｓ Ｂ Ｎ　　978-986-94109-4-6 (平裝)

Printed in Taiwan
Copyright ©2015 by Mark Haskell Smith
Published by arrangement with Mary Evans Inc.,
through The Grayhawk Agency.

◎本著作物係著作人授權發行，若有重製、仿製或對內容之其
他侵害，本公司將依法追
究，絕不寬貸！
◎書籍若有倒裝、缺頁、破損，請逕寄回本公司更換。

Mufone

享 受 閱 讀 · 如 沐 春 風

Mufone

享 受 閱 讀 · 如 沐 春 風